陇上学人文存
LONGSHANG XUEREN WENCUN

陇上学人文存

伏耀祖　卷

伏耀祖 著　王晓芳 编选

甘肃人民出版社
甘肃·兰州

图书在版编目（CIP）数据

陇上学人文存. 伏耀祖卷 / 李兴文总主编 ；伏耀祖著 ；王晓芳编选. -- 兰州 ：甘肃人民出版社，2024. 9. -- ISBN 978-7-226-06145-9

Ⅰ. C53

中国国家版本馆CIP数据核字第2024QD1355号

责任编辑：李依璇

封面设计：王林强

陇上学人文存·伏耀祖卷

LONGSHANG XUEREN WENCUN FU YAOZU JUAN

李兴文　总主编

董积生　景志锋　副总主编

伏耀祖　著　王晓芳　编选

甘肃人民出版社出版发行

（730030　兰州市读者大道568号）

兰州新华印刷厂印刷

开本890毫米×1240毫米　1/32　印张11.875　插页7　字数310千

2024年9月第1版　2024年9月第1次印刷

印数：1~1000

ISBN 978-7-226-06145-9　定价：60.00元

总 序

陇者甘肃，历史悠久，文化醇厚。陇上学人，或生于斯长于斯的本地学者，或外来而其学术成就多产于甘肃者。学人是学术活动的主体，就《陇上学人文存》（以下简称《文存》）的选编范围而言，我们这里所说的学术主要指人文社会科学研究。《文存》精选中华人民共和国成立以来，甘肃人文社会科学领域成就卓著的专家学者的代表性著作，每人辑为一卷，或标时代之识，或为学问之精，或开风气之先，或补学科之白，均编者以为足以存当代而传后世之作。《文存》力求以此丛集荟萃的方式，全面立体地展示新中国为甘肃学术文化发展提供的良好环境和陇上学人不负新时代期望而为我国人文社会科学事业做出的新贡献，也力求呈现陇上学人所接续的先秦以来颇具地域特色的学根文脉。

陇原乃中华文明发祥地之一，人文学脉悠远隆盛，纯朴百姓崇文达理，文化氛围日渐浓厚，学术土壤积久而沃，在科学文化特别是人文学术领域的探索可远溯至伏羲时代，大地湾文化遗存、举世无双的甘肃彩陶、陇东早期周文化对农耕文明的贡献、秦先祖扫六合以统一中国，奠定了甘肃在中国文化史上始源性和奠基性的重要地位；汉唐盛世，甘肃作为中西交通的要道，内承中华主体文化熏陶，外接经中亚而来的异域文明，风云际会，相摩相荡，得天独厚而人才辈出，学术思想繁荣发达，为中华文明做出了重要贡献。

近代以来，甘肃相对于逐渐开放的东南沿海而言成为偏远之地，反而少受战乱影响，学术得以继续繁荣。抗日战争期间作为大后方，接纳了不少内地著名学府和学者，使陇上学术空前活跃。新中国成立之后，人文社会科学领域的专家学者更是为国家民族的新生而欢欣鼓舞，全力投入到祖国新的学术事业之中，取得了一大批重要的研究成果，涌现出众多知名专家，在历史、文献、文学、民族、考古、美学、宗教等领域的研究均居全国前列，影响广泛而深远。新中国成立之后，人文社会科学几次对当代学术具有重大影响的争鸣，不仅都有甘肃学者的声音，而且在美学三大学派（客观派、主观派、关系派）、史学“五朵金花”（史学在新中国成立之后重点研究的历史分期、土地制度史、农民战争史等五个方面的重点问题）等领域，陇上学人成为十分引人注目的代表性人物。改革开放以来，甘肃学者更是如鱼得水，继承并发扬了关陇学人既注重学理求索又崇尚经世致用的优良传统，形成了甘肃学者新的风范。宋代西北学者张载有言：“为天地立心，为生民立命，为往圣继绝学，为万世开太平”，此乃中华学人贯通古今、一脉相承的文化使命，其本质正是发源于陇原的《易》之生生不已的刚健精神，《文存》乃此一精神在现代陇上得到了大力弘扬与传承的最佳证明。

《文存》启动于中华人民共和国成立六十周年之际，在选择入编对象时，我们首先注重了两个代表性：一是代表性的学者，二是代表性的成果，欲以此构成一部个案式的甘肃当代学术史，亦以此传先贤学术命脉，为后进立治学标杆。此议为我甘肃省社会科学院首倡，随之得到政界主要领导、学界精英与社会各界广泛认同与政府大力支持，此宏愿因此而得以付诸实施。

为保证选编的权威性，编委会专门成立了由十几位省内人文社会科学领域著名学者组成的专家指导委员会，并通过召开专题会议研讨、发放推荐表格和学术机构、个人举荐等多种方式确定入选者。为使读者对作者的学术成就、治学特色和重要贡献有比较准确和全面的了解，在出版社选配业务精良的责任编辑的同时，编委会为每一卷配备了一位学术编辑，负责选编并撰写前言。由于我院已经完成《甘肃省志·社会科学志》（古代至1990年卷，1990至2000年卷）的编辑出版工作，为《文存》的选编提供了坚实的基础和基本依据，加之同行专家对这一时期甘肃人文社会科学发展的研究，使《文存》能够比较充分地反映同期内甘肃人文社会科学的基本状况。

《文存》自2009年启动，截至2023年，用15年时间编辑出版10辑共100卷，圆满完成了《文存》启动时制定的宏伟计划。如此长卷宏图实为中华人民共和国成立七十周年以来甘肃人文社会科学全部成果的一个缩影，亦为此期间甘肃人文社会科学学术业绩的一次全面检阅，堪作后辈学者学习先贤之范本，是陇上学人献给祖国母亲的一份厚礼。百卷巨著蔚为大观，《文存》和它所承载的学术精神必可存于当代，传之后世，陇上学人和学术亦可因此而无愧于我们所处的伟大时代，并有所报于生养我们的淳厚故土。有鉴于此，我们赓续前贤雅范，接续选编《文存》第十一辑，将《文存》编选工作延续下去，将陇上学人精神传承下去。

因我们眼界和学术水平的局限，选编过程中必定会出现未曾意料的问题，我们衷心期望读者能够及时教正，以使《文存》的后续选编工作日臻完善。

是为序。

李兴文

2024年9月19日

目 录

编选前言 ………………………………………………………… 王晓芳

经济体制改革研究

试论我国社会主义所有制的多样化模式 ………………… 003
对生产关系一定要适合生产力发展规律的再探索 ……… 013
中国式社会主义经济的基本特征 ………………………… 022
论责权利相结合的社会主义责任经济 …………………… 043
社会主义社会的根本任务是发展生产力
——笔谈生产力标准问题 ……………………………… 059
谈谈沿海地区经济发展战略问题 ………………………… 063
市场经济与经济工作部门的观念更新 …………………… 069

政治体制改革研究

我国政治体制改革的基本特征与客观要求 ……………… 079
民主与社会主义 …………………………………………… 090
社会主义建设新时期工农联盟的特点 …………………… 095
市场经济与行政管理运行机制 …………………………… 105
建立和强化新的行政管理体制的运行机制 ……………… 111

农村经济与工业经济研究

农村经济联合体性质和意义初探 …… 127
从农业生产责任制发展的历史看其必然性
——农业生产责任制必然性研究之一 …… 139
农业生产责任制的概念 …… 155
试论工业生产经济责任制 …… 171

农民脱贫致富及共同富裕问题研究

邓小平关于新时期农民脱贫致富的思想与战略 …… 187
国以民为本,民以食为天
——农民脱贫致富与农业现代化的思考 …… 202
公平与效率的两次碰撞
——平均主义与贫富差距过大的思考(上) …… 228
公平与效率的两次碰撞
——平均主义与贫富差距过大的思考(下) …… 239

知识经济与银发经济研究

迎接知识经济时代机遇与挑战的两个核心问题的思考 …… 251
迎接知识经济时代思想解放新浪潮 …… 266
从积极老龄化战略与学习型社会的一致性和互动关系看其重大意义 …… 279
“银色浪潮”扑面而来
——人口老龄化的思考 …… 295

马克思主义哲学、社会科学管理、教育学等领域研究

马克思主义的内在生命力 …………………………………… 303
发扬理论联系实际的作风,建设具有中国特色的社会主义
——纪念中国共产党成立七十周年 ………………………… 311
在实践中发展,反对僵化　在开放中发展,反对封闭
——社会主义制度下社会科学真理发展规律初探 ……… 319
强化学报生命力的三要素 …………………………………… 329
冲击·反差·误区
——关于高校德育的一些思考 ……………………………… 331

附录　伏耀祖主要论著目录 ……………………………… 338

编选前言

伏耀祖先生，甘肃省天水市秦安县人，1928 年 3 月出生于宁夏回族自治区银川市，少年时期求学于兰州，1946—1948 年就读于北京大学西方语言文学系。先后在甘肃日报社、甘肃省委党校、甘肃省文化局、甘肃省体育运动委员会、甘肃省社会科学院、甘肃政法学院工作，历任甘肃日报社理论组副组长，省委党校政治经济学教研组副组长，省体育运动委员会办公室副主任、体育科研所所长，甘肃省社会科学院党委书记、院长，研究员，甘肃政法学院院长。曾担任政协甘肃省委员会第五届委员，第六届常委。兼任中国社会学学会理事，甘肃省社会科学界联合会副主席，甘肃省政府研究中心特约研究员，兰州商学院兼职教授，甘肃省经济学会顾问，甘肃省社会学学会名誉会长，甘肃省人口学会副会长，甘肃省老年学会副会长等职。伏耀祖先生荣获国务院颁发的有突出贡献的专家证书，享受政府特殊津贴，其传记与事迹被载入《甘肃省专家名册》《陇上社科人物》《中国高等教育专家名册》等省内、国内多部权威性人物传记辞书。个人传记被收入《当代中国专家学者传略选》《北大人》和《中国当代教坛名人传略选》。1994 年英国剑桥国际传记中心将其传记收入《国际传记辞典》和《国际知识分子名人录》。

一、耀祖先生生平

耀祖先生出身于书香门第，幼承庭训、家学渊源，一生追求科学济世;勤学不辍,中西并蓄;坎坷不坠,委曲含宏;克绍箕裘,德著流芳。

(一)幼承庭训,家学渊源

耀祖先生出生望族,太祖父伏羲邦为贡元,祖父伏衍羲,光绪己丑年(1889年)解元,光绪壬辰年(1892年)与蔡元培同科赐进士出身,钦点主事,签分刑部,历任四川荣昌县、南部县、璧山县知县,吏治严明,勤政廉正,深得民心,曾获"万民伞"。叔父伏景毅,清末优贡,四川法政学堂毕业,同盟会员,参加了辛亥革命,兰州市参议员。民国时期先后任隆德县、通渭县、华亭县县长,甘肃省建设厅第一科科长,省政府主任秘书等职。父亲伏景聪,毕业于交通部直属上海电信专科学校(上海交大前身),为电信行业专家,历任永登县电信局局长,甘肃省电信局报务科科长,兰州电信专科学校教务长,甘肃省防空司令部上校处长,抗战十四年功绩卓著,获"抗日胜利勋章",兰州市参议员,国大代表,兼任秦安旅兰同乡会会长。祖父、叔父、父亲均文采、书法俱佳,墨迹在家乡流传较多。

耀祖先生年少时患病休养期间,独自一人从兰州回到秦安老家,以16岁年龄少有的庄重在祖墓前郑重立志"孙虽年幼,已深知祖风之敦厚,祖德之崇高。孙立意追随先祖,继承祖风、祖德"。就此,作出了自己生命中极重要且影响深远的决定,一生守志践行。

(二)勤学不辍,中西并蓄

耀祖先生16岁因病休学在家,试考兰州大学,榜上题名,立志考全国最好的大学,终放弃入学。1946年,同时考取复旦大学、南开大学、清华大学、北京大学。最终选择北京大学西方语言文学系(胡适时任校长),师从汤用彤、沈从文、朱光潜等,其国文、英语等均得到这几位大师的赞赏,习作《当我第一次看到了海》等诗和文章,被时任大公报的总编沈从文发表在当时《大公报》副刊。因沈从文先生的赏识,耀祖先生差一点转入文学系。1948 年 7 月,先生因病休学返兰,后战事吃紧,中断学业。

先生的童子功极为扎实,70 年代初为儿女编写数、理、化、史、地、英、政共七个学科的教材。工作期间为出国人员翻译资料,接待美国女子垒球队,80 年代翻译《老年学》等,均是在他荒废了二三十年专业的情况下所为。80 年代,耀祖先生主持甘肃社会科学院工作,一方面在科研人员中提倡广泛研读国外文献资料,吸取国际各种学派之精华;一方面为了提高科研人员直接阅读未经翻译的国外学术著作水平,决定办英语补习班,并亲自担任教师。还和几位科研人员联合翻译了一部美国学者的专著,将"思想自由,兼容并包"践行在科研领域。专著《心之路》中《思想自由,兼容并包——北大之魂》的"大学者,囊括大典,网络众象之学府也""万物并育而不相害,道并行而不相悖",正是先生一生学术理念和人生追求的真实写照。

(三)坎坷不坠,委曲含宏

先生从小体弱多病,肺结核一直侵扰他至中年,癫痫迫使他离开了钟爱的北大,青年时家境逆转,中年时被划为右派,老年时又遭遇胃癌的折磨。但这一切并没有将他击倒,这从他高中没有毕业、因病休学在家却考取兰州大学,新中国成立初期拖着虚弱的病体走上新闻工作岗位,诚心恪尽着人子之情,恶补了哲学、历史、文学等方面的知识,记录了整整一抽屉的小卡片,以及与死神的较量中都做了绝好的诠释。这一切得益于先生豁达的人生境界,以及对待疾病的泰然自若和积极配合。

挫折中成长,离别中坚强,生活一次次挑战耀祖先生的承受力,挖掘他的潜力的过程中,也在不断地解读着他的心力,拷问着他生命的极限,从而铸就了他内在的平和,练就了他更加健全、成熟的心智,也更彰显出了先生的人格魅力,他的个人风格也由此形成。这风格最终镶嵌在先生的神态中，舒展在他长长的寿眉里，渗透于他的每一个细胞。这正是先生的儒雅、谦和、内敛和不怒自威的气度以及人格风骨，这风骨又折射出衍羲公和景聪公等先祖的影子、智慧的底蕴。

“文化大革命”后期，先生被安排到甘肃省体育运动委员会工作，任办公室主任，用独特的视角发现体育与科研的关系，组建了“甘肃省体育科研所”。1976 年，当时国家体委主任庄则栋来甘肃视察，先生全程陪同接待。庄则栋极为赏识耀祖先生。

（四）克绍箕裘，德著流芳

在国家“六五”和“七五”两个历史时期的全国社会科学重点攻关课题规划中，先生以课题负责人身份申请了两项国家重点课题。《甘肃省专家名册》评价为“我省唯一连续两次承担国家级社科重点研究项目者”。著述多次获国家及省级奖励，《中国青少年儿童身体素质研究》于 1986 年获“国家级科学技术进步奖”二等奖；《中国工业经济责任制概论》于 1987 年获第二届北方十五省、市、自治区哲学社会科学优秀图书二等奖，1988 年获甘肃省首届社会科学优秀成果一等奖，1991 年又获甘肃省委、省政府颁发的甘肃省第二届优秀图书奖；《中国县级政治体制改革研究》于 1994 年获甘肃省高校社会科学优秀成果一等奖，甘肃省第四届社会科学最高奖二等奖，并获国家社会科学课题优秀成果奖。

“我不想成为在故纸堆里讨生活的书蠹”，这是长期以来先生形成的对科学的严谨态度，对科研工作的理解，对人性和自然的尊重。他身上不仅有一种向自己提出问题的需求，也有一种向自然界提出问题的好奇。这一点通过他的科研成果得到充分的展现。

先生晚年就中国政治、经济体制改革方面存在的问题，写了《忧患与思考》一书。针对中国社会出现的银色浪潮，翻译了《老年学》这本书，并就一些社会难点和敏感问题进行了研究，得到了省上的数次奖励。八十多岁对衍羲公一脉家族历史进行了搜集整理，撰写了回忆性专著《心之路》（敦煌文艺出版社 2010 年出版），为后代子孙留下了珍贵的史料性、精神类遗产。可以看出，先生始终是“以一颗活跃的灵魂，为获得灵感而读书”，直至生命的最后一刻。

二、耀祖先生著述

先生长期从事全局性领导工作，并从事哲学、经济学的教学和研究，学识渊博，涉猎众多，工诗善文，治学严谨，善于思考，著述颇丰，尤为注重调查研究，理论联系实际，在经济体制改革和政治体制改革研究领域，勇于探索，锐意开拓，重视研究社会主义实践中出现的新问题，不断探寻经济客观规律，先后申请完成“六五”和“七五”两个历史时期的全国社会科学重点攻关课题规划中的两项重点课题《中国工业经济责任制研究》《中国县级政治体制改革研究》，发表论文 60 余篇，出版专著、译著、教材 8 本，科研成果多次获国家级和省部级奖。主要著作有：《政治经济学教科书》（甘肃人民出版社 1962 年出版）、《中国工业经济责任制概论》（甘肃人民出版社 1986 年出版）、《老年学》（译著，甘肃人民出版社 1986 年出版）、《中国县级政治体制改革研究》（甘肃人民出版社 1993 年出版）、《忧患与思考》（甘肃文化出版社 1999 年出版）。先生除在经济和政治研究领域有着丰富的著述外，还在民主与法治领域、教育和管理学、诗词文学等领域留下许多珍贵的文稿，是陇上社会科学界享有崇高声誉的大家和多领域有突出贡献的学者。

（一）中国特色社会主义经济体制改革研究领域的先行探索和超前认知

先生一直关注和热衷于中国经济体制改革领域，结合中国实际，对社会主义经济基本特征、基本规律和经济管理模式，从理论与实践角度提出个人独特的理论见解。

《试论我国社会主义所有制的多样化模式》(《社会科学》1981 年第 4 期)一文,论述了商品经济的存在和发展是一个不可逾越的经济发展阶段,较早地提出了我国必须发展商品经济的观点。同时,还对我国社会主义所有制结构做了具体分析,提出社会主义所有制形式不能只是一种模式,而应从生产力发展的状况与要求出发,采取多样化的具体形式的观点,社会主义所有制应是全民所有制、集体所有制、个体经济和中外合资经济并存共同发展的所有制,展现出相当的理论勇气和大胆的开拓精神。一年以后,党的十二大提出"建设有中国特色的社会主义",证明先生具有相当的理论预见性和前瞻性。

《对生产关系一定要适合生产力发展规律的再探索》(《社会科学》1982 年第 2 期)一文,从我国社会主义生产关系的多样化立论出发,对生产力的量的规定性的意义与作用的再认识、对生产关系具体形式的意义与作用的再认识、对生产关系一定要适合生产力发展规律的内涵与表述的再认识等三个方面进行理论探索和辨析,提出重视生产力发展量的规定性,重视同一质的发展阶段上量的差异,才能充分认识生产力发展的不平衡性,才能认识社会主义生产关系具有多样化具体形式的必然性,社会主义生产关系采取多样化的具体形式,不仅能够充分发挥社会主义制度的优越性,也能够使我国所有制结构发挥其自我调节机制。

《中国式社会主义经济的基本特征》(《社会科学》1983 年第 1 期),提出"社会主义经济没有一套固定的模式,中国的社会主义经济建设应该走一条有自己国家特色的道路,应该建立中国式的社会主义经济"。全文论述了我国社会主义社会所有制结构的基本特征是以国有经济为主导的多种经济形式长期并存的所有制结构,要放手发展集体经济和个体经济,不同性质的所有制之间存在着主体与辅助的平等互利、协作联合、竞争与促进的具有特色的关系。在此基础上，分析了我国生产和再生产结构的四大基本特征:吃饭与建设的结构，速度与效益统一的结构,产品结构、产业结构与先进技术结构,生产、流通与消费结构，并提出我国经济管理的基本特征应以责权利相结合的经济责任制为基础,以经济、行政、法律相结合为手段,以城市为中心的经济区为组织形式，明确提出了我国经济管理体制的指导原则、体制基础、管理手段和组织形式。

《论责权利相结合的社会主义责任经济》(《兰州学刊》1983 年第 3 期)一文,提出责权利相结合的社会主义经济责任制,是社会主义生产过程性质所决定的,是“各尽所能,按劳分配”原则所要求的,是实现社会主义计划经济所必不可少的，是社会主义企业发展推动所规定的，最后概括为社会主义公有制经济决定了责权利相结合的责任经济是其本质特征，是责权利相结合的责任经济要求的具体表现形式,社会主义企业和整个社会各级经济组织及劳动者,负有对社会、国家、集体责任和义务,具有自主权利,享有经济利益,责权利紧密结合等特征。

《社会主义社会的根本任务是发展生产力》(《社会科学》1988 年第 2 期),提出社会主义社会的经济形势必须从实际出发,适应本国、本地区生产力发展的状况，寻求符合生产力发展水平和要求的社会主义社会的经济形势和经营管理体制,要充分尊重群众的首创精神,生产力作为社会发展的决定力量,是不以人的主观意志为转移的,我们必须认识并把握规律、按规律办事。我们的一切经济活动不言而喻只能以是否有利于生产力发展作为最根本的衡量标准。

《市场经济与经济工作部门的观念更新》(《兰州财会》1993 年第 1 期)，依据党的十四大提出的建立社会主义市场经济体制这一新目标,对经济工作部门提出了强化市场意识、强化效率意识、强化法律规范约束和信用约束，特别提出社会主义市场经济体制下要树立世界大市场的观念，不但要在尊重价值规律和市场供求规律的基础上进一步培育完善国内统一的市场体系，而且要进入世界市场，使国内市场与国际市场接轨，从产品质量标准、技术标准、会计准则都要做到国际规范化，以应对全球化的挑战。

（二）中国特色社会主义政治体制改革领域的开拓性研究和开创性成果

先生在中国政治体制改革研究领域亦有建树，论文、专著等时至今日仍具有极大的理论参考价值和实际的指导意义。

《我国政治体制改革的基本特征与客观要求》（《社会科学》1987年第5期）中提出我国政治体制改革必须适应社会主义初级阶段的经济特征与生产力发展的状况和要求，政治体制改革既具有长期性、渐进性，又具有迫切性、现实性，政治体制改革既因具有开拓性，需要大胆探索，又因具有复杂性，必须慎重从事，必须在党的领导下有计划、有秩序、有步骤地进行，要经过深入调查，弄清情况和存在的问题，要吸取适用的理论和方法，要提出改革方案并经可行性论证，要对改革的步骤进行周密的安排，要把控其中的风险，要预测社会承受能力，要有相应的配套、协调对策。

先生在牵头完成"七五"期间国家社会科学重点研究课题的基础上，出版了《中国县级政治体制改革研究》。课题组先后深入甘肃武威市、天水市及定西县、甘谷县、静宁县、榆中县，内蒙古、河北、山东、辽宁、河南、浙江、福建、湖南、广东、四川、海南等省（区）进行专题调研。这本著作是中国县级政治体制改革研究领域融理论性与实践性、探讨性与操作性于一体的科研成果。全书从中国县制的历史沿革入手，分析了中国现行县制与县级政治体制及存在的问题，提出了县级政治体制改革的目标与原则，县级人大、县政府和县政协改革对策建议,探索了县司法体制改革、县级领导体制改革、县机构改革、县行政管理运行机制改革、县级干部制度和劳动制度改革路径,并就强化乡镇政权与村级组织建设、完善县级民主参与和民主监督、理顺县级政治体制改革与经济体制改革相互促进关系等方面提出了具体而又可行的建议。

先生在其《忧患与思考——当代中国经济与社会热点探析》专著中,特别提出了"机构改革的深层目标:建立和强化新的行政管理体系的运行机制"和"机构改革的基础环节。前者强调构建和强化四个机制,即效率机制,包括社会效益和成本效益相结合的效率机制与机构效率机制、决策效率机制、程序效率机制、素质效率机制;规范约束机制,包括法律规范约束机制、监督约束机制、信用约束机制;廉政机制,包括他律廉政机制和自律廉政机制;协调机制,包括纵向协调机制和横向协调机制。后者着重就县级机构改革的需要把握的特点、原则做了全面论述,提出了县级政府职能的基本构想。

(三)中国农村经济与工业经济发展的实践考察与理论提升

先生一直关注党的十一届三中全会后中国经济管理体制的变革,在其深化对中国式社会主义经济基本特征、基本规律的理论认识的同时,将精力放在对中国式经济管理体制的理论阐述和实际考察当中,重点就农业生产责任制和工业经济责任制进行了系列性研究,不仅发表了多篇论文,还出版了专著。

《农村经济联合体性质和意义初探》(《社会科学》1981 年第 4 期)一文,在考察了甘肃武都地区(现陇南市)农村经济联合体发展状况的基础上,从生产经营范围、生产资料占有形式、产品和利益分配方式等方面总结和概括了农村经济联合体的主要形式和经营模式,肯定了农村经济联合体具有以社会主义集体所有制为主体的多种经济成分的性质,是基于开展多种经营、发展专业化生产的需要,社会主义商品生产和商品交换的需要，包产到户后农业生产走向深度和广度的需要而自发产生的，农村经济联合体具有提高农业生产效率和效益、提高农民收入等显著作用。该文虽然没有明确提出农民专业合作社的概念，但实质上是国内较早考察农民专业合作社发展的理论文章之一，文章对种植业、畜牧业、农村工业、流通业、服务业等多个领域存在的专业合作社初期发展阶段冠之为“农村经济联合体”，指出其是我国社会主义农业发展一条新的形式、新的途径，具有深远意义。这种联合体打破了公社界限、所有制界限、部门界限，把国家、集体、个人所拥有的土地、资金、技术、劳动力等生产要素按专业生产需要紧密结合起来，具有经营的独立性，成为有充分活力的经济单位和农村经济有生命力的细胞。诚如耀祖先生所断言，经过四十多年的发展，我国农民专业合作社蓬勃发展，不仅合作内容不断丰富，服务能力持续增强，发展质量明显提升，而且是迄今为止我国各类新型农业经营主体中发展速度最快、数量最多、覆盖农户最广的组织形式，是广大农民群众在家庭经营基础上，自愿联合、民主管理的互助性经济组织，是实现小农户和现代农业有机衔接的有效载体和组织形式。特别是最近几年，习近平总书记高度关注农民合作社发展，在不同历史时期对农民合作社的功能定位都有明确的指示要求，“农村合作社就是新时期推动现代农业发展、适应市场经济和规模经济的一种组织形式”“农业合作社就是发展方向，有助于农业现代化路子走得稳、步子迈得开”“鼓励各地探索不同的农民合作社模式，把农民合作社办得更加红火”。伴随着我国农业由传统农业向现代农业迈进，各类新型农业经营主体竞相发展。截至 2023 年 10 月底，全国登记在册的合作社数量为 221.6 万家，组建农民专业合作社联合社(以下简称“联合社”)1.5 万家，呈现出服务水平提升、产业结构优化、规范水平提高、社会功能强化等特征，不断向高质量发展迈进。在全面推进乡村振兴、加快农业农村现代化的时代背景下，合作社在稳产保供、带农增收、完善产业链条等方面的作用更加突出。截至2022年底，甘肃全省农民合作社9.32万家，成员212.5万人，带动农户276.1万户，分别较2020年增长4.6%、4.5%、12.1%，有力促进了甘肃农业增效、农民增收。

《从农业生产责任制发展的历史看其必然性——农业生产责任制必然性研究之一》(《甘肃经济论义》1983年第3期)一文，在“一个中国式的起点”章节中提出从土地革命直至解放战争时期，在革命老区就大力发展变工队、互助组、合作社等。新中国成立后，在建立起农村集体合作经济的同时，农民一直在寻求适合我国农业生产特点的经营管理形式，经历了“三包一奖”和包产到户两个发展阶段，经历了三次严重曲折，十一届三中全会后，我国农业生产责任制进入到一个新的阶段，具有发展非常迅猛，形成了以大包干为主体的多种形式并存的责任制结构，是社会主义农业发展的必然要求。

《农业生产责任制的概念》(《社会科学》1983年第5期)文章高度概括了农业生产责任制包含统分包相结合的经营形式、联产计酬的分配形式、经济合同制的管理形式三方面基本内容，指出农业生产责任制的实质是对农业生产关系具体形式的重大调整，是对国家、集体和个人三者的经济责任、经济权利和经济利益进行了重大调整，农业生产责任制的目的是充分调动农民积极性、进一步解放生产力、以丰富的农副产品满足社会需要。

《中国工业经济责任制概论》(甘肃人民出版社1986年9月出版)是在全国哲学社会科学“六五”规划中重点研究项目基础上编撰而成的，在走访调查了12个省(市、区)和数十个企业，占有了大量第一手资料数据，坚持和运用实践的、创新的观点，坚持和运用宏观与微观相结合的方法，坚持和运用普遍联系的观点与系统工程的方法，全书共分总论、国家与企业之间的经济责任制、企业内部经济责任制、工业经济责任制的保证条件四大篇幅，分析了工业责任制的各种发展形势，探寻了这些形式的内在联系，形成了中国工业经济责任制理论研究框架和理论研究体系，为中国以城市为重点的全面经济体制改革进行了开拓性研究。

（四）中国农民脱贫致富及共同富裕问题的凝重深思与积极探求

先生有两年多的“五七”干校参加农业劳动的经历，农民、农业、农村问题始终贯穿于其一生学术生涯，大量的心血都倾注在“三农”方面，除了农业生产经营外，还在农民脱贫致富及农民共同富裕方面有着独到的思考、探索和见解。

最早见之于《邓小平关于新时期农民脱贫致富的思想与战略》（《时代学刊》1994 年增刊）一文，此文不仅是反贫困领域理论杰作之一，也是对邓小平理论较早诠释和弘扬的开山作之一。文章认为邓小平在新的历史条件下，高度关注并紧紧把握住农民问题，提出了一系列解决农民脱贫致富的思想与战略，开拓了有中国特色的发展农村生产力、脱贫致富的道路，构成了建设有中国特色社会主义理论的重要组成部分，丰富和发展了马克思主义的农民学说。全文从五个方面论述了邓小平农民脱贫致富思想与战略，正确认识新时期农民的地位与作用，准确把握其根本要求，是解决农民脱贫致富的首要问题，在实践富民强国的远大理想中，始终关心和热爱中国农民，牢牢把握新时期农民的本质和主流，充分尊重农民的主人翁地位，准确把握新时期农民的根本要求，开拓具有中国特色的脱贫致富道路，充分肯定农民首创精神，把加快农村劳动力转移、实现农村工业化和农村城市化作为农民脱贫致富的突破口，走农业与工业共同发展、农村与城市共同富裕的道路，加快农业现代化从根本上实现农民共同富裕。

《忧患与思考》（甘肃文化出版社 1999 年 3 月），第一章“国以民为本,民以食为天——农民脱贫致富与农业现代化的思考",论述了中国农民脱贫致富的两次飞跃,即农民脱贫致富的第一次飞跃:家庭联产承包责任制和乡镇企业;农民脱贫致富的第二次飞跃:农业产业化、农业科技化和农业现代化。认为将分散的生产主体与国内国际大市场联结起来是农业产业化的核心,将传统的封闭的农业转变为开放型的商品化、市场化、社会化的现代产业,使农业再生产顺应市场经济机制进入良性循环。"龙头企业+基地+农户模式"是延伸、强化农业产业化链条的主要途径,形成利益共同体是产业链的黏合剂。并提出科教兴农的途径:大力发展农业科技和培育农业科技人才。

《公平与效率的两次碰撞——平均主义与贫富差距过大的思考》(《甘肃政法学院学报》1999 年第 3 期、第 4 期),认为公平与效率是人类社会出现以来一直在追求的两大目标,新中国成立以来,有两次公平与效率的重大碰撞:第一次碰撞——极"左"思潮与平均主义,改革开放以来,通过建立中国特色的社会主义市场经济体制基本得到解决;第二次碰撞——贫富差距过大,认为历史因素、政策因素、行业因素、非法经营因素等是导致中国地区、城乡、行业贫富差距过大的主要成因,提出了铲除"黑色经济"与"权力经济"两大毒瘤,是解决贫富差距过大的重点。

(五)中国新时代知识经济与银发经济的高度关注和热衷推介

先生在其多篇论文及专著《忧患与思考——当代中国经济与社会热点探析》中,专门就知识经济与银发经济进行了专业性探索和系统性推介。

《迎接知识经济时代机遇与挑战的两个核心问题的思考》(《甘肃社会科学》1999 年第 1 期)、《迎接知识经济时代思想解放新浪潮》等论文或著作中论述了知识经济内涵和特征,认识到创新是知识经济的不竭动力,高科技产业和信息产业是知识经济的两大支柱,提出面对人类跨入知识经济的新世纪,要树立新的发展观,包括创新发展观和可持续发展观,要树立新的人才教育观,包括复合型高素质的人才教育观和活到老、学到老的终身教育观,要树立新的伦理道德观,包括新的价值观、新时代社会生活的伦理准则、新时代爱国主义的新内涵。

在银发经济领域,不仅发表过《从积极老龄化战略与学习型社会的一致性和互动关系看其重大意义》论文,同时还历经3年多,主持参与翻译出版了美国学者理查德·C·克伦塔尔《老年学》(甘肃人民出版社1986年),全书达35万字,系统介绍了老年学概念、历史和理论,老年人的社会生理学,老年人的社会心理学以及老年人与政治、教育、经济的关系,是研究中国银发社会和银发经济不可或缺的重要参阅典籍之作。

《"银色浪潮" 扑面而来——人口老龄化的思考》、《老年人与经济》、《老年人与教育》、《忧患与思考——当代中国经济与社会热点探析》(甘肃文化出版社1999年)等文章或著作,系统阐述了我国面临老龄化的种种挑战,呼吁尽快建立起符合我国国情和具有时代特色的"老有所养、老有所医、老有所为、老有所学、老有所乐"的银色工作目标要求以及建设"共融、共建、共享"养老制度体系。

(六)马克思主义哲学、社会科学管理、教育学等领域的踔厉奋发和书写华章

在马克思主义哲学领域,坚持弘扬马克思主义基本原理,坚持诠释马克思主义基本原理。《马克思主义的内在生命力》(《社会科学》1990年第1期)探讨和认识了马克思主义的三大本质特征:马克思主义是在实践中创立又在实践中发展的科学,是既有继承性又具有批判性和科学性的开放的科学体系,是科学的世界观和方法论。《发扬理论联系实际的作风,建设具有中国特色的社会主义——纪念中国共产党成立七十周年》(《理论·实践·方法》1991年第6期)中提出理

论与实践相结合是马克思主义的一项基本原则，是中国共产党始终一贯的优良作风，是中国改革开放与建设中国特色社会主义不断取得成就的不二法宝。

在社会科学管理领域,在忠实履行领导职责的同时,结合自己的实践,提出了个人独特的见解和热诚呼吁。《为繁荣我省社会科学研究工作而努力》(《社会科学》1984 年第 5 期）中提出哲学社会科学研究人员要在破除迷信、解放思想，在研究现代化建设中出现的新情况、新事物、新问题中,在经济社会发展战略决策中,在地方文化建设等方面努力开展调查研究、基础理论研究,发挥更为积极作用,并对科研人员提出要密切关注新技术革命及其引发的社会科学发展新趋向；要致力于科研手段的更新并用现代化工具完成信息的检索、采集、储存、传输,延长科研成果的生命周期;要积极开展跨区域、跨部门、跨学科的协作协同工作，共同完成经济社会重大课题等具体要求。《在实践中发展,反对僵化　在开放中发展,反对封闭——社会主义制度下社会科学真理发展规律初探》(《甘肃社会科学》1994 年第 5 期)一文中提出在实践中发展,反对僵化;在开放中发展,反对封闭是社会主义制度下社会科学真理发展规律的客观要求的两个重要表现，也是中国共产党领导革命并建设中国特色社会主义历程中总结出来的两条重要的历史经验,坚持并践行这一规律要求,就必须进一步解放思想,汲取人类社会一切文明成果,推动社会科学持续繁荣。

在教育学领域,有两篇文稿值得一荐。《冲击·反差·误区——关于高校德育的一些思考》(《高教研究》1992 年第 1 期）中提出面对改革开放与商品经济浪潮冲击、国外思想文化冲击、苏联东欧剧变冲击,青年大学生思想出现了三个强烈、三个薄弱、三个误区,即参与意识、开放意识、价值意识强烈,自我规范和自我约束能力薄弱、自我鉴别能力弱、自我选择能力弱,价值观误区、政治观误区、社会历史观误区,因而一要着力培育、提高大学生科学的自我规范能力、自我鉴别能力、自我选择能力,缩小乃至消除思想领域的反差;二要从世界观教育、人生观教育、道德观教育、政治观教育、社会历史观教育入手,培育和增强大学生正确的自我规范能力、自我鉴别能力、自我选择能力,做到“五观端正”。《论现代企业道德》(《时代学刊》1996 年第 10 期)中提出企业的道德水平成为衡量社会道德文明的一个重要标志,市场经济和消费者呼唤现代企业道德,因而要加快构建有中国特色的现代企业道德体系,一要树立把国家利益、社会公众利益与企业利益相结合,把社会效益、环境效益与经济效益相统一的价值观,作为规范企业道德行为的核心;二要把尊重并关心企业职工利益,作为规范企业道德行为的基本原则;三要把我国是尚未摆脱贫穷落后状态的发展中国家,作为规范企业道德行为的立足点。

王晓芳

2024 年 5 月

经济体制改革研究

试论我国社会主义所有制的多样化模式

近年来,我国社会主义全民所有制出现了多样化的模式,社会主义集体所有制也出现了多样化的模式。这些多样化模式的出现,提出了一个社会主义实践和理论中的新课题:社会主义所有制,不论是全民所有制还是集体所有制,究竟搞一个模式?还是搞多样化的模式?社会主义所有制的模式的多样化具有哪些重要意义?这里,试做一些探讨。

我国所有制结构的两个基本特征

我国所有制结构是一个什么样的结构,首先决定于它是由哪些经济成分构成的,这些经济成分各居于什么地位,具有什么作用。这一点已经在实践上和理论上得到了解决。在我国所有制结构中,社会主义全民所有制(现在表现为社会主义国家所有制)和社会主义集体所有制居于主体位置,占有绝对优势,起着主导作用;个体经济是社会主义经济的必要的附属和补充,中外合资经营的国家资本主义经济也在一定范围内允许存在。国营经济和集体经济的主导地位和作用,决定了我国所有制结构是社会主义性质的;允许个体经济和国家资本主义经济也在一定范围内存在,决定了我国所有制结构又是存在多种经济成分的社会主义所有制结构。这是我国所有制结构的第一个基本特征。

现在,随着全民所有制和集体所有制的多样化模式的出现,又使我国所有制结构呈现出另一个新的重要的特征。那么,当前出现了哪些社会主义所有制的多样化模式呢?

在全民所有制的国营经济中,出现了一批扩大了自主权的企业,正在出现一些自负盈亏的企业,既有一个部门、一个行业之内的经济联合体,又有跨部门、跨行业、跨地区的经济联合体;在集体经济中也出现了各种形式的经济联合体,在农村集体经济中出现了各种生产责任制;另外,在全民所有制、集体所有制和个体经济之间,还出现了互相交叉联合的各种跨所有制的经济联合体。这种状况,反映出在我国所有制结构中,社会主义全民所有制允许有多样化的模式,社会主义集体所有制也允许有多样化的模式。因而,社会主义所有制的模式的多样化,就成为我国所有制结构的第二个基本特征。

当前出现的国营经济的不同的模式,集体经济的不同的模式,是在它们的原有的所有制性质没有发生变化的情况下,既是全民所有制或者集体所有制的经营管理的不同形式,劳动组织的不同形式,生产责任制的不同形式,也是它们的生产资料与生产者相结合的不同形式,生产资料使用权、管理权的不同形式,产品分配办法的不同形式,按劳分配的不同形式。因而,它们形成了社会主义全民所有制的不同的模式,形成了社会主义集体所有制的不同的模式。以国营经济而论,组成经济联合体的企业与未组成经济联合体的企业,它们的社会主义全民所有制的性质并没有什么不同,但是,组成了经济联合体(联合公司或者专业公司)的企业,由于在一定程度上人、财、物统一调度,供、产、销统一经营,利润按比例分成,经营管理的形式、生产资料与生产者相结合的形式、生产资料使用权的形式,以及产品分配的办法,都发生了某些变化,因而,表现为同一全民所有制的不同的模式。再以农村集体经济为例,未实行生产责任制与已实行生产责任制的生产队,如与已实行专业承包、联产计酬责任制的相比,它们的生产资料都是集体所有，都由生产队统一领导、统一经营，都实行按劳分配，但是，后者实行专业分工，各业生产根据方便生产、利于经营的原则，分别包到组、到户、到劳力，按包产计工，包产以内的生产成果由生产队统一分配，超产奖励，减产受罚，生产过程的各项作业，生产队宜统则统，宜分则分，因而，它与未实行生产责任制的生产队在经营管理形式、劳动组织形式、生产资料与生产者结合的形式，以及按劳分配的办法上都有所不同，表现为同一农村集体经济的不同模式。

既然我国社会主义所有制存在着多样化的模式，而且形成了我国所有制结构的一个基本特征，那么，它产生的客观必然性何在？具有什么作用？有什么重要意义？下面通过分析我国社会主义所有制的多样化模式与生产专业化协作的关系，与商品经济的关系，以及我国所有制结构的反馈调节机制，来看其客观必然性、优越性、作用与意义。

社会主义所有制的多样化模式与专业化协作

观察一下全民所有制或者集体所有制新出现的多样化的模式，可以看出有不少是适应生产专业化分工与协作的要求而产生的，同时，它们又促进了生产专业化协作的发展。

人类社会生产发展的历史，也是生产分工发展的历史。继两次社会大分工之后，又出现了为物质资料生产和为生活消费服务的“第三产业”。在各个产业部门内部，专业化分工也在不断发展。以工业为例，已经经历了原始专业化、门类专业化、产品专业化等阶段，近几十年来，又向零部件专业化和工艺专业化发展。生产的这种向专业化分工发展的趋势，是技术进步的需要，是社会生产力发展的客观要求。

伴随着社会生产分工的发展，生产力的发展出现了另一种趋势，即协作的趋势。社会分工的发展，各个产业部门内部分工的发展，使得国民经济各个部门之间、企业之间越来越相依相存。一件产品不再是一个企业的生产成果,而是不同产业部门、不同企业共同的生产成果。原料供应与加工之间、生产企业相互之间、生产与销售之间紧密相连。产品的生产过程和销售过程已经不是单个人、单个企业的活动过程,而是社会化的活动过程。生产的专业化越发展,生产的社会化程度越高,就越要求各个产业部门之间、企业之间建立协作关系。这同样是社会生产力发展的客观要求。

当前构成国营经济与集体经济多样化模式之一的各种经济联合体,正是适应专业化协作这一生产力发展的要求,应运而生的。根据专业化协作的需要,经济联合体采取了多种模式,有适应产品专业化需要的联合体,有适应零部件专业化与工艺专业化的联合体,有的是跨部门、跨行业的联合体,有的是跨地区、跨所有制的联合体,有的是农村原料基地与城市加工企业的联合体,有的是生产部门与销售部门的联合体。比如在工业企业之间,出现了许多由主机厂与零部件生产专业厂、原材料生产专业厂、工艺生产专业厂建立的经济联合体。实行这种专业化联合,有利于采用高效专用设备,提高生产技术,改进生产工艺,组织大批量生产,增加产品的产量、品种,提高产品的质量。兰州市金属制品厂为了提高煤油炉装配生产能力,和另外六个厂搞专业化联合,它自己生产主件,并负责总装,其余的几个厂分别搞零部件或工艺专业生产,有的厂生产加油咀,有的生产发火盘,有的承担搪瓷任务,生产增长较快,煤油炉产量1980年比1979年增长44.19%,产值增长30.41%,利润增长一点三倍。

构成农村集体经济多样化模式的各种形式的生产责任制,其中不少形式也是适应专业化生产的需要而出现的。如专业承包、联产计酬责任制,就是随着农业生产专业化的需要而发展起来的。这种责任制的一个突出特点是按专业进行承包,实行专业化分工,包工包产。这种形式把专业化生产和联产计酬责任制两方面的优越性结合了起来。它可以科学地组织劳动,使人尽其才,地尽其利,物尽其用;它可以激发社员学习科学技术的积极性,提高农业生产的技术水平;它有利于建立较合理的生产结构,保持良好的生态体系,促进农林牧副渔工商各业的全面发展。甘肃省酒泉地区土地平坦,水利资源丰富,全部是水地,机械化已有一定基础,机耕面积占总耕地面积的 64.7%,粮食生产多年来连续增产,多种经营如棉花、油料、瓜菜、果木、畜牧以及工副业也在发展。当前,生产的发展,一方面要求在粮食作物上精耕细作,科学种田,一方面要求积极大力发展多种经营,充分利用多种资源,提高农、林、牧、副各业的专业化水平。适应生产发展的这种形势,专业承包、联产计酬责任制这种形势发展较快。截至今年五月底,已有45%的生产队在经济作物、工副业等专业生产项目中不同程度地实行了专业承包、联产计酬责任制。实行这种责任制后,社员专一业,学一行,各项生产专业水平有了提高,多种经营得到了发展。如酒泉县清水公社西湾八队有个一百亩的果园,去年专业承包到组后,剪枝、嫁接、施肥、浇水、防治病虫害都比往年搞得好,苹果产量比 1979 年增产近一倍,果园现金收入比 1979 年增长近三倍。

在我国这样的经济比较落后、生产专业化协作发展水平较低的国家,建立起社会主义所有制之后,生产力的发展必然要求提高专业化协作水平。这就需要按照各个地区、各个行业、各个经济单位生产专业化的不同水平和发展要求,采取与之相适应的社会主义所有制的各种不同的模式。

由此可见,我国社会主义所有制具有多样化模式,适应并且有利于生产专业化协作的发展。

社会主义所有制的多样化模式与商品经济

分析全民所有制和集体所有制新出现的各种不同的模式,还可以看出，它们的产生适应于我国生产力对发展社会主义商品经济的要求。

人类社会生产发展的历程表明，只有随着商品经济的充分发展，生产力才能达到高度的社会化程度。我国是在商品经济不发达的条件下建设社会主义的，我们当然不能走历史上商品经济发展的老路，不能从简单商品生产发展为高度发达的资本主义商品经济。但是，商品经济的存在和发展又是一个不可逾越的经济发展阶段，我们必须发展社会主义的有计划的商品经济。我国将从不发达的商品经济变为发达的商品经济的进程中，达到高度社会化的生产。这是我国生产力发展的客观要求。我国社会主义所有制的一些新的模式，正是适应生产力发展的上述要求，因而促进了社会主义商品经济的发展，主要表现在以下几个方面：

一、打破了部门、地区、所有制的限制，发挥了生产力诸要素的潜力，形成了新的生产能力，密切了产、供、销之间的联系，为商品生产和流通排除了障碍，疏通了渠道。如有些轻纺企业产品质量好，适销对路，供不应求，但苦于资金、厂房、设备或技术力量不足，而有些机械或其他行业的企业，有闲置的资金、厂房、设备或技术力量，双方组成跨部门、跨行业的经济联合体，使双方的生产力诸要素得以有效地结合，充分挖掘生产潜力，形成新的生产能力，增产适销的商品。又如有些工业企业与商业、物资部门建立的工商联合体，或者是农村社队、加工企业与商业部门建立的农工商联合体，把供、产、销直接连接了起来。甘肃省康县的木耳联合企业，就是由县两河公社、公社贸易货栈与这个公社的二十八个生产队组成的专业性农工商联合企业。它既从事木耳生产，又进行木耳初级加工，并经售计划外的木耳等林副产品，组成了从生产、加工到销售的配套形式，既能保证木耳加工的原料，又可疏通木耳销售的渠道，有利于发展木耳商品生产。

二、提高了商品的适应性，增加了商品的品种、规格、花色，促进产需结合。例如，按零部件专业化分工协作组成的经济联合体，就非常有利于适应市场多样的、多变的需要，发展产品品种。如果是一个大而全、小而全的企业，产品的零部件都要由自己生产，这样，一个企业只能生产少数几种产品，要增加一个品种相当困难，每增加一个品种，就要多生产几十种、几百种零件。而按零部件专业化协作的要求建立的联合体，由于大多数零部件是由零部件专业厂生产的，主机厂增加新的品种就相当灵活，对市场丰富多彩的需要的适应性就比较强。

三、提高了商品率，特别是提高了农副产品的商品率。农副产品的商品率，不但反映了农业生产本身商品经济发展的水平，而且是工业，尤其是轻工业商品经济发展的基础。我国一亿多职工和城镇居民所需的粮食、副食品，来源靠的是农村提供的各种农副产品；轻纺工业的原料有 70%是农副产品；30%的出口物资也是农副产品及其加工品。但是，当前我国农产品的商品率很低，农业商品产值约占农业总产值的 30%，跟经济发达国家的农产品商品率占到 80%以上相比，还需要极大地提高农产品的商品率。当前农村实行的各种生产责任制，对提高农产品的商品率已经显示出重要的作用。集体经济的这些形式，由于调动了社员的生产积极性，精耕细作，科学种田，使生产有较快的增长，增加了提供的商品量；由于社员在完成承包任务的前提下，可以自由支配劳动时间，为发展家庭副业创造了条件；由于提高了劳动生产率，解放了农业劳动力，促进了专业化分工，有利于农林牧副渔各业全面发展，增加了给市场提供的农副产品。

社会主义所有制的多样化模式与反馈调节机制

对我国社会主义所有制的多样化模式与专业化协作的关系、与商品经济的关系所进行的分析，归根到底，无不说明社会主义所有制的多样化模式是由生产力的发展决定的，反映了生产关系一定要适合生产力发展的规律的要求，促进了生产力的发展。社会主义所有制不拘泥于一种模式，不搞一刀切，而按照生产力的发展水平和发展要求，采取多样化的模式，反映出我国社会主义所有制结构有一种很大的优越性，具有一种非常重要的调节机制，即反馈调节机制，也叫作自我调节机制。这种反馈调节机制，可以根据生产力发展的不同水平，根据生产力的发展变化，在不改变社会主义所有制的性质的情况下，对其经营管理的形式、生产责任制的形式、生产资料与生产者结合的形式、生产资料使用权的形式，以及产品的分配形式进行调整，使之采取更加适宜于生产力发展的模式。这种反馈调节机制，主要表现在以下两个方面：

一、根据生产力发展的不平衡状况，调节社会主义全民所有制和集体所有制的具体模式。我国生产力在工业与农业之间，在现代工业与手工业之间，发展水平差别很大，就是在工业内部或者农业内部，发展也很不平衡。以农业为例，我国地域辽阔，各地自然条件差别很大，经济、技术、文化基础均不相同。这种不平衡状况，决定了农业集体经济不应拘于一种模式，在不同地区、不同社队，允许有多样化的模式。这些多样化的模式，由于符合当时当地生产力发展不同水平，因而能够促进生产的发展，体现出社会主义制度的优越性。相反，如果不从不同地区的生产力发展的不同状况出发，不因地制宜，而用某一种固定的集体经济的模式去套，搞一刀切，这样的模式虽然也是社会主义的集体经济，但并不能发挥社会主义的优越性。我们搞农业集体化的经验教训，也说明了社会主义集体经济多样化模式的重要意义。我国农业集体化的成绩是很大的，但是在合作化后期、特别在公社化中，没有能始终坚持因地制宜，分类指导，循序渐进的方针，搞了一刀切，一锅煮，造成了损失。

组织各种形式的经济联合体，也要根据生产发展的客观需要，结合不同行业、不同地区、不同企业的具体条件和特点，来确定联合的广度和深度，联合的范围和形式。需要而又有条件建立主机厂与零部件专业厂的经济联合体的就建立这种经济联合体；需要而又有条件将加工企业与原料产地联合起来的，就搞这种形式的联合；生产单位与商业、外贸、物资等企业需要联合经营，并具备了实现这种联合的条件，就可以搞工商或者农工商的联合体；有些不适宜搞联合生产经营的，如有些小商品生产，修理服务行业等，则需要继续保持分散经营。总之，在经济联合体的形式上，也不能搞一个模式，搞一刀切，而要允许模式的多样化。

二、适应生产力是最活跃的因素这个性质，根据生产力的发展变化，调节社会主义所有制的具体模式。生产力是最活跃的因素。生产力的每一次重大的飞跃，都经历了一段逐渐的量的变化过程。在社会主义社会中，由于人们能够自觉地发现和调整生产关系的某些与生产力发展不相适应的方面，当生产力虽尚未发生质的飞跃，但是它的一些比较显著的量的变化也会引起社会主义生产关系的某些方面的不相适应，影响生产力的发展。在这种情况下，虽然对社会主义所有制的性质不要求进行变革，但对生产关系的不适应的方面则需要进行调整，使之适应已经发展变化了的生产力的状况，促进生产力的进一步发展。这就是社会主义制度的一个重要优越性。在不改变社会主义所有制性质的情况下，对生产关系的某些方面的调整，往往表现为社会主义所有制的具体模式的变化。

我国所有制结构中国营经济、集体经济、个体经济、国家资本主义经济这几种经济成分，在我国生产力没有发生重大变化时，会保持相对稳定。但是，随着生产力的一些局部的变化，社会主义所有制的具体模式，会发生某种变化，采取某种新的模式。在新中国成立初期，国营工业企业数量很少,工业部门很不齐备,全国主要城市总共只有大小工厂一千四百余家，经过三十年的建设，已有工业企业四十万个,形成了部门比较完整的工业体系,专业化分工和协作关系日益发展。在这种新的形势下,便产生了按专业化协作建立经济联合体这种新模式的要求。

综上所述,我国社会主义所有制的多样化模式,顺乎客观规律,合乎我国国情,体现了社会主义制度的优越性,促进生产力的发展。

社会主义的实践在发展，社会主义的理论也在逐步开拓自己的新的研究领域。我国人民在建设社会主义的实践中，经过反复和曲折，终于建立了一个以国营经济和集体经济占主导地位的多种经济成分的社会主义所有制结构，这是对社会主义实践和理论的一个重大贡献。现在,又正在探求社会主义所有制的多样化模式,使我国所有制结构更能从不同地区、不同行业、不同单位、不同时期的生产力发展水平出发,更能适应生产力发展的要求,更能发挥社会主义制度的优越性。这又是我国人民正在做出的对社会主义实践和理论的一个新的突破。

随着社会主义实践的发展，对我国社会主义所有制结构的理论研究已经不能停留在多种经济成分问题上，需要同时进一步研究我国社会主义所有制的多样化模式问题。这一研究,不但对于逐步形成我国经济结构的理论体系是必要的，而且对于探讨在经济比较落后的国家建设社会主义的规律,也有着重要的意义。

（原刊于《社会科学》,1983年第3期）

对生产关系一定要适合生产力发展规律的再探索

对于经济规律，如同对于一切事物一样，我们处于一个实践、认识、再实践、再认识的过程中。对于生产关系一定要适合生产力发展的规律，经过三十余年我国社会主义的实践，应该说我们需要对之加以再认识。特别自党的十一届三中全会以来，我国在社会主义生产关系方面出现了各种不同的具体形式，有生产资料与生产者相结合的不同的具体形式，有生产资料占用权的不同的具体形式，有按劳分配的不同的具体形式。农村集体经济普遍实行了联产计酬责任制，而责任制本身又呈现出丰富多彩的具体形式；国营经济也正在建立经济责任制，经济责任制的具体形式也不拘一格；不论是国营经济还是集体经济，不论是城镇还是农村，都出现了具体形式多样化的经济联合体，等等。我国社会主义生产关系采取多样化的具体形式，使我们对生产关系一定要适合生产力发展的规律有了一些进一步的再认识，对这条规律的内涵与表述需要进行一些新的探讨。本文着重从我国社会主义生产关系的多样化的具体形式方面，对这条规律的内涵进行一些探索。

我国社会主义生产关系采取多样化的具体形式，在以下三个方面要求我们对生产关系一定要适合生产力发展的规律的内涵加以再认识：

一　对生产力的量的规定性的意义与作用的再认识

社会生产力跟一切事物一样,是质和量的统一。社会生产力的发展是量变与质变以及二者转化的过程。生产力的发展总是经过一段逐渐的量变过程,在量变的一定点上发生根本性的质变。生产力有其质的规定性,从而在其发展总过程中形成了各个不同性质的特殊阶段,如石器时代、金属工具时代、机器工业时代等等。生产力的质的规定性由构成生产力的物的要素与人的要素的性质所决定和表示,如生产资料的性质、科学技术发展的不同阶段、生产过程社会结合的不同发展阶段等等。生产力还有其量的规定性,这种量的规定性表现在以下两个方面:第一,生产力的质的规定性以一定的量的规定性为其必要的条件,只有当生产力的量变达到一定点时,才能发生根本性的质变。在这种情况下,生产力的量的规定性表现为量变转化为质变的数量关系。如在一个以手工劳动为主的社会或者生产部门中,较高的科学文化水平、先进的劳动技能、科学的管理方法以及现代化的生产设备从少数人所掌握变为一个社会、一个部门的一定数量(如百分之七八十)的大多数人所掌握,生产力的性质就发生了变化。第二,在生产力尚未发生根本的质变时,它处于逐渐的量变过程中,处于新质因素逐渐增强、旧质因素逐渐减弱的过程中。在这种情况下,生产力的量的规定性表现为同一质的发展阶段中生产力的量的差异,表现为新质因素增加与旧质因素减少的数量关系,特别是指反映了生产力部分质变的重要的量的差异的数量关系。比如在同是以手工劳动为主的两个不同的生产部门,一个部门只有很少量的机器(如5%的生产者使用机器),另一个部门则拥有较多的机器设备(如40%的生产者使用机器),这两个部门的生产力的性质同属于以手工劳动为主的阶段,但两者在机械化这一新质因素增加的量变方面存在着较大的差异。生产力的这种量的规定性可以用一系列技术经济指标反映出来。上述两种情况下生产力的量的规定性,都说明了应该重视生产力的量的规定性的研究。第一种情况说明了生产力的质变离不开其量的规定性,要认识和把握生产力的性质,必须具体分析规定生产力性质的数量关系;第二种情况则说明了要认识同一质的阶段中生产力发展的量的差异,也必须具体分析反映了这种差异的一系列技术经济指标的数量关系。本文要着重探讨的是第二种情况下的生产力的量的规定性的意义与作用,即在同一质的阶段中的生产力发展的量的差异。

马克思第一个深刻地揭示了生产关系一定要适合生产力发展的规律。作为一个彻底的辩证唯物主义者,马克思在论证生产力的发展变化时,既注意了质的规定性,又注意了量的规定性,以及它们之间的关系。恩格斯曾经以《资本论》第一卷第四篇中关于协作、工场手工业和机器大工业的分析为例,说明马克思"谈到无数关于量变改变事物的质和质变同样也改变事物的量的情况"(《马克思恩格斯全集》第20卷第139页)。这是首先要注意到的。同时,也不能不看到,在论述生产关系一定要适合生产力发展的规律时,马克思则着重揭示了生产力的质的变化决定和引起生产关系的性质的变革(当然,生产力的这种质变是在量变的一定点上发生的)。这是由于:第一,在确立历史唯物主义这一基本原理时,马克思需要从人类社会发展的几种生产方式的更替中来揭示这一规律,而这些生产方式的更替是由不同性质的生产力决定了不同性质的生产关系的更替;第二,为了使国际无产阶级认识到在资本主义的胎胞里发展起来的新的生产力的性质,已同现存的资本主义生产关系的性质发生矛盾。后来,人们对同一质的发展阶段上的生产力的量的差异,以及这种量的差异对生产关系的作用较少进行论述。

随着社会主义国家建设实践的发展,生产力发展的量的规定性,同一质的发展阶段中的生产力的量的差异,越来越显示出重要意义与作用。

第一,重视生产力发展的量的规定性,重视同一质的发展阶段上的量的差异,才能充分认识生产力发展的不平衡性。

社会生产力的发展在不同地区、不同部门呈现出不平衡性。这种不平衡性是由两种原因造成的:一种原因是由生产力发展的不同的质的规定性造成的,是由处于不同质的发展阶段的生产力决定的。比如我国的工业与农业这两大部门,生产力有很大差异。工业部门特别是现代工业部门,机械化程度较高,劳动者的科学技术水平较高,生产的社会化程度较高,有较严密和科学的管理手段;而在农业中,机械化程度很低,基本以手工劳动为主,自给性生产占有较大比例,缺乏科学的管理手段。这种差异属于不同质的发展阶段的生产力的差异。另一种原因是由同一质的发展阶段中生产力的量的差异造成的不平衡。比如在我国农业中,从大多数地区来说,属于生产力的同一质的发展阶段,但各地的物质技术条件、经济发展水平、劳动者的技术水平、经营管理水平等仍有较大差别。

在社会主义建设中,要使我们的经济方针、政策、计划等符合我国国情,必须从各地、各部门生产力发展的不平衡性出发。而要认识这种不平衡性,既应注意处于不同质的发展阶段的生产力造成的不平衡,又应注意同一质的发展阶段中生产力的量的差异造成的不平衡。

第二,重视生产力发展的量的规定性,重视同一质的发展阶段中生产力的量的差异,才能认识社会主义生产关系具有多样化具体形式的必然性。

在我国社会主义社会中,不同性质的多种经济成分的存在,是由处于不同质的发展阶段的生产力决定的。在生产力的性质没有发生变化时,我国不同性质的经济成分并存的状况会保持相对稳定,而不应进行频繁的过渡、变革。在社会主义社会中,同一性质的经济成分、同一性质的社会主义所有制会具有不同的具体形式，则是由同一质的发展阶段上生产力的量的差异决定的。这里所说的社会主义所有制的具体形式,是指某种性质的社会主义所有制所采取的具体模式,是在生产资料的所有制性质已定的条件下，其生产资料与生产者相结合的具体形式、生产资料的占用权的具体形式、产品分配的具体形式等等。比如农村集体经济的不同形式的生产责任制,它们是劳动组织的不同形式、经营管理的不同形式、生产资料占用权的不同形式、产品分配的不同形式,因而,它们是我国农村集体所有制的不同的具体形式。同一性质的社会主义所有制之所以会采取不同的具体形式,是由同一质的发展阶段上生产力的一些比较显著的量的差异决定的。这里需要提及,也不是生产力发展的每一点量的差异都要求改变某一所有制的具体形式，而是指一些比较显著、比较重要的量的差异。不论是社会主义全民所有制的具体形式,还是集体所有制的具体形式,也都有一定的相对稳定性。

以我国农业中的社会主义集体经济而论,同属于一种经济成分,多数地区生产力基本上处于同一质的发展阶段，但由于生产力发展的量的差异,生产资料的占用形式、产品分配的形式等采取了与当时当地生产力发展水平相适应的具体形式。甘肃省是一个农业生产比较落后的地区,但在省内的不同地区之间,生产力的发展水平仍有相当大的差异。拿河西走廊的酒泉地区来说,农业生产仍没有超越基本以手工劳动为主的发展阶段,但是部分作业的机械化水平较高,如机耕面积占耕地面积的 64.7%,水利设施也较为发达,全部是水浇地。因而，那里农村集体经济采取的责任制的形式必然适应生产力发展的这一状况,为利于发挥机耕和水利设施的效益,该地区大田作业较为普遍地实行了统一经营、联产到劳的责任制,坚持由生产队统一耕种,统一倒茬,统一浇水,统一施肥,不同于省内大部分地区实行的包产到户和大包干到户的形式。所以,同是社会主义集体经济,由于生产力在同一质的发展阶段上的量的差异,不能按一个固定的模式去套,不能搞一刀切,而应该采取与生产力发展水平相适应的具体形式。

二　对生产关系具体形式的意义与作用的再认识

对于社会主义生产关系的具体形式，过去在政治经济学社会主义部分中研究得很少,也讲到社会主义公有制的两种形式(全民所有制与集体所有制),讲到农村集体经济有公社、大队、生产队三级所有制,但是,基本上没有跳出固定模式论的框框,实际上并未从理论上解决社会主义生产关系必然具有多样化的具体形式，以及社会主义生产关系的具体形式的重要意义与作用这一重大课题。

根据我国的实践,社会主义生产关系采取多样化的具体形式,具有如下的重要意义与作用:

第一,社会主义生产关系采取多样化的具体形式,能够充分发挥社会主义制度的优越性。

过去我们讲社会主义生产关系的优越性，主要是讲生产资料公共占有,实行按劳分配,消灭了剥削,社会主义生产关系的这种性质适合生产力发展的要求,因而能够促进生产力的发展。毫无疑问,这些根本性质是社会主义生产关系优越性的基本内容。但是,却没有讲不仅生产关系的性质必须适合生产力发展的要求，而且其具体形式也必须适合生产力发展的要求,这样,才能充分发挥其促进生产力发展的作用。由于丢掉了这一条,社会主义生产关系的优越性就离开了具体形式的制约,演变为社会主义公有化程度越高越好,公有化范围越大越优越。结果,离开生产力发展水平,盲目追求高级的生产关系形式,搞一个模式,一刀切,反而使得社会主义生产关系的优越性得不到体现,阻碍了生产力的发展,损伤了社会主义的优越性。而当我们重视了生产关系的具体形式,根据生产力发展的状况,允许社会主义生产关系采取不同的具体形式时,社会主义的优越性就更好地体现了出来。党的十一届三中全会之后,在农村集体经济的形式上克服了一刀切的做法,各种形式的责任制如雨后春笋迅速普遍地发展了起来,不少穷队一年就面貌大变,摘掉了“三靠”帽子,许多富队更上一层楼,有力地说明社会主义生产关系的具体形式对于发挥社会主义制度的优越性具有重要的意义与作用。

第二,社会主义生产关系采取多样化的具体形式,能够使我国所有制结构发挥其自我调节机制。

所谓社会主义所有制结构的自我调节机制,是指它按照生产关系一定要适合生产力发展的规律,调整生产关系的某些不适应生产力发展的方面。这种自我调节机制是由社会主义制度的性质决定的,是由于在社会主义制度下,人们能认识并自觉地运用生产关系一定要适合生产力发展的规律。但是,这种自我调节机制能否充分发挥出来,在很大程度上要看我们能否认识并允许社会主义生产关系采取多样化的具体形式。因为在对某种社会主义生产关系的性质并不进行变革,而只是调整它的某些不完善的方面时,往往是调整其具体形式,如生产者与生产资料结合的具体形式、产品分配的具体形式等等。如果根本不承认和不允许社会主义生产关系有多样化的具体形式,只能按一套固定的模式发展,那还谈到什么自我调节机制呢?近年来我国经济体制的改革,实际上就是运用这种自我调节机制,对国营企业生产关系的一些不完善的方面进行调整,寻求适合我国生产力发展的国营经济的新的具体形式。

三 对生产关系一定要适合生产力发展规律的内涵与表述的再认识

关于生产关系一定要适合生产力发展规律的内涵，马克思在《政治经济学批判序言》中作了典型式的表述。如前所述，尽管马克思在揭示这一规律时着重论证了人类社会历史上不同性质的生产力决定了不同性质的生产关系乃至整个社会形态的变革，但是，马克思并没有忽视过生产力的量的规定性。正因为如此，在阐述生产关系一定要适合生产力发展的规律时，马克思很少使用"生产力的性质"这个范畴，而较多地使用了既包含生产力的质的规定性又包含量的规定性的"生产力的一定发展阶段""生产力发展的一定水平""生产力的发展程度"等范畴。后来，斯大林较多地使用了"生产力的性质"这个范畴，而且把这一规律概括为"生产关系一定要适合生产力性质的规律"。

虽然有的同志认为，生产力的性质既包括质的规定性，也包括量的规定性。生产力的质变当然以一定的量变为关节点，但是，质变与量变毕竟是两个既相联系又相区别的不同的范畴。把这条规律概括和表述为生产关系一定要适合生产力性质的规律，不够科学和严密，容易使人只注意生产力的质的规定性，而忽视其量的规定性，忽视在同一质的发展阶段中的生产力的量的差异。

从前述生产力在同一质的发展阶段上量的差异的意义与作用的分析中，从生产关系的具体形式的意义与作用的分析中，对于生产关系一定要适合生产力发展规律的内涵与表述，可以得出如下两点结论：(一)在这一规律的内涵中，应该包括生产力的量的规定性与生产关系的具体形式的如下内容；生产关系一定要适合生产力的发展，首先要求生产关系的性质必须适合于生产力的性质，而且要求生产关系的具体形式也必须适合于生产力的性质，并适合于生产力在其一定质的发展阶段上的量的差异;生产力性质的变化,决定并引起生产关系的性质的变革，在一定质的发展阶段上的生产力的量的重要差异,也会决定并形成同一性质生产关系的具体形式的差异;生产关系的性质是否符合生产力发展的要求,会促进或者阻碍生产力的发展，一定性质的生产关系的具体形式是否符合生产力发展的状况，也会促进或者阻碍生产力的发展。需要提及,这里所讲的生产关系的具体形式,是指一定性质的生产关系所采取的具体形式;这里所讲的生产力的量的差异,是在一定发展阶段上的生产力的量的差异。(二)恢复马克思所使用的既包含生产力的质的规定性、又包含其量的规定性的范畴,将“生产关系一定要适合生产力性质的规律”,概括、表述为“生产关系一定要适合生产力发展状况(或者发展水平)的规律”,也可以简化为“生产关系一定要适合生产力发展的规律”。

（原刊于《社会科学》,1982 年第 2 期）

中国式社会主义经济的基本特征

我国建立起社会主义制度，进入社会主义社会历史阶段之后，我们应该建立一个什么样的所有制结构？我们的国民经济部门结构和社会再生产结构应该具有哪些特征？我们应该实行什么样的经济体制？在这个问题上，有一段时间，我们曾经照搬过别的国家的经济模式，在所有制结构方面，只搞两种公有制（全民所有制和集体所有制）；在国民经济部门结构和社会再生产结构方面，重积累，轻消费，重基建，轻生产，重视重工业，轻视农业和轻工业；在经济体制方面，只搞计划调节，不要市场调节。实践证明，照搬别人的经济模式，不符合我国的具体情况，这条路走不通。经过二十几年的曲折历程，我们终于寻求到了这个问题的答案，这就是邓小平同志在党的十二大开幕词中所指出的："把马克思主义的普遍真理同我国的具体实际结合起来，走自己的道路，建设有中国特色的社会主义，这就是我们总结长期历史经验得出的基本结论。"现在，我们懂得了别的国家的经济建设经验应该借鉴，但不能照抄照搬；马克思主义关于社会主义经济的基本原理（如建立公有制，贯彻按劳分配，实行计划经济）必须坚持，但一定要同我们国家的具体实际相结合；社会主义经济没有一套固定的模式，中国的社会主义经济建设应该走一条有自己国家特色的道路，应该建立中国式的社会主义经济。长时间来，我国人民在曲折的道路上为建立自己的社会主义经济作过许多努力，但是，由于经济工作指导思想上的"左"倾错误，直至党的十一届三中全会，才系统地彻底地研究并解决这一重大课题。

那么,中国式的社会主义经济具有哪些基本特征呢?根据我国的实践,需要从以下三个方面进行分析研究:(一)我国所有制结构的特征;(二)我国生产和再生产结构的特征;(三)我国经济管理体制的特征。

我国社会主义社会所有制结构的基本特征

在社会主义经济制度已经确立的基础上,社会主义社会的所有制结构包含如下三个方面的内容:(一)这个所有制结构中包含哪些经济成分;(二)各种经济成分之间存在着什么样的关系;(三)社会主义公有制经济的生产关系采取什么样的具体形式。

我国社会主义社会所有制结构总的来说,就是要建立一个符合我国生产力发展状况的结构,这是一个最基本的立足点和出发点。具体来说,则要从上述三个方面探求其应具有的基本特征。

(一)我国所有制结构包含哪些经济成分

对这个问题的解决,一点也离不开我国生产力的发展状况。我国生产力发展的基本状况是:

第一,我国现代工业已经有了相当的规模和数量,科学技术和经营管理具有一定的水平,实行专业化分工协作,社会化程度比较高;第二,我国农业一方面与社会化大生产的工业有着紧密的联系,是我国整个社会化生产中的一个重要组成部分,并有了部分先进的生产手段,另一方面从总的情况说来,生产力发展水平比较低,基本上依靠耕畜和手工工具劳动,专业化分工不发达,社会化程度低:第三,在农村和城镇还存在着一些非常分散的、细小的、使用手工劳动的生产经营项目。与我国生产力发展的这种状况相适应,我国社会主义社会的所有制结构既包括生产力水平比较高、社会化程度比较高的全民所有制国营经济，也包括生产力水平比较低、社会化程度比较低的集体所有制合作经济，并允许一些分散的、细小的生产经营项目由个体劳动者进行生产和经营，形成一个以国营经济为主导的多种经济形式长期并存的所有制结构。

过去，由于经济工作指导思想上存在着“左”倾错误，不从我国生产力发展的状况出发，不尊重生产关系一定要适合生产力发展的规律，在农村“割私有制尾巴”，没收社员自留地，取消社员家庭副业；在城镇，既不允许一定范围内的个体经济存在，也将集体所有制的合作经济“升级”“过渡”为全民所有制，盲目追求一大二公。当前，这种在所有制结构问题上的“左”的思想影响还未清除干净，有的人还受那种社会主义社会只能有两种公有制而且公有化程度越高越好的固定模式的束缚，对发展集体经济和个体经济还有许多框框。有些本来需要并可以由集体或个体生产经营的项目，不愿放手让人家搞，总想由国营经济一家独揽，结果想包也包不了，不能满足社会需要。比如大家都说做衣服难，现在全国有服装工人九十一万，大部分是国营企业的。如果要满足城镇人民做衣服的需要，得增加两三倍，发展到二百万至三百万人。有些较大型的、现代化设备水平较高的服装企业，国家投资搞点国营的是可以的，但是，大部分应该让集体和个人去搞，发展集体的和个体的服装加工业。

（二）我国各种经济形式之间存在着什么样的关系

我国所有制结构中的各种经济形式相互联系，形成了一个整体结构。它们之间的这种相互联系，从我国的实际出发，形成了以下一些具有特色的关系：

1. 主体与辅助的关系。在我国所有制结构中，全民所有制的国营经济居于主导地位，由于有强大的国营经济，就可以指导、扶植和帮助集体经济沿着社会主义方向发展；由于有强大的国营经济，就可以引导、促使个体经济为社会主义服务。国营经济的主导地位决定了我国所有制结构的社会主义方向。集体所有制经济与全民所有制经济一起,构成我国所有制结构的主体,占有绝对优势,从而决定了我们的所有制结构的性质是社会主义的。个体经济则处于从属的地位,起着辅助的作用,而这种补充与辅助作用又是不可缺少的。

2. 平等互利的关系。不论是全民所有制的国营经济、集体所有制的合作经济,还是劳动人民的个体所有制经济,它们有着共同的根本利益;但是,它们又都是各自独立的经济形式,是不同经济成分的商品生产者,又有它们自己的经济利益。它们之间的经济联系必然要求符合商品经济的规律,实行等价交换,做到平等互利。在商品经济面前,在价值规律面前,不论哪一种经济形式,不论哪一个经济单位,大家都处于平等的地位,任何一方都不能无偿地占有对方的产品。

3. 协作联合的关系。随着生产的专业化、社会化的发展,我国各种经济形式之间依照经济合理的原则,必然要求建立和发展各种协作和联合的关系。在全民所有制与集体所有制之间、公有制经济与个体经济之间、工业与农业之间、生产与流通之间建立多种形式的协作与联合,正在成为一种普遍的现象。

4. 竞争促进的关系。我国各种经济形式组成了统一的社会主义市场,不论是哪一种经济形式、哪个经济单位生产的产品都是商品,具有使用价值与价值二重性,生产这些商品的劳动具有具体劳动与抽象劳动二重性,商品的价值也是由社会必要劳动时间决定的。因而,每个商品生产者为了使自己在市场上处于有利地位,使自己的商品具有竞争能力,总是要力图使自己生产商品的个别劳动时间低于社会必要劳动时间。这样,便在各种经济形式、各个经济单位之间形成了一种竞争关系。这种竞争关系又是促使社会主义社会各种形式的经济共同提高的关系。我国各种经济形式之间的竞争,是在公有制为基础的条件下进行的，竞争的目的是使产品适销对路，提高经济效益，满足社会需要；竞争的手段是通过挖潜、革新、改造，提高产品质量，增加花色品种，降低成本。所以，这种竞争是鞭策落后、鼓励先进的竞争，是在竞争中求发展的竞争，有这种竞争比没有这种竞争好。

（三）我国社会主义公有制经济的生产关系采取什么样的具体形式

从我国建立社会主义生产关系的实践来看，在建立起全民所有制国营经济和集体所有制的合作经济的同时，还应寻求它们各自的适宜的生产关系的具体形式。国营经济的全民所有制性质已经确立了，按劳分配原则已经确立了，但是，它的经营管理究竟采取什么具体形式，计酬分配采取什么具体形式等等，则是一个在实践中需要继续探求的问题，集体经济也是如此。

过去在政治经济学社会主义部分中很少讲社会主义生产关系的具体形式问题，现在感到这个问题越来越重要，不研究它，不讲它，不在实践中解决它，就必定要在实践中吃苦头，既不利于生产力的发展，也不能很好发挥社会主义经济的优越性。这一点，我们在农村问题上体会得最深。自从我们实现了农业合作化，以后又搞人民公社，认为农村的集体经济就是这个样子了，经营管理，计酬分配也就是这么个模式了，把集中劳动、按工分制评工记分分配看作是社会主义集体农业生产关系的唯一形式。可是，在实践中，广大农民群众越来越感到农业集体经济生产关系的这些具体形式有问题，它的经营管理、计酬分配形式有问题，不符合我国农业生产的特点，不利于调动群众的积极性。我国农民群众从自己的切身经历中，体会到农业合作化道路是正确的，他们想把集体经济办好，使之能更好地发挥出促进生产、改善生活的优越性、要求改进集体农业经济经营管理、计酬分配的具体形式。有些地方群众自己起来搞了包产到户，但是，遭到了批判和压制。十一届三中全会之后，允许群众自愿选择集体经济的生产责任制形式，我国农村在短短的两三年时间之内，普遍实行了各种形式的生产责任制，它们是我国农民创造的农村集体经济的生产关系的新的具体形式，是我国农民在社会主义实践中的伟大创举。农业生产责任制的实行，社会主义农业集体所有制的性质并没有变，按劳分配的原则并没有变，但是，它的经营管理的具体形式变了，计酬分配的具体形式变了。我国社会主义农业集体经济生产关系具体形式的这些变化，其影响之大，效果之显著，是我们共同感受到的，它极大地调动了农民的生产经营积极性，进一步解放了农村生产力。

农业生产责任制的兴起，带动了国营工商企业也开始寻求适合各自特点的生产关系的具体形式。工业比起农业来，有其不同的特点，当然不能套农业生产责任制的具体形式，但是，经济责任、经济权利、经济利益相结合建立责任制，这一基本特征则是农业与工商企业责任制所共同适用的。现在农村也还有个继续放开手脚，完善生产责任制的问题。在工商企业中更应把思想从过去的经营管理形式、计酬分配形式的固定模式中解放出来，像首钢等企业那样，大胆创新，寻求我国社会主义国营企业生产关系的更适宜的具体形式。

我国人民寻求适合生产力发展要求的生产关系的具体形式，使我们对生产关系一定要适合生产力发展规律的内容与要求又有了一些新的认识。过去讲生产关系一定要适合生产力发展的规律，主要是讲生产力的性质决定了生产关系的性质，生产力性质的变化决定并引起生产关系性质的变化，这当然是完全正确的。随着社会主义实践的发展，在建立起社会主义的生产关系之后，历史又向我们提出了寻求社会主义生产关系的具体形式的任务，给科学社会主义和马克思主义经济学提出了一个新的课题，也发掘出了生产关系一定要适合生产力发展规律的新的内容，即生产关系的性质必须适合生产力的发展，生产关系的具体形式也必须适合生产力的发展，生产关系的具体形式是否符合生产力发展的要求，也会促进或者阻碍生产力的发展。

我国生产和再生产结构的基本特征

我国生产和再生产结构，包括积累与消费的结构、两大部类的结构、产业结构、产品结构、技术结构等等。这些结构的建立和选择是否符合客观规律的要求，是否符合我国的国力和国情，直接影响着国民经济能否协调发展，社会需要能否得到满足，整个社会经济能否有一个良性循环。

从我国的国情国力出发，按照客观规律的要求，我国的生产和再生产结构应该具有以下一些主要特征。

(一)是一要吃饭、二要建设的结构

社会主义经济的目的，就是不断满足人民日益增长的物质和文化生活的需要。我们的生产和再生产结构应该服从和体现这一根本目的。从我国的国情来说，我们有十亿人口、八亿农民，世界上没有一个国家拥有我们这样巨大的人口，更没有这样多的农民。满足十亿人的吃饭问题、生活需要问题，是我们一刻也不能忽视的重大而艰巨的问题。在过去一段时间里，搞建设而不顾人民生活需要，带来了几个严重的后果，一是人民生活欠账累累；二是许多产品不符合社会需要，积压在仓库里，不能成为现实的产品；三是积累与消费，农业、轻工业与重工业比例失调。十一届三中全会以来，作了很大努力，调整经济结构，使之符合满足人民生活需要这一根本目的。

从社会再生产的结构来说，一定要在处理积累与消费在国民收入中的比例构成时，保证人民生活逐年有所提高。过去高积累，低消费给人民生活造成的困难是不能忘记的。“一五”计划期间，积累率为

24%，工农业生产稳步增长，人民生活逐年有所改善。1958 年到 1960 年，积累率猛增到 30%以上，1959 年竟高达 44%，结果国民经济比例失调，生产大幅度下降，消费品不能适应人民生活的需要，粮食紧张，市场商品供应紧张，至今记忆犹新。十一届三中全会以来，在国家财政相当困难的情况下，下决心调整国民收入中积累与消费的比例，1981 年积累率已下降到 28.3%，在改善人民生活方面作了巨大的努力，特别注意了从我国有八亿农民这一基本国情出发，首先使农民得到休养生息，提高农民的生活水平，八亿农民生活安定了，全国的事情也就好办了。国家调整降低了征购派购基数，提高了农副产品收购价格。对城市职工，近几年几次调整工资；提高农产品收购价格后，为了不增加城市居民的生活负担，对粮食等好几种农产品购销价格倒挂，国家财政给予补贴，就是肉蛋等销售价格提高了的，又为此给职工增发了补贴；国家还大量兴建城市住宅和公用事业。1979 年至 1981 年这三年中，农民增加收入 580 亿元，职工增加 200 亿元，企业(集体)增加 200 亿元；三年中，国家共拿出 628 亿元，用于补贴城镇居民生活必需品的物价差额、住房费用和社会福利费。这三年来为了还人民生活方面的欠账，新增国民收入几乎全部用于生活消费，三年新增国民收入 874 亿元，用于个人消费和社会消费共 871 亿元，当然不能这样长期继续下去，但是，这种重视人民生活需要的指导思想是正确的，方向是对的。

在产业结构上，要符合满足人民生活需要这一根本目的，主要是安排好农轻重的比例关系。农业和轻工业主要生产消费品，它们的发展是保证人民生活水平提高的物质基础。如果重工业比重过重，农业、轻工业过轻，大量的资金和物资用在中间产品的生产上，供人民直接消费的最终产品就不能适应社会需要。而且从第一部类与第二部类之间的关系来说，生产资料的生产归根到底不是为了本身的需要而生产,而是为了消费资料生产部门对生产资料的需要。因此,在产业结构上要重视发展农业和轻工业,而且重工业的服务方向要紧紧围绕农业和轻工业,为它们提供必需的生产资料,同时为整个国民经济提供技术装备,做到重工业同农业、轻工业协调发展。

从产品结构方面来说,要符合满足社会需要这一目的,必须改变那种单纯追求产量、产值,而不问产品是否适销对路,是否为社会所需要的思想和做法。要根据社会需要,调整产品结构,抓经济信息,搞市场预测,研制、发展新产品,使产品不断更新换代,适销对路。马克思曾经说过不被人们消费的产品,就不是现实的产品,消费是生产的归宿。过去我们曾经生产过多少不是现实的产品,积压在仓库里,不能进入消费,也形成了一些虚假的产值,这样的蠢事不能再干了。

我们的生产和再生产结构既然是一要吃饭、二要建设的结构,就必须把满足人民生活需要这一目的,跟实现这一目的手段紧紧结合起来,做到统筹兼顾,既要在发展生产的基础上逐步改善人民生活,又要在人民生活逐步有所提高的前提下安排好生产建设。人民生活水平的提高,只能靠发展生产。所以,在国民收入的分配结构中,积累率不能过高,但是,也不是越低越好,要有一个适度的积累率,既不影响人民生活逐步有所提高,又能保证生产建设发展的需要。在产业结构中,重工业不能过重,但是,也不是说越轻越好,国民经济各部门技术装备的生产要靠重工业,特别像能源、交通运输、原材料这些基础和目前薄弱的部门,更需大力发展。这就需要国家集中必要的资金,保证关系国计民生的骨干工程和重点项目的建设。这几年,为了调动地方和企业的积极性,扩大了地方和企业的财权,实行留成,方向是正确的,效果是显著的。现在的问题是,国家集中的资金少了,不能适应重点建设的需要。1978 年国家财政收入占国民收入的 37.2%,是偏高的;1981 年急剧下降为占 27%,下降幅度过大,影响到国家手中掌握的资金不足，不能保证骨干工程和重点项目的建设，又不得不向地方“借钱”。这就需要在继续执行现行财政体制和保障企业有自主权的同时，根据不同地区、不同行业、不同企业的实际情况，适当调整中央、地方财政收入的分配比例和企业利润留成的比例，既要保证国家集中必要的资金进行重点建设，又要有利于发挥地方、企业和劳动者个人的积极性，但是，绝不能走回头路。

（二）是以提高经济效益为中心的、速度与效益统一的结构

对于我国生产和再生产结构应该以提高经济效益为中心，成为高效益的结构这一点，我们是逐步有了认识的。本来社会主义公有制经济为在全社会范围内合理地分配劳动提供了基础，可以避免资本主义社会生产无政府状态造成的巨大的浪费。社会主义制度下，劳动人民是国家的主人，也是生产资料的主人，国家利益、集体利益、个人利益在根本上是一致的。生产者具有发展生产、提高经济效益的主人翁积极性。所以，社会主义公有制经济不但需要而且可能提高全社会的宏观经济效益和每个生产单位的微观经济效益。可是，过去相当一段时间，在经济建设中不讲经济效益，片面追求产量和产值的增长速度，损失和浪费了大量的人力物力财力。错误和挫折教训了我们，懂得了全部经济工作必须转到以提高经济效益为中心的轨道上来，我国的产业结构、产品结构、技术结构等，必须是高效益的结构。

要提高经济效益，首先要在社会再生产结构中安排好积累与消费的比例，第一部类与第二部类的比例。实践已经证明，这些重大比例关系的失调，会造成多么巨大的经济上的浪费和损失。其次，还要安排好产业结构中重工业、轻工业、农业的关系，调整好各个部门内部的结构，以及产品结构、技术结构。以工业内部的结构为例，能源是发展国民经济的重要物质基础，但是，我们的能源工业却相当薄弱，能源消耗又相当高，既影响到宏观经济效益，又影响到微观经济效

益。要解决能源这个薄弱环节，提高社会经济效益，就要调整我们的产业结构、产品结构和技术结构，一方面要进一步开发能源，发展能源工业；另一方面要节约能源，节约能源既要调整产业结构，也要调整技术结构。从产业结构方面来说，关停一些耗能高、质量差、产品无出路、长期亏损的企业；从技术结构方面来说，就要通过技术改造来节约能源。要降低能耗，各行各业所使用的耗能高的设备都必须更新换代，并进行一系列重大的技术改造，改变工艺流程和产品结构。由此可见，我们的工业结构、产品结构、技术结构都应围绕提高经济效益这个中心来建立，来调整。再以农业为例，为什么我们的农业劳动生产率低，经济效益不高，与农业内部结构的不合理有着重大的关系。过去长时期主要搞粮食，搞单一的农业生产结构，毁林开荒，围湖造地，不发展多种经营，结果，破坏了生态平衡，堵塞了生产门路，大量劳动力都集中在有限的耕地上，劳动生产率怎么能够高？经济效益怎么能好呢？农业内部结构不合理的状况急需解决，大量的山林、海涂、湖泊、草原需要开发和合理利用，多种经营要积极发展，把农村劳动力从有限的耕地这个狭小范围内解放出来，用现有的劳动资源和物质资源创造出更多的社会财富，农业生产的经济效益将会大大提高。

我国的生产和再生产结构应该是以提高经济效益为中心的结构，也是由我国的国力决定的。我们是一个经济落后的国家，底子薄，资金有限，一年的工农业总产值七千亿元，一年的财政收入不过一千亿元多一点，十亿人民要吃饭，要逐步改善生活，不可能拿出太多的资金来搞基本建设。拿二十年内年总产值翻两番来说，如果都靠增加固定资产投资，投资就得翻两番还要多，我们的国力是无法负担的，而且，基本建设战线一拉长，又得挤消费，经济又可能出现混乱。出路何在？出路就在于提高经济效益，用同样的劳动资源和物质资源，用同样的活劳动消耗和物化劳动消耗，创造更多的符合社会需要的产品。

我们说我国的生产和再生产结构应该是以提高经济效益为中心的结构，高效益的结构，并不是说与经济发展速度无关，是不讲速度的结构，甚至是低速度的结构。如果这样理解，那就是一种误解。社会主义经济建设怎么能不讲速度呢？问题是要求什么样的速度，把速度摆在一个什么位置上。总结我们的经验，我们要求的速度是实实在在的速度，没有虚假的速度，是真正有效益的、能够持续增长的速度；我们的生产和再生产结构不是以速度为中心，而是以提高经济效益为中心，把提高经济效益作为求得一定速度的坚实的基础，把经济效益作为判断速度有效性的标准，把经济效益与发展速度统一起来。如果像过去那样把速度作为中心，而不讲求经济效益，在生产和再生产结构中就会出现重积累，轻消费，重产值、产量，轻社会需要，结果引起结构不合理，比例关系失调，产品积压，质量下降，统计表上有产值的增长数字，但不少产品的价值并没有得到实现。所以，我们的生产和再生产结构以提高经济效益作为中心，把经济效益与发展速度统一起来，才能形成一个合理的结构。

（三）是建立在适合我国需要的、先进的技术基础之上的结构

这里主要涉及技术结构问题，但也涉及产业结构、产品结构。社会主义基本经济规律的要求，就是在先进技术基础上使社会生产不断完善和发展，来保证满足社会成员日益增长的物质和文化生活需要。而且，技术结构与产业结构、产品结构互相制约，紧密联系，从我们社会主义经济建设的实践看，技术结构是一个不能忽视的组成部分。

现在我国的技术水平大体相当于经济发达国家50年代末60年代初的水平，许多老技术能耗高，效率低，产品质量差、成本高、陈旧

落后,“几十年一贯制”。由于过去不注意改变现有企业的技术结构,主要靠新建项目扩大再生产,而新建项目投资多,周期长,使我们的生产和再生产结构陷于高积累、低效益的非良性循环的状况。要使之成为经济效益高的、良性循环的结构,必须重视建立一个适合我国需要的、具有我国特色的、先进的技术结构。

这个问题实质上是我们的再生产结构是以外延扩大再生产为主还是以内涵扩大再生产为主的问题。我们的扩大再生产实际上是由两个部分构成的,一部分是增加固定资产,上新项目,即外延性扩大再生产;另一部分是对现有企业挖潜、革新、改造,在新的技术基础上扩大生产能力,即内涵性扩大再生产。这两部分中以何者为主,就形成了不同的再生产结构。现在大家都承认,外延性扩大再生产是必要的,新的重点项目需要搞,但是,这种方式投资多,周期长,见效慢,扩大再生产不能主要靠这种办法。内涵性扩大再生产, 通过采用新工艺、新技术、新材料,对现有企业进行技术改造,降低能源和物资消耗,促进产品升级换代,发展花色品种。提高质量,增加产量,投资少。见效快, 一般通过现有企业改革形成的生产能力比新建同样规模的企业要少用三分之二的资金,扩大再生产应该主要靠这种方式。也就是说, 我们的再生产结构应该是建立在先进技术基础之上的以内涵扩大再生产为主的结构。因此,各行各业都应该转到新的先进的技术基础上来,对技术结构进行调整,到20世纪末,把经济发达国家在70年代或80年代初已经普遍采用了的、适合我国需要的、先进的生产技术,在我国企业中有计划、有步骤地做到基本普及,形成具有我国特色的技术结构。

(四)是具有能顺利实现社会再生产的流通渠道的结构

在我国社会主义社会中,不论是单个企业的经济活动,还是整个社会的再生产运动,都离不开流通过程,或者把它们都可看作是总流通过程。拿单个企业来说，社会主义企业的资金在生产领域和流通领域中，不断地从货币资金转化为生产资金，从生产资金转化为商品资金，从商品资金又转化为货币资金，而且周而复始地进行。企业生产的商品，都必须出售出去，把商品资金转化为货币资金。在这里一点离不开流通。再从整个社会再生产来说，两大部类互相供给产品，任何一个部类都要以另一个部类提供的物质资料为条件。第一部类的产品通过交换（包括第一部类内部的交换和两大部类之间的交换），使两大部类消耗掉的生产资料得以补偿，扩大再生产所需的追加的生产资料也能买到；第二部类的产品通过交换，使两大部类原有职工和新增职工的全部生活消费得到满足。在这里，也一点离不开流通。

过去，在我们的经济工作中很不重视流通，不关心企业资金的循环能否顺利进行，不讲究流通时间、流通费用和资金的周转速度，企业只管生产产品，至于产品是否适销对路，产品是畅销还是积压，企业不闻不问。在安排社会再生产中两大部类比例时，很不重视两大部类交换的平衡，重工业主要是为自身服务，忽视轻工业和农业扩大再生产对生产资料的需要；而职工人数的增加（主要是重工业职工人数的增加），又较少考虑农业和轻工业所能提供的消费资料，结果，一些生活用品供不应求，群众持币抢购，形成"卖方市场"。就是在流通领域本身，也不注重使货畅其流，流通渠道单一、阻塞，一种商品甲地不需要而积压，乙地需要而又脱销。

马克思分析社会化生产的一个基本观点，就是流通的观点。离开流通的观点，既无法认识社会化的生产，更无法组织社会化的生产。我们组织、调整生产和再生产结构，也必须把握和运用马克思主义关于流通的理论，用流通的观点看问题，使两大部类的交换实现平衡，使各个企业的资金循环和周转顺利进行，使产品适销对路，使流通渠道保证货畅其流。三中全会以来，在这些方面作了许多工作，开始收到成效,但是,流通领域中多种经济形式并存的问题,统得多、包得死的问题,解决得还不够彻底,国营商业独家经营的思想还存在,对发展集体和个体商业还不放手,流通渠道堵塞的现象还不时发生。特别是近几年农村形势好转,农产品中的商品率显著提高,由于商品流通渠道单一、阻塞,不少地方许多农副产品卖不出去,而农民需要的工业品(包括生产资料和消费资料)又买不到手,存在着“卖买难”的突出矛盾。所以,还要在流通体制的改革上作很大努力,使我国国民经济有一个以国营商业为主导的多种经济形式、多条流通渠道的畅通的流通结构。

我国的生产和再生产结构注意了这几个基本的方面,具有了符合我国实际的这样一些基本特征,国民经济就能协调发展,社会再生产就能顺利进行。

我国经济管理体制的基本特征

我国的经济管理体制,既包括宏观的整个国民经济的管理体制,也包括微观的基层企业的管理体制,既包括生产领域的体制,也包括分配、交换领域的体制,如工资、价格、税收、财政等体制。我国经济管理体制的建设,必须从我国经济的特点出发。总结我们在经济管理体制问题上的正反两个方面的经验,我国的经济管理体制要符合我们的经济实际,需要注意以下四个方面的问题,或者说应该具有以下基本特征:

(一)我国的经济管理体制应该以计划经济为主、市场调节为辅作为指导原则

为什么说我们的经济管理体制应该以计划经济为主、市场调节为辅作为指导原则呢?这就要分析我国经济的特点,分析在具有这些特点的经济条件下,客观经济规律发生作用的特殊形式,以及它们之

间的相互关系。

1. 我国建立在社会化大生产基础之上的全民所有制国营经济在国民经济中占据主导地位，它和集体所有制经济一起在整个国民经济中占有绝对优势。计划经济是社会主义公有制经济的基本特征。我国经济的这一基本情况，便决定了有计划的生产和流通必然是我国国民经济的主体，全民所有制的国营经济要以计划经济为主，集体所有制的合作经济也要以计划经济为主。因此，有计划按比例发展规律必然是我国社会主义社会经济的居于主导地位的调节者，我国的工业、农业、交通运输业、商业等，其生产与经营都受着有计划按比例发展规律的调节。

2. 我国存在着商品经济，存在着商品、货币关系，在今后一个相当长的历史时期内，还要大力发展商品生产和商品交换。我国经济的这一情况，决定了商品经济的基本规律-价值规律无论在国营经济、集体经济和个体经济中，都在不同条件下发生着作用。但是，我们的商品经济又不同于资本主义社会的商品经济。第一，我国的商品经济的主体是在公有制基础上的商品经济，是社会主义的商品经济；第二，我国的商品生产和商品交换的主体，是有计划地进行的，而不是无政府状态的。我国商品经济的这些特点，又决定了价值规律在我国的条件下发生作用的如下特点：第一，价值规律的作用要受社会主义基本经济规律和有计划按比例发展规律的制约，服从于实现上述两个社会主义经济规律的要求；第二，价值规律在社会主义社会中被人们自觉地运用来实现国家计划，是它发生作用的基本的主要的形式。我国的商品经济具有上述特点，并不能因而否定我们的经济是商品经济；价值规律在我国的条件下发生作用具有上述特点，也不能因此忽视价值规律的作用。我们提出这些特点，是为了更好地认识和发展我国的商品经济，是为了更自觉地运用价值规律。

3. 我国城乡还存在着个体经济，从事着分散的、细小的、手工劳动的生产经营活动；但是，它们又不同于资本主义社会的个体经济。它们是在国家计划规定的范围内，按照国家的政策法令进行生产经营活动。另外，国营企业和集体经济生产的许多小商品，产值小，品种多，时间性和地域性强，对这类商品的各种复杂多变的需求难以作出精确的计算，国家不必要也不可能用计划把它们都管起来，可以让企业根据市场供求的变化灵活地自行安排生产。上述情况，又决定了在我国现阶段价值规律在国家计划规定的一定范围内也起着自发调节作用，但这种自发调节是从属于计划经济的，居于次要地位的，又是必要的，有益的。

我国经济的上述特点，决定了有计划按比例发展规律是我国生产与流通的居于主导地位的调节者，价值规律被人们自觉运用进行调节，以实现国家计划，在国家统一计划规定的一定范围内，价值规律自发地起调节作用。因而，我们的经济管理体制就必然是以计划经济为主、市场调节为辅的体制，在计划管理上需要根据不同情况采取指令性计划、指导性计划和市场调节几种不同的形式，绝不能让我国整个社会经济由市场自发调节；但是，必须注意克服过去经济管理体制不尊重价值规律作用的弊病，不论实行指令性计划还是指导性计划，都必须重视运用价值规律，经常研究市场供需状况的变化，加强市场预测，使国家计划适应社会需要；要善于运用税收、价格、信贷等经济杠杆，引导企业实现国家计划的要求；并承认市场调节部分存在的必要性。绝不能把价值规律看作可有可无，任意否定它的作用，不承认它的存在。

（二）我国的经济管理体制应该以责权利相结合的经济责任制作为基础

我国社会主义企业（包括全民的和集体的）是国民经济的细胞，

国民经济的管理体制必然要以企业的管理体制作为基础。企业有了一套合理的管理体制,不但可以组织好企业的生产经营活动,而且可使宏观的管理体制得到落实和实现。

从我国在农村集体农业和城镇国营工商企业建立经济管理体制的实践来看,责权利相结合的经济责任制是我国社会主义企业经济管理的必然形式,也是我国整个经济管理体制的基础。这是因为:

1. 责、权、利相结合的经济责任制符合我国社会主义企业的性质与特点。我国全民所有制的国营工商企业的性质,决定了它必须对国家拨给它使用的资金、对国家计划规定的生产任务、对生产经营的经济效益向国家承担经济责任;集体所有制的合作经济也是在社会主义国家的领导、帮助、扶植下建立和发展起来的,是整个社会主义经济的重要组成部分,与国家利益在根本上是一致的,也必须对完成国家计划规定的任务(包括征购派购计划、主要农产品的生产计划)承担经济责任。但是,我们的国营企业又是相对独立的商品生产者,它应该在国家计划指导下有一定的权利组织生产、交换、分配,取得更大的经济效益,在市场上处于更加有利的地位。集体经济更是独立的经济单位,在国家计划指导下,更要自主地处理其生产经营活动。不论国营企业或者集体经济,也都有它们各自的经济利益,劳动者个人也都实行按劳分配,所以,应该重视物质利益原则,正确处理国家、集体、个人之间的经济利益。我国社会主义企业的这些特点,决定了企业的管理体制应该是将经济责任、经济权利,经济利益紧密结合,而将经济责任放在首位的责任制管理体制。

2. 责、权、利相结合的经济责任制可以带动企业的各项经营管理制度。由于实行经济责任制,要制定和实现利润、成本、产量、质量、消耗等经济技术指标,就要求通过会计、统计,对企业的生产和经营进行全面的、严格的计算和监督;由于实行经济责任制要按照劳动者的劳动成果进行分配，实行奖罚，就要求对每个劳动者的劳动数量与质量进行及时的、准确的记录与统计，要求建立合理的劳动管理制度、质量管理制度等等。

3. 责、权、利相结合的经济责任制可以将国家的宏观计划管理变为企业和劳动者的直接的责任和自觉的行动，使整个国民经济的计划管理具有坚实可靠的基础，形成具有我国特色的责任制计划管理体制。有这个责任制同没有这个责任制，在计划管理上是关系重大的。过去没有实行经济责任制时，计划管理上有两个漏洞，一个是计划下达给企业，完成计划的担子只压在企业的少数领导者的肩上，企业内各级组织和劳动者没有什么直接的责任；二是企业的产品统购包销，财政统收统支，在企业与国家的关系上，完成计划与否，企业也缺乏经济责任。现在实行责、权、利结合的经济责任制。包括两个部分，一是明确企业对国家承担的经济责任，在企业与国家的关系上实行经济责任制；二是在企业内部实行层层落实到人的经济责任制。这两条恰恰堵塞了上述两个漏洞，把企业对国家承担的产品产量、质量、品种计划，上缴利润计划，产品调拨计划等等都层层分解一直落实到人。这样，我们的计划管理体制就有了最广泛的群众基层，成了每个企业和劳动者的自觉的活动。所以，资、权、利相结合的责任制计划管理体制，是我国整个计划管理体制的重要基础。

（三）我国的经济管理体制应该采取经济、行政、法律相结合的手段

过去我们的经济管理体制是以行政管理手段为主的，忽视运用经济手段和法律手段，因而，不注意从经济利益上调动企业和劳动者的积极性，不注意从经济的特点出发组织生产和经营，不注意运用经济规律的作用。对社会主义经济进行管理，行政手段是不可缺少的，社会主义国家必须对经济活动采取必要的行政管理手段，保证其按

国家的整体利益和根本利益运行，保证坚持社会主义方向，保证国家计划的实现。但是，经济活动是按客观经济规律运动的，是有其特点的，管理经济必须十分重视经济手段，将行政手段、法律手段与经济手段紧密结合起来。当前我国农村实行的联产承包责任制，较之过去对社会主义集体农业的管理制度，就从以行政手段为主转到了经济、行政、法律手段三者相结合的轨道上。这一点集中体现在承包者与集体经济组织签订的经济合同上。经济合同首先突出了经济手段，联产计酬，或者在完成包干任务之后，多产的全部归承包者个人；或者根据完成承包任务的情况，超产奖励，减产受罚。经济合同也保证了必要的行政手段，如规定征购派购任务和重要农产品的计划。经济合同当然更是一种法律手段，集体经济组织和承包者都对履行合同负有法律责任，通过法律手段确保合同的履行。

(四)我国的经济管理体制应该形成以城市为中心的经济区的组织形式

在相当一段时间里，对于我国经济管理的组织体系究竟以条条为主，还是以块块为主，争论不已，时而以条条为主，时而以块块为主。但是，变来变去，总是不能很好解决条块分割的问题。以条条为主，一个经济区域之内以至整个社会范围内，各个部门、行业之间和再生产各个环节之间的关系受到阻碍；以块块为主，而块块又是按行政区划分级划分，企业分别隶属于各级行政，也使应有的经济联系受到阻碍。经过一段实践，从上海、北京等经济比较发达的城市统一组织所辖区域内城市农村的生产和流通的经验中，开始寻找到了一条管理经济的较好的组织形式，这就是一方面发挥行业的作用，全国性的公司和少数大型骨干企业由行业主管部门直接管理，另一方面要特别着重发挥大中城市在组织经济方面的作用，大量的企业由城市负责管理。以经济比较发达的城市作为中心，带动周围农村，统一组织生产和流通，逐步形成以城市为依托的各种规模和各种类型的经济区。这样，就可逐步做到在一个经济区之内城市与农村紧密联系，条条和块块较好地结合，生产避免重复，流通不至堵塞，管理层次精干，牵制扯皮减少。

这里，只是从我国经济管理体制的指导原则、体制基础、管理手段和组织形式四个主要方面对其特征作了一些分析，我国经济管理体制如前所述包括的内容很多，但是，不论是哪一方面的管理体制，上述几点都是基本的东西。

对于中国式的社会主义经济的特征，我们才开始有所认识，我们实践的时间还不长；但是，这并不妨碍我们现在就注意探讨这一问题。尽管这里提出的一些看法还很不全面，也许会为进一步研究这一课题提供一点参考。

（原刊于《社会科学》，1983 年第 1 期）

论责权利相结合的社会主义责任经济

在20世纪80年代初期的中国社会主义经济中，出现了一个引人瞩目的现象,农业生产责任制在八亿人口的农村如燎原之火,方兴未艾,工商企业经济责任制也如雨后春笋,生机勃勃。从农业到国民经济各个部门,从农村到城市,经济责任制如此广泛发展、不胫而走的客观事实，反映了农工商业各种经济责任制的产生与发展有其客观必然性。

对经济责任制产生的客观必然性，近来虽有许多分析研究的成果,但大部分是从生产力角度进行的研究。比如对农业生产责任制,主要从我国农村社会化先进工具还很少,基本依靠手工工具,分工不发达,生产者的文化科学知识和经营管理水平较低,但同时又有一定数量的先进工具和社会化设施等生产力状况方面；从农业是有生命的物质生产和再生产的特点方面,分析了其产生的必然性。对工业经济责任制,主要从社会化大生产的细密分工、生产过程的连续性要求建立严明的责任制，使在分工基础上的各个部门、各个岗位有章可循,紧密协作等方面分析其必然性。毫无疑问,这样的分析是有道理的,必要的。但是,中国式的经济责任制的产生和特点不只是取决于我国生产力的发展水平和性质，还有生产关系等方面的因素对这种责任制的形成发展起重大作用。试问:同样是有生命的物质生产和再生产的农业，为什么在资本主义经济制度下不能产生我国这种性质和特点的农业生产责任制，而只能是资本主义农场或者是作为资本主义经济附属物的农民个体家庭农场?同样是社会化的大工业生产,为什么在资本主义工业企业中不能产生我国这种性质和特点的工业经济责任制,而只能产生马克思所指出的那种把一切权利赋予资产阶级、把一切义务推给无产阶级的责任制?看来,对于我国经济责任制的必然性的研究,还需要根据这种经济责任制的性质和特点,在对生产力状况进行分析的基础上,进一步从其他方面加以研究。

这里,首先要弄清我国经济责任制的性质和特点。我们在对农业生产责任制和工业经济责任制进行对比分析之后,可以看出不论是哪个部门的责任制,不论是哪种形式的责任制,它们都是将企业和劳动者的经济责任、自主权利、物质利益紧密结合,对国家、集体、个人三者的利益统筹兼顾,以便发挥社会主义经济的优越性,调动企业和劳动者的积极性,用尽可能少的劳动消耗和劳动占用为社会提供尽可能多的符合需要的产品的一种经营管理制度。也可简称之为责权利相结合的经济责任制。我国经济责任制的这一性质和基本特征,表明了它与资本主义企业的经营管理制度有着根本区别,也反映出它必然渊源于社会主义公有制经济本身的性质与特征之中。因此,对我国经济责任制必然性的研究,不仅需要从生产力的角度去探讨,还需要从我国社会主义经济的性质与特征方面去探讨,而且对后者的研究更能说明具有自己特殊性质的我国经济责任制产生的渊源。

责权利相结合的经济责任制是社会主义生产过程的性质所决定的

我国经济责任制作为社会主义企业(包括国营企业和合作企业)的经营管理制度,作为社会主义生产关系的具体形式,首先需要研究它与社会主义生产过程的社会形式之间的内在联系。

任何社会的生产过程首先是一般的劳动过程,是人与自然之间的物质变换过程,是有目的的生产使用价值的过程。但是,不同社会形态下的生产过程又具有不同性质和特点的社会形式。商品生产过程的一般特点是劳动过程和价值形成过程的统一，然而资本主义商品的生产过程,同时又是价值的增值过程,是剩余价值的生产过程。因而劳动过程和价值增殖过程的统一，则是资本主义的生产过程的特有的社会形式。资本主义生产过程作为社会化的劳动过程,需要建立一种监督劳动和指挥劳动的一般生产责任制；资本主义生产过程由于具有特殊的社会形式，它的这种一般生产责任制就不能不具有反映这种社会形式的特殊的性质和特点。

那么，资本主义生产过程的社会形式决定了资本主义生产的责任制具有什么性质和特点呢?

我以为主要有如下一些特点：

第一、资本主义生产过程中的劳动力和生产资料都归资本家占有。资本家在市场上购买了劳动力和生产资料,劳动力的使用,劳动,属于资本家,劳动过程只是资本家消费他所购买的劳动力商品,将工人的劳动与生产资料相结合,如同将酵母加到葡萄汁里,使它发酵,变成葡萄酒一样。在这个过程中的雇佣劳动者的劳动和生产资料都属于资本家,如同资本家酒窖里处于发酵过程的产品归他所有一样。所以,资本家具有支配生产资料和工人劳动的权力,而直接生产者则毫无权利。这是资本主义的生产责任制的第一个基本特征。

第二、资本主义生产是以榨取剩余价值为目的。资本主义生产过程是劳动过程与价值增殖过程的统一。资本家不仅要生产使用价值,而且要生产价值,要生产剩余价值。工人“取得生活资料,是以雇佣劳动又会变成资本的一部分，又会变成使资本加速增殖的杠杆为条件的。”(《马克思恩格斯选集》第1卷366页)资本主义生产的目的绝不是为了满足劳动者的生活需要。“生产剩余价值或赚钱,是这个生产方式的绝对规律。”(《马克思恩格斯全集》第23卷679页)虽然随着资本主义社会经济的发展，工人为实现劳动力再生产所必需的生活资料的数量、质量和品种会有所增加或提高，工资会有所增加，但是，这些是同工人经济地位的恶化与下降同步进行的。工人的所得在他们所创造的财富中所占的份额越来越小，资本家所得的份额则越来越大。马克思深刻地揭示出“工资和利润是互成反比的”，“利润增加多少，工资（按指与资本家的利润相对比的相对工资）就降低多少”（《马克思恩格斯选集》第1卷370页）。所以，资本家的管理“是剥削社会劳动过程的职能”（马克思：《资本论》第1卷369页），这是资本主义的生产责任制的第二个基本特征。资本主义生产过程是雇佣劳动者遭受剥削的过程，必然包含着资本家阶级与工人阶级利益的根本对立。

第三、资本主义生产过程中资本家对劳动者采取强制性的监督。在资本主义生产过程中，资本家为了获取最大限度的剩余价值，“小心翼翼地注视着不让有一分钟不劳动而白白浪费掉”，“他购买的劳动力有一定的期限。他要从这上面得到属于他的东西”，“他不允许不合理地消费原料和劳动资料”（《马克思恩格斯全集》第23卷222页）。不论资本家采取什么样的管理形式，是早期的野蛮的监工，还是当代资本主义企业的文明的管理制度，都是资本家强制雇佣劳动者承担创造最大的剩余价值的义务。资本主义雇佣劳动制像文明时代的三大奴役形式的其他两种形式（奴隶制和农奴制）一样，“几乎把一切权利赋予一个阶级，另方面却几乎把一切义务推给另一个阶级”（《马克思恩格斯全集》第21卷202页）。这是资本主义生产责任制的第三个本质特征。

那么，社会主义生产过程的社会形式又具有哪些特点呢？它与责权利相结合的经济责任制又有什么内在联系呢？

一、社会主义生产过程中劳动者同生产资料具有直接结合的形式。社会主义经济是公有制经济，劳动者不需要出卖自己的劳动力，劳动力不再是商品，劳动者以公共占有的生产资料进行劳动，劳动过程中人的活劳动要素与物的要素直接结合。劳动者共同占有生产资料，共同占有产品，具有经营管理经济的主人翁的民主权利。在国营企业中，职工对企业的长远规划、年度计划、自有资金的分配、规章制度的制定、人员的任免调动等，享有参加讨论、提出意见、参与决定的权利。在集体经济中，生产资料直接归其成员集体所有，产品直接归其成员集体占有，劳动者对生产资料的使用，对生产经营的决策，以及对产品的支配等，享有更为直接的民主权利。

二、社会主义生产过程形成的产品归劳动者个人和社会两方面占有。社会主义公有制经济生产过程中劳动者的劳动分为两个组成部分，一是为社会的劳动，一是为自己的劳动。为社会的劳动形成的产品，一部分以税利的形式上缴社会主义国家，一部分以企业留成的形式用作本企业发展生产基金和集体福利基金（在农村集体经济中则采取了公积金和公益金的形式）。为自己的劳动所形成的产品，用于直接满足劳动者本人及其家庭的物质与文化生活需要。前一部分劳动产品，既直接表现为劳动者对社会、对国家、对企业所承担的责任与义务，同时又代表着劳动者的整体利益和根本利益；后一部分劳动产品则直接表现为劳动者的个人经济利益。社会主义生产过程的特点就在于将人们的劳动与他们自身的需要紧密结合了起来。社会主义生产的目的就是为了满足社会成员的需要。社会主义生产过程形成的产品不再是一种与劳动者相对立的“异己力量”。这一生产过程是劳动者的责任义务与经济利益相统一的过程。

三、社会主义生产过程作为商品生产过程，又是劳动过程与价值形成过程的统一。它既是生产使用价值的过程，又是形成价值的过程。作为社会主义公有制经济的商品生产者，企业及其劳动者必须按照社会需要，生产出在质量、数量、品种等方面适合人们需要的使用价值；同时，又必须使企业生产该种产品的个别劳动时间低于社会必要劳动时间，以同样的劳动消耗创造出更多的社会财富，因此，社会主义的商品生产也有生产价值的一面。但社会主义生产过程中剩余劳动的产物不会表现为剩余价值归于那个剥削阶级，而以利润或纯收入形式转归社会或劳动者。这些纯收入既用于整个社会生产和社会公用事业的发展，也用于本企业生产的发展和职工福利的改进。这两个方面是企业及其劳动者应该负有的对社会的责任。而且，社会主义商品生产的主体是有计划地进行的，企业及其劳动者上述两个方面的社会责任大部分表现为国家计划规定的主要产品的产量、质量、品种计划，上缴利润计划，原材料、能源消耗指标等等。实现国家计划是企业及其劳动者的责任。

所以，社会主义的生产过程决定了社会主义企业及其劳动者的责任义务、自主权利、经济利益的互相统一，紧密结合。社会主义生产过程不再像资本主义生产过程那样，把权利归于资本家阶级，把义务推给工人阶级，而是把责任与权利都归于劳动者一身。这就决定了社会主义企业的经济责任制必然是责权利相结合的责任制。

责权利相结合的经济责任制
是“各尽所能，按劳分配”原则所要求的

我国责权利相结合的经济责任制包含着对分配的具体形式的重大改革，所以，对经济责任制还应该从社会主义分配关系方面进行研究，探讨它与“各尽所能，按劳分配”原则的内涵有什么内在联系。

马克思在批判拉萨尔的“不折不扣的劳动所得”的错误观点时，提出在共产主义的低级阶段，劳动者集体的劳动所得，即社会总产品，需从其中扣除用来补偿消费掉的生产资料的部分，用来扩大生产

的追加部分,用来应付不幸事故、自然灾害等的后备基金。马克思认为,这些扣除"在经济上是必要的"。剩下的部分用来作为消费资料,在把这部分进行个人分配之前,还需从中扣除管理费用,用于学校、保健设施等满足共同需要的部分,以及为丧失劳动能力的人等设立的基金。马克思深刻指出:"从一个处于私人地位的生产者身上扣除的一切,又会直接或间接地用来为处于社会成员地位的这个生产者谋福利"(《马克思恩格斯选集》第3卷,10页)。从这里可以看出,"各尽所能,按劳分配"首先要求社会主义企业的劳动者必须"完成社会所必需的某一部分劳动",这是每个劳动者的责任与义务。每个人都应"各尽所能"地劳动。劳动者为社会提供的这一部分劳动,是社会主义社会发展的物质基础,是人民集体福利事业的物质保证。是否承认社会主义社会的劳动者对社会所承担的这种职责,是当时马克思与拉萨尔的一个重大分歧,也是科学社会主义与其他形形色色社会主义的一个重要区别。要坚持"各尽所能,按劳分配"的原则,就必须坚持劳动者对社会所应承担的义务与责任。

社会主义社会的总产品在进行各项必要的扣除之后,在劳动者实现其对社会所承担的责任的前提下,按照每个人为社会提供的劳动量分配个人生活消费品。马克思把劳动者以一种形式给予社会的劳动量,又以另一种形式领回来,称作"权利"。虽然这种平等的权利对不同等的劳动来说是不平等的权利。但是,认识并保障劳动者的这一权利,在社会主义阶段是非常重要的。因为,(一)"各尽所能,按劳分配"是对一切剥削制度占统治地位的社会中剥削阶级不劳而获的分配制度的根本否定,是人类历史上在分配制度方面的一场空前的革命,一切剥削阶级从此不得像寄生虫一样吸吮劳动人民的血汗,人人都有劳动的义务和权利,人人都有按劳动的数量和质量取得消费品的权利,劳动人民争得这样一种权利是不容易的。(二)只要不愿陷入空想，在社会主义阶段就必须实行“对不同等的劳动来说是不平等的权利”，必须保障劳动者享有这一按劳分配的权利，而绝不能搞什么“公平的”平均主义。不尊重劳动者的这一权利，搞平均主义，只会极大地挫伤劳动者的积极性，在这一点上我们吃到的苦头是够多了。

按劳分配不言而喻直接关系着劳动者的个人物质利益，一个人劳动得越好，创造的社会财富越多，对社会的贡献越大，分配给他的个人生活消费品就越多，生活就越好。这种状况，必然使对个人物质利益的关心成为社会主义经济的一种推动因素。在社会主义阶段，劳动还没有普遍成为人们生活的第一需要，还要求通过按劳分配，通过劳动的数量和质量与个人物质利益的某种直接联系的形式，起到奖勤罚懒的作用，起到推动社会主义经济发展的作用。对这一点，列宁曾讲得极透彻，他要求把社会主义经济建立在劳动者个人利益的关心上面。

“各尽所能，按劳分配”原则本身要求把社会主义社会劳动者的责任义务、经济权利、物质利益结合起来的思想，并不是一下为我们所完全认识，而且在社会主义实践中如何具体做到三者紧密结合，更是一个十分复杂的问题。这就要求建立起社会主义制度的国家创造出能够体现这一客观要求的并符合本国实际的按劳分配的具体形式。

我国在建立起社会主义公有制经济之后，就面临这一历史任务，经过一段曲折的历程，我国人民终于寻找到了符合我国实际的、能体现责权利相结合的按劳分配的具体形式。这里以社会主义集体农业经济为例。我国农村集体经济个人消费资料的分配，长时期来实行按劳动日工分制评工记分进行分配的形式。这一分配形式越来越显露出不适合我国农业生产的特点，不能将劳动者的责权利紧密结合。其具体表现是：(一)社员天天在生产队长的临时派工、指挥下干活，不问生产经营的效益。社员个人劳动的好坏，集体和社会因此受到的经济损益,个人不负有任何直接的经济责任,其个人物质利益也不受什么特殊的影响。容易产生只求数量,不求质量,“只图千分,不管千斤”的现象。不少生产队责任不明,赏罚不分,经济效益差,群众说是“干好干坏谁也没责任,收多收少谁也没奖罚”。(二)过去从农业生产合作社到人民公社都采取过一些民主管理的措施。但是,队里管理水平低,再加上有些干部对分配独断包办,多吃多占,虽有财务计划和分配方案,社员觉得很难掌握,也很难落实,集体花费究竟有多少,社员个人究竟能分多少,心中无数。作为集体经济的主人,社员对产品的分配本应享有直接的支配权利,但是,这一权利缺乏实实在在的内容。(三)评工记分是以一天之中社员参加劳动的时间评定工分,也就是以劳动的流动形态计量社员的劳动。农业生产受自然条件的制约很大,生产周期较长,加之农村管理水平又很低,缺乏现代工业中那样的对劳动及其产品进行检验、计量、核算的科学技术手段。所以,劳动者所实际耗费的劳动量在生产周期未结束,劳动成果未形成之前,很难如实检验和计量,往往带来平均主义的弊病,正如群众说的:“估着算,推着干,稀里糊涂吃大锅饭”。

现在推行的各种形式的联产计酬责任制从分配方面改革了原先那种责权利相脱节的形式,建立了责权利紧密结合的分配形式,从而更好地体现了“各尽所能,按劳分配”的要求。这种分配形式,通过定产量,定费用,定奖罚,或者定包干任务,以经济合同的形式,实行联产承包,使承包者的经济责任、经济权利、经济利益三者直接挂起了钩。以大包干形式为例,在包干合同中规定了上缴国家的征购派购任务,提留给集体的公积金和公益金,剩下留归个人部分的多少则要看包干户劳动的成果如何。这样,承包户对国家和集体所应承担的义务与责任有了明确的目标和直接的保证,其个人物质利益又与劳动成果直接联系。同时,生产队与承包户签订合同,共同商定向国家上缴的任务,给集体提留的比例和数量,以及奖罚办法等等,集体经济组织与承包户都直接参与制定产品分配方案,享有产品的分配权,这种权利是承包户履行经济责任、按劳动数量取得个人生活资料的保障。由于联产计酬责任制较好体现了"各尽所能,按劳分配"关于将劳动者的责权利紧密结合的要求,因而起到了奖勤罚懒的作用,调动了广大农民踊跃履行对国家、社会和集体的责任,关心经济效益,个人劳动致富的积极性。

责权利相结合的经济责任制
是实现社会主义计划经济所必不可少的

社会主义经济是计划经济,有计划的生产和流通是我国国民经济的主体。经过三十年的实践,我们对社会主义阶段计划经济的特点和要求有了以下两点新的认识:(一)社会主义社会的计划经济不同于共产主义社会的计划经济,由于社会主义社会中还存在着两种公有制经济和处于从属地位的个体经济,存在着商品生产和商品交换,存在着商品、货币关系,价值规律存在并发生着作用,因而,社会主义经济必须以计划经济为主,市场调节为辅。(二)计划经济不仅仅是要求国家制定计划,下达给企业而已,而且要求将国家计划变为每个企业、每个劳动者的直接的责任、明确的目标和自觉的行动,国民经济才能有计划按比例地协调发展。这是计划经济的实现所必然要求的。而这一点是我们在计划经济工作中长期未能得到妥善解决的一个理论和实际问题。

过去在计划管理体制上除了因对计划经济为主、市场调节为辅认识不到,因而形成统得过多,管得过死的弊病之外,还存在以下几个漏洞:第一,计划下达给企业,完成计划的担子只是压在企业少数领导人的肩上,企业内部各级组织和劳动者个人没有什么直接的责任。第二,企业的产品统购包销,企业的财政统收统支,企业完成计划与否,经济效果好坏,赢利还是亏损,其经济利益都不受什么影响,在企业与国家的关系上,缺乏与企业及劳动者经济利益直接联系的责任。第三,在执行计划过程中,发现计划有与社会需要不符合的情况时,企业无权征得国家主管部门同意后改变计划,更无权在完成国家计划的前提下,按照社会需要自产自销一部分产品,以弥补国家计划之不足。由于存在这样几个漏洞,国家计划的实现和落实,缺乏企业和劳动者从经济责任、自主权利和物质利益上的保证,不能形成企业和劳动者的具体的责任、目标和行动。计划管理体制中存在的这些问题,使我们逐渐认识到了计划经济的要求要实现,必须把国家计划变为企业和劳动者的直接的责任和明确的目标;必须使企业和劳动者享有一定的自主权利,以保证计划的实现;必须使企业和劳动者的经济利益与其承担的责任直接挂钩,以推动计划的实现。

农业和工商企业经济责任制的实行,对实现国家计划任务所产生的巨大的保证和促进作用,正是适应和体现了这一客观要求的结果。以工业企业为例,实行责权利相结合的经济责任制,首先明确企业对国家承担的责任,把完成国家计划放在第一位。企业对国家承担的责任包括:主要产品产量、质量、品种计划,产品调拨计划,上缴利润计划,较大的技术改造计划,以及原材料消耗、能源消耗等一系列技术经济指标。企业内部又进一步把国家下达的计划任务、经济指标,也就是把企业对国家所承担的责任,层层分解,一直落实到科室、车间、班组和个人,使每个部门和岗位都对国家和企业承担具体的责任,都有明确的目标,而且以责定权,以责定利,层层包,包到人。企业只有全面完成对国家承担的责任,才能按规定提取留成资金;科室、班组和个人只有完成本部门、本岗位的指标任务、工作要求,才能拿到奖金。对于各级、各岗位的指标和工作要求,均逐条进行严格考核。

这样一来,从企业到每个职工都明确了所承担的责任,有了具体的目标与要求,完成国家计划任务就有了责任感,也有了与其经济利益相联系这个内在的动力。

责权利相结合的经济责任制
是社会主义企业的特点所规定的

社会主义企业是社会主义社会经济的细胞。在资本主义社会中,企业也是其经济的基本组成单位,但是,由于资本主义社会中人与人之间的经济关系为物的关系所掩盖,一切都表现为商品关系。马克思正是把握住了商品这个资本主义经济的细胞,揭示了资本主义经济内在的矛盾和规律。社会主义社会虽然也存在商品、货币关系,而且还要发展商品经济,但是,商品关系不再是囊括一切,社会主义经济的细胞不再是商品,而是社会主义企业(包括全民所有制的国营企业和集体所有制的合作企业)。因为,企业的经济活动渗透着社会主义社会的各种经济关系,从企业的经济运动分析入手,可以逐步剖析整个社会主义经济各个层次的内在联系和规律性,可以认识并把握社会主义经济的一系列本质特征。责权利相结合的经济责任制也正是由社会主义企业的性质与特征所规定的。

一、我国的社会主义公有制经济是由全民所有制的国营经济和集体所有制的合作经济两大部分组成的,而全民所有制经济又是由几十万个国营企业组成的,集体经济又是由农业合作企业为主的城乡合作企业组成的。这几百万个社会主义企业是我国整个社会主义经济有机体的基本单位,是我国计划经济网络系统的基础成分,它们的经济活动直接决定着社会主义经济的发展,决定着计划经济要求的实现。社会主义企业的这种地位和状况,也就规定了社会主义企业对整个社会主义经济的发展承担着直接的责任,对国家计划的实现承担着直接的责任。全民所有制国营企业的生产资料和产品属于全民所有,是社会主义社会的主要物质基础,是满足整个社会的物质和文化生活需要的主要物质保证,是计划经济的主体。因而,它必须使自己的经济活动符合社会的需要,必须保证实现国家计划的要求,这是它的必然的职责和任务。集体所有制的合作企业,其生产资料和产品属于劳动者集体占有;它是在工人阶级政党、社会主义国家和国营经济的指导、扶植、帮助下逐步形成和发展起来的,和国营经济有着密切的联系,它的根本利益与整个社会主义经济的根本利益是一致的,它的进一步发展、繁荣仍离不开社会主义国家和国营经济的指导与帮助;它是社会主义经济的一个重要组成部分,也是满足社会主义社会物质和文化生活需要的重要的物质基础。因此,合作企业的经济活动也必须适应社会的需要,必须完成国家计划所规定的任务,这也是合作企业对社会,对国家所负有的责任。

二、我国全民所有制的国营企业是相对独立的商品生产者,必然以一个商品生产者的身份出现于市场之上,和其他企业以及消费者个人发生经济关系。企业必须使自己的产品具有竞争能力,使其产品的使用价值适应社会的需要,使生产该种产品的个别劳动时间低于社会必要劳动时间,从生产经营的各个环节、各个要素中挖掘;潜力,革新改造,用尽量少的劳动消耗和劳动占用生产出尽量多的适销对路的产品。国营企业的这种相对独立的商品生产者的地位,必然要求其具有一定程度的自主权,如在保证完成国家计划的基础上,有权根据市场需要调整产品的规格、花色、品种,有权自产自销一部分产品,有权从利润中留取一部分资金,有权奖惩、任免、招聘、辞退职工,等等。集体所有制的合作企业,更是独立的经济组织,在国家计划的指导下和政策法令许可的范围内,享有生产经营的自主权,自行安排生产,支配产品。

三、社会主义企业的运转具有其内在的推动力量，从30年来我国企业的实践来看，这种内在的动力是由三种致动因素组成的，即明确的责任目标、企业的自主权利和劳动者的主人翁的民主权利、企业和劳动者的物质利益。要使企业富有活力，要调动企业和劳动者的积极性，必须把这三种致动因素紧密结合起来，任何只强调一个方面的做法，都不会真正持久地发挥其积极性。在这个问题上，有的同志只强调企业和劳动者个人的物质利益是动力，有的则强调责任、目标是动力，从我国的实践来看，责、权、利三者及其结合是企业和劳动者的内在的动力。农业生产责任制的威力为什么如此巨大?为什么八亿农民的积极性在最近几年如此强有力地迸发了出来？为什么我国农村出现了如此喜人的振兴局面？就是因为农民有了与其物质利益相联系的明确的责任，有了实实在在的当家作主的民主权利，有了与劳动成果相挂钩的经济利益，有了实惠。由此可见，责权利三者及其紧密结合是社会主义企业的内在动力、三者缺一不可，在这三者之外，还得加上一个外部因素——市场的压力。这样，企业才真正成为“内有动力，外有压力”的积极活跃的经济细胞，也才会使整个社会主义经济生动活泼地向前发展。所以，从一定意义上来说，责权利相结合的经济责任制的实质，就在于它有效地调动了企业和劳动者的积极性，有效地解决了企业的动力问题。

社会主义劳动过程的社会形式的特征、“各尽所能，按劳分配”的原则、社会主义计划经济的实现，以及社会主义企业的性质与特点，都有一种客观存在的必然要求，要求社会主义企业和整个社会的各级经济组织及其劳动者，负有对社会、对国家、对集体的责任和义务，具有自主权利，享有经济利益，而且责权利三者紧密结合，国家、集体、个人三者利益互相兼顾，以充分调动企业和劳动者的积极性，实现国家计划，满足社会需要，也就是说，要求实行一种责权利相结合的责任经济。这里就自然引出了社会主义经济的一个重要范畴,即责权利相结合的责任经济。既然实行责权利相结合的责任经济是社会主义经济的一种客观的必然要求，是随着社会主义公有制经济的产生而产生的,是由社会主义经济本身的性质决定的,因而,它就必然属于社会主义经济的一个本质特征。这里所说的责任经济有别于经济责任制,犹如计划经济之有别于经济计划,前者是社会主义经济的某种性质和特征,是客观存在;后者则指人们依据对这一客观性质和特征的认识所制定的制度或计划。这种责权利相结合的责任经济是社会主义经济所固有的,区别于其他经济形态的特征之一。社会主义经济的这一本质特征，正是农业和工商企业各种经济责任制产生和发展的内在根据。

对于社会主义经济的这一本质特征，我们有一个从不认识到认识以及认识逐步深化的过程。经过 30 年社会主义建设的实践,特别是在十一届三中全会以来的这几年，我们才对它开始有所认识。但是,作为一种客观必然,不论人们认识了它还是尚未认识它,它总是要发生作用,总是要在社会主义经济的运动中表现出来,总是要为自己的存在而发言,为人们设置的障碍而抗争,即使障碍重重,最后它总是要人们因违反其客观要求而尝到苦头去认识它,尊重它,按它的客观要求办事。我国农业生产责任制从出现雏形,受到压制,又倔强复生,再遭遇夭折,直至最终席卷农村大地的生动的历史画面,不正是责权利相结合的责任经济这一客观必然性的最雄辩的写照吗？在初级农业合作社和高级合作社时期，我国农民顺应社会主义经济实行责权利相结合的责任经济的客观要求,创造了“三包一奖”的责任制雏形,即包工、包产、包生产投资,超额奖励。在 1958 年的运动中,又被取消了。“野火烧不尽,春风吹又生”,随着十一届三中全会实行了搞活农村经济的一系列政策，我国农民又顺应责权利相结合的责任经济的客观要求,在原来责任制雏形的基础上,根据各地的实际,创造了以包产到户,大包干到户为主体的多种形式的生产责任制,而且责权利三方面的内容体现得更全面、更明确了,三者结合得更紧密了,也就是说更符合责权利相结合的责任经济的客观要求了,因而,也更有力地促进了农业经济的发展,带来了农村经济的繁荣。

根据以上的分析,可以得出如下几条初步结论:

一、社会主义公有制经济决定了责权利相结合的责任经济是它的一个本质特征。农业和工商企业的各种形式的经济责任制都不是偶然产生的,而是责权利相结合的责任经济要求的具体表现。

二、各种经济责任制的具体形式因部门、因企业、因时、因地而各异,但都包含着一个共同的本质内容,体现着一个共同的客观要求,即要求社会主义企业和整个社会的各级经济组织及其劳动者,负有对社会、对国家、对集体的责任和义务,具有自主权利,享有经济利益,而且责权利三者紧密结合,国家、集体、个人三者利益互相兼顾,以充分调动企业和劳动者的积极性,实现国家计划,满足社会需要。

三、责权利相结合的责任经济作为社会主义经济的一个本质特征,必然在整个社会主义历史时期长期存在,而且必然会以某种形式反映其要求,这正是经济责任制的强大生命力之所在。作为责权利相结合的责任经济的表现的各种经济责任制,其具体形式虽会完善和发展,会出现各种新的责任制形式,但是,改变的只是其具体形式,只是使某种具体形式更符合责任经济的要求和当时当地以及本单位的实际。

(原刊于《兰州学刊》,1983 年第 3 期)

社会主义社会的根本任务是发展生产力
——笔谈生产力标准问题

我们过去搞民主革命和社会主义革命，现在搞社会主义建设，根本任务就是为了解放和发展社会生产力，所以，我们的一切活动不言而喻只能以是否有利于生产力的发展作为根本的衡量标准。

这一历史唯物主义思想在相当一段时期曾被忽视，甚至受到批判和否定。但是，社会经济的发展并不因人的主观意志而改变它的趋势和规律。新中国成立三十几年来，生产力这一社会发展的决定力量一直在顽强地抵制历史唯心主义思潮，为自己的作用开辟道路。认识生产力的决定作用，坚持生产力标准，重温新中国成立以来经济发展的历史经验，具有最雄辩的说服力量。

这里限于篇幅，着重回顾一下我国社会主义集体农业经济走过的一条曲折的道路，以及在这段曲折道路中生产力如何艰难而又不可抗拒地显示出它的决定作用。

在新中国成立初期完成土地改革的民主革命任务之后，我国就开始了将个体农民引上合作经济这一艰巨复杂的历史行程。我们的农业合作化在一开始走了一条中国式的道路，吸取了我国农村传统的变工、互助形式，尊重群众的自愿，从临时性、季节性互助组逐步发展为常年互助组和农业生产合作社。从我国当时农村生产力的发展状况来看，农民生产使用的是手工工具，动力依靠的是畜力，一家一户经济力量很单薄。通过互助合作,解决了农户之间在劳动力,生产工具、畜力等方面的困难,当时的互助合作经济形式适应农村生产力的状况,进一步解放了生产力。

但是,在合作化运动后期出现了两个问题,一是在指导思想上要求过急,改变过快,搞了一刀切;二是在农业生产合作社的经营管理体制中存在着集中过多、管得过死、平均主义的弊端。在劳动组织上不分情况,集中劳动,上工一条龙,干活一窝蜂;在分配上实行评工记分的劳动日制度,社员个人收入与劳动成果没有直接的联系。这种经营管理体制不符合农村主要是手工工具劳动、农业生产受自然因素制约较强、生产周期较长等状况和特点,不利于发挥农民的积极性和农村经济的发展。顺应生产力发展的状况和要求,农民群众在实践中创造出了“三包一奖”(包工、包产、包生产费用,超产奖励)等新的经营管理制度,以后又发展为“包产到户”的经济形式。这是我国农民解决农村合作经济所有权与经营权相分离、统一经营与农户分散经营相结合、个人收入与劳动成果直接挂钩的重大突破,是生产力要求生产关系的形式适应其发展状况的规律的生动体现。到了 1957 年夏许多地方出现了大同小异的“包产到户”的经济形式。

就在这一适应生产力状况的经济形式出现不久,“左” 的指导思想使它陷入了濒临灭绝的境地。第一次挫折发生在 1957 年,在当时的农村两条道路大辩论中“包产到户”首当其冲,被戴上了“资本主义道路”的帽子。接着在 1958 年的公社化运动中,“包产到户”遭到第二次更为严重的打击,原先的高度集中、平均主义的弊病更为发展,集中劳动的规模越来越大,劳动不给报酬,大家都进了公共食堂。这种严重脱离我国农村生产力状况的错误给农业生产力带来严重破坏,使群众积极性受到极大挫伤,人民生活陷于困难之中。忽视以至否定生产力决定作用的历史唯心主义错误使我们受到了惩罚。就在这一严峻的时刻，我国农民从切身的经历中懂得只有寻求符合生产力状况和农业生产特点的集体经济形式，才能找到出路。于是，从 1959 年开始，全国许多地方又出现了“包产到户”的经济形式，生产力的决定作用几经曲折仍然不可抗拒地显示出来。但是，“左”的思想并未得到彻底纠正。

“野火烧不尽，春风吹又生”。适应生产力发展状况的经济形式是不会失去它的生命力的。十一届三中全会以来，克服“左”倾错误，党中央支持农民群众选择农业集体经济的各种具体形式，八亿农民又在广阔的农村继续创造符合生产力状况的新的经济形势的伟大试验，以大包干为主要形式的家庭联产承包责任制终于在我国农村大地上屹立起来，又一次解放了农村生产力，引起了世界的瞩目。

纵观我国农业集体经济形式发展的历程，联产承包责任制从它以“包产到户”的形式破土而出，受到挫折，又倔强复生，再遭受打击，直至最终席卷全国农村的曲折而又雄阔的历史画卷，给我们如下深刻的启示：

一、社会主义社会的经济形式必须从实际出发，适应本国、本地区生产力发展的状况。衡量一种经济形式优越与否的标准，是看它对生产力的发展起促进作用，还是起阻碍作用，而不是看它的大的规模、公的等级、纯的程度。家庭联产承包责任制不如人民公社既大又公又纯，它却解放了被公社化束缚的生产力。现在多种所有制、多种经营形式的我国社会主义社会经济结构虽然不及过去只有公有制经济形式既公且纯，但是，它符合我国社会主义初级阶段生产力水平，带来了经济的持续、稳定增长，因而是优越的。

二、寻求符合生产力发展水平和要求的社会主义社会的经济形式和经营管理体制，要充分尊重群众的首创精神。植根于社会生产实践之中的群众对生产力的状况最了解，对生产力发展的要求感受最深切，新中国成立以来许多符合生产力的经济形式和经营管理制度是群众创造的。农村中群众过去创造了联产承包责任制，现在又随着商品经济和社会化生产的发展，正在创造着多种形式的新的合作经济、专业化经济，以及产前、产中、产后的服务企业。城镇企业中群众创造了经营承包制、租赁制、股份制等多种新的经营形式。

三、生产力作为社会发展的决定力量，是不以人的主观意志为转移的，我们必须认识它，按它的规律办事。如果忽视它，甚至否定它，就会带来痛苦的后果。这方面的经验教训是值得我们深刻记取的。所以，最后归结为一句话：记取历史经验，坚持生产力标准。

（原刊于《社会科学》，1988年第2期）

谈谈沿海地区经济发展战略问题

最近，有领导同志提出了沿海地区经济发展的战略问题。党中央和国务院已决定坚决组织实施这一发展战略，以使沿海地区能够真正走到国际市场上去显身手、找出路，真正转到外向型经济的轨道上来。这一经济发展战略，不仅对沿海地区，而且对全国的经济发展有着决定性的意义。所以，邓小平同志指出："要放胆地干，加速步伐，千万不要贻误时机。"

一　什么是外向型经济

我们知道，当今世界各国和各个地区经济上日益相互依赖，世界市场日益扩展。在这种情况下国际资金、技术、劳动力、信息、产品等生产要素等，在世界市场上的流通和循环更加频繁。所谓外向型经济，即指经济的发展要面向世界市场，把生产经营的两头（资金、原材料和产品销售市场）放到国际市场上去，以形成"引进资金、技术和原材料——组织生产（包括加工和装配）——出口产品"的这样一种经济。

二　提出这一经济发展战略的依据

提出这一经济发展战略，既有对世界经济发展趋势的正确认识，也有对我国特别是沿海经济状况的科学分析。其主要依据大致说来有以下几点：

(一)对世界各个国家和地区的经济相互联系、相互依赖关系的科学认识

随着国际分工日益发展、国际市场逐渐扩大,一切国家的生产、消费,都不同程度地成为国际性的经济运行过程。各个国家和地区的经济发展,呈现出密切的相互联系、相互依赖的关系,包括自然资源、生产分工协作、资金、技术、信息、劳动力等多方面的相互依赖。这些相互依赖是大量的、普遍的,是在整个世界范围内进行的经济过程;它们不仅是少数国家之间的双边经济关系,同时又是在许多国家之间交错展开的经济关系。各种生产要素跨越国界广泛流动,加工所用的原材料往往来自许多国家,生产的产品又往往在世界各地市场销售。一个国家不可能没有资金的流入和流出,技术的引进和输出,商品的进口和出口,一个国家的经济发展与国际经济大循环紧密联系,才能顺利发展,而闭关锁国,只能带来落后。当然,也应同时看到,世界经济中广泛存在的相互联系和依赖关系,也可能使资本主义经济发生的通货膨胀、经济危机所造成的消极影响,波及其他国家。这需要在积极参加国际经济大循环的同时,采取相应的正确政策。

(二)当前世界经济的发展变化,出现了新的机会

从50年代以来,世界经济出现了新的变化,提供了新的机遇。一是新的科学技术革命兴起,新兴产业如电子工业等相继兴起;二是发达国家工资上升,劳动费用上涨,因而主要资本主义国家调整产业结构,着重发展技术密集型产业和知识密集型产业,而劳动密集型产业则向劳动费用低的地方转移,使国际分工出现了新的趋势,逐步形成新的格局,以亚太地区来说,劳动密集型产业50年代是向日本转移,六七十年代是向韩国、新加坡、中国台湾、中国香港等国家和地区转移。现在这种转移还在继续进行之中,劳动密集型的工厂、订货单等,还继续向劳动费用低的地方转移,世界市场对劳动密集产品的需求

还很旺盛。这是国际产业结构调整和国际分工变化在这方面提供的第三次也可能是最后一次机会。我们必须抓住这第三次机会,利用我国劳动力资源丰富、劳动费用低的优势,大力发展外向型的劳动密集型产业,以带动我国经济的发展。

(三)我国沿海地区具有发展外向型经济的有利条件和优势

沿海地区有发展外向型经济必不可少的有利条件和优势:劳动力素质较高,基础设施较好,技术力量较强,交通方便,投资环境较佳。再加上近几年建设特区、对外开放、发展外向型经济方面已取得的一些成功经验和创造的一些新条件,已初步形成了发展外向型经济的优势。

正是基于对上述三个方面的科学分析,中央确定了在沿海发展外向型经济的战略,以走向国际市场。要真正转到外向型经济的轨道上来,就要利用国际产业结构继续调整、国际分工格局继续变化的机会,注重发展劳动密集和知识密集的产业;坚持"两头在外",即把生产经营过程的两头(原材料和产品销售市场)放到国际市场上去,大搞"来料加工""进料加工"和"来件装配",实行大进大出,即从国际市场上进口原材料,加工增值后,再把产品销往国外;大力发展"三资企业",即外商独资企业、中外合资企业、合作经营企业。这样,不但可以引进资金,而且可以带来先进的技术和管理。我们应看到,机不可失,时不再来。现在出现的世界第三次产业转移的机会,是我们加速现代化、跻身于世界现代化国家行列的捷径,必须要有紧迫感,千万不能贻误时机。

三　从韩国看发展外向型经济的效果

发展外向型经济,究竟会对一个国家和地区的经济发展带来什么效果呢?这里不妨以韩国的经济发展情况来说明这个问题。作为

"亚洲四小龙"之一的韩国,从第二次世界大战结束到60年代初的这一段时间,经济、社会都很落后,人均耕地少,自然资源贫乏,国内生产总值低下,文盲率高,资金匮乏,通货膨胀严重,经济发展缓慢。

60年代初,韩国当局抓住发达国家产业结构大调整的时机,及时提出实施"出口导向型"经济发展战略,大力引进外国资金、原材料和技术,优先发展劳动密集型产业,建立出口商品基地和出口自由区,给外向型企业以种种优惠与支持,扩大商品和劳务出口,使轻纺工业有了很大发展。

70年代,韩国为了加强工业发展后劲,利用发达国家继续调整产业结构的时机,优先把钢铁、造船、汽车、石化等作为战略产业,使这些产业部门的生产能力和出口额有了较快增长。

80年代以来,韩国又适应世界新技术革命的发展和世界市场的需求,提出"以技术为主导"的口号,开发新技术、新产品和电子工业等技术产业,进一步扩大出口。

这样,从起步时的1962年到1987年,经过25年的努力,韩国已经从一个落后的农业社会转变为一个新兴的工业化社会。国内生产总值1986年达991亿美元,人均国内生产总值从1961年的83美元增加为1986年的2296美元;1962年出口总额仅5500万美元,1987年激增到460亿美元;纺织品和服装的出口额,1987年达116亿美元,跃居世界第三位;汽车制造业打入了美国市场;新兴的电子工业产品已成为第二大出口产业,进入世界电子产品主要出口国的行列;在引进外资方面,从1980年到1987年的几年中,外商投资额高达30亿美元。

这里还值得提及的是,韩国为适应"出口导向型"经济发展的要求,从60年代以来,不但重视培养高级人才,同时重视培养中级技术人才,1985年的教育投资占总支出的18.4%。另据1982年对100家公司的抽样调查,1945 名企业管理人员中,具有大学学历的占 93.83%。在“现代”财团汽车制造公司的工人中,大学毕业生占 1/3。这是韩国发展外向型经济的一个很重要的条件和优势。

当然,在韩国的资本主义经济中也存在着一些严重问题,如通货膨胀严重,对美国、日本的依附性大,外债负担沉重等等。以外债负担为例,韩国从 60 年代以来大量借外债,到 1985 年底外债总额高达 467 亿美元,成为墨西哥、阿根廷之后的世界第三大债务国。我们作为社会主义国家要注意从中吸取一些教训,就是发展外向型经济,引进外资,不能走大量借外债的路子,重点应放在吸引外商直接投资的路子上,大力发展“三资企业”。

从韩国的情况可以看出发展外向型经济的一般效果,也有我们借鉴之处。但因社会制度和国情不同,我国发展外向型经济必然具有自己的特点。

四　沿海发展外向型经济,对甘肃提出的挑战和带来的机会

沿海地区发展外向型经济,将使我省与沿海地区之间的经济差距拉大,这是对我省经济发展的一次严峻挑战。同时我们又要看到,它将强有力地促进和带动全国经济的发展。这一经济战略也会给甘肃的经济发展带来有利的机会。例如,沿海大力发展外向型经济,大量产品运到国际市场上去销售,就会给内地腾出一定的国内市场;沿海发展外向型经济,对内地的扇面辐射作用进一步增强,有利于我们在资金、技术、产品等方面与沿海地区发展横向经济联合和劳务输出;外商扩大在沿海地区的投资,也会根据内地的某些优势,增加在内地投资的机会。对这些机会,我们要积极利用。我省在已确定的经济发展战略的基础上,根据沿海地区发展外向型经济所提出的挑战与机会,一方面要进一步发展东西合作,西西联合,以东支西,以西资

东，互相带动，并积极地从东部和中部引进资金、技术和我们所短缺的原材料，发展联合协作，扩大生产，然后把产品打入广阔的国内销售市场；同时，又要进一步积极引进外资，发展“三资企业”，扩大出口，使我省的经济在这一战略的带动下有一个更大的发展。

（原刊于《党的建设》，1988 年第 5 期）

市场经济与经济工作部门的观念更新

党的十四大提出，我国经济体制改革的目标是建立社会主义市场经济体制。这一重大战略目标必将对我国社会生活的各个领域，尤其对经济工作部门提出一系列新要求。

经济工作部门有些是国家对国民经济进行宏观调控的职能部门，有些是为企业和社会的经济运行提供服务的部门，有些是经济活动的检查监督部门，总之，无不参与经济生活，无不体现着一定经济体制的要求。我国经济体制改革的目标既然是建立社会主义市场经济体制，这一目标自然首先是一切经济工作部门的目标。而要实现这一目标，经济工作部门首先应该适应社会主义市场经济的要求，更新观念，从某些传统的旧观念的窠臼中解放出来，强化那些符合市场经济要求的意识，为建立社会主义市场经济体制打好思想基础。为适应市场经济的要求，在更新观念方面，经济工作部门需要特别强化以下三种意识：

一　强化市场意识，实现职能转变

长时期以来，我们一直生活于产品经济和计划经济体制的观念之中，把整个社会主义社会的生产视为一座大工厂，把全社会的生产与分配都纳入统一计划之中。但是，现实社会经济生活向这种传统观念和体制提出了越来越尖锐的挑战，这种建立在产品经济基础之上的无所不包的高度集中统一的计划经济体制，限制了地方和企业的生产经营积极性,不能灵敏反映处于动态变化之中的供求关系,无法满足广大群众千变万化的繁多的需求,也不能很好实现资源的优化配置以及各种生产要素的合理流动与组合。实践证明,商品经济不能取消,市场机制不能排斥,社会主义与商品经济和市场机制不是水火不相容,恰恰相反,社会主义本身应该而且必须发展商品经济,应该而且必须运用市场机制,不如此,社会主义社会的生产力就受到束缚,社会主义制度也得不到巩固。商品经济、市场机制、市场经济是社会主义题中应有之义,而不是从外面加在其上的"异己的东西"。于是,我们党提出了社会主义商品经济的新观念,继而又进一步提出了社会主义市场经济的新观念。这是对社会主义产品经济和计划经济体制传统观念的重大的突破,是一场巨大的深刻的变革。要完成建立社会主义市场经济体制这样一个宏大的社会系统工程,首先要从传统的产品经济观念和计划经济体制模式中解放出来,树立社会主义市场经济的新观念,强化市场意识。

强化市场意识,需要特别强调加深对市场在配置资源方面的重大功能的认识。建立社会主义市场经济体制的核心,就是使市场机制成为资源配置的主要手段。近10年我国乡镇企业大发展,其工业产值已占全国工业总产值的30%,已成为国民经济的一大支柱。我们可以这样说,乡镇企业是在市场机制的调节之下发展起来的,是在市场经济的环境之中发育成长起来的,没有市场,没有市场机制在配置资源方面发挥作用,就没有今天如此兴旺的乡镇企业。全国乡镇企业已拥有资产约4000亿元,是靠在金融市场上融通筹集起来的;全国约1800万家乡镇企业的原材料没有纳入国家计划,而是靠自己在市场上"找米下锅";它们的产品国家没有统购包销,而是自己在市场上靠质量、信誉去打开销路;亏损了没有人替它们背这个包袱,而是靠自己在市场的激烈竞争中去求得生存。正是市场这片汹涌的海洋把乡镇企业推上了历史舞台。

强化市场意识，还需要树立世界大市场观念。随着社会化大生产的发展，各种生产要素（包括资金、技术、生产资料、劳动力等）已超越了国界、洲界，在全球范围内流动组合。今天不论哪个国家已无法封闭于世界市场之外，封闭只能意味着停滞和落后。我们建立社会主义市场经济体制，不但要进一步培育完善国内统一的市场体系，而且要进入世界市场，使国内市场与国际市场接轨。我国恢复关贸总协定地位指日可待，这必然进一步将我国经济纳入于国际市场体系之中，我们的国门将进一步打开，将有更多的资金、技术、产品进入我国市场。形势喜人，形势也逼人。这就要求我们各个经济部门的工作必须从国际大市场的新观念出发，主动与国际市场接轨。比如我们的产品质量标准就应逐步采用国际标准，我们的进出口规则应做到国际规范化，乃至我们的会计报表制度也要进行国际化的改革。

经济工作部门强化市场意识应与转变自身职能紧紧结合起来。建立社会主义市场经济体制，对经济工作部门而言应主要体现在转变自身的职能方面。在旧的高度集中的计划经济体制之下，政府的各个经济管理部门都成了企业的“婆婆”，直接管理着企业，对企业的生产下达指令性计划，对企业的产品统购包销，对企业的分配统收统支，企业的人财物、产供销大权都由政府经济管理部门独揽，企业无生产经营自主权，成为十足的政府经济管理部门的附属物。这种体制严重束缚了企业的生机与活力。十一届三中全会以来，我们开始认识到这种体制的弊端，通过扩大企业的生产经营自主权，实行经营承包责任制，以及利改税和税利分流等改革措施，旧体制发生了一定程度的变革。但是，不能不看到，由于我们在计划与市场的关系问题上，在市场经济的属性问题上，思想仍未解放，不敢放手让市场机制去调节资源的配置，政府的经济管理部门仍然过多地管理和干预企业的生产经营活动,政府及其经济管理部门的职能转变收效甚微。今后实行市场经济体制，就必须把企业推入市场，使企业真正成为市场的主体,不但要进入国内统一的市场,而且要进入国际市场,参与激烈的竞争,接受价值规律和市场供求规律的检验。这样就必须使企业真正成为自主经营、自负盈亏、自我发展、自我约束的独立的商品生产者和经营者。政府及其经济管理部门不应再去直接管理企业的生产经营活动,要遵循“宏观管好,微观放开”的原则,集中精力做好统筹规划、掌握政策、信息引导、组织协调、提供服务和检查监督工作,并进一步深化计划、投资、财政、税收、金融、物价、商业、外贸、人事、劳资以及社会保障制度等方面的配套改革，为建立社会主义市场经济体制创造条件。就是宏观调控也应该依据大量的市场信息,尊重价值规律和市场供求规律的要求,充分运用市场机制,主要通过经济手段和法律手段,采取间接调控的方式。

二　强化效率意识,提高经济工作为市场经济服务的效率

效率观念是随着市场经济的发展而发展起来的。作为商品生产者,要在市场交换中实现其商品的价值,必须随时捕捉市场信号,把握市场供求变化,了解商品行情,并据此及时调整自己的生产经营活动。所以,“时间就是金钱,效率就是生命”成了市场经济社会奉行的信条,是有其深刻的社会经济根源的。随着市场经济的发展,社会上出现了许多管理经济活动、处理经济关系的机构,这些机构的行为必然影响商品生产者的生产经营活动过程,影响其生产经营的效率。市场经济的运行,不但要求商品生产者必须十分注重时效,讲求效率,同样也要求政府和一切经济管理部门以及与经济活动有关的部门都要十分注重时效,讲求效率。我们的社会主义市场经济同样要求高效率,不但我们的企业要强化效率意识,讲求效率,一切经济工作部门

都要适应市场经济的要求,强化效率意识,提高为市场经济服务的效率。"时间就是金钱,效率就是生命"同样是社会主义市场经济社会中的信条。可以说社会主义市场经济决定了我国各级政府及其经济管理部门的运行必然具有一种效率机制,我们在经济工作中应该建立并充分运用这一机制。

经济工作部门强化效率意识,建立并运用效率机制,需要从以下四个方面入手:

第一,强化机构效率意识。也就是说我们的经济工作部门的机构设置就应贯穿和体现精干高效的原则,机构设置科学合理,职责明确,不叠床架屋,不重复设置,不因人设事,人员编制精干,岗位责任分明。

第二,强化决策效率意识。决策的延误是影响经济管理部门效率的一个重要因素。各个经济管理部门应尽可能使自己作出的决策是最佳的决策,应贯彻决策科学化、民主化的要求,注意调查研究,特别在市场经济的条件下,通过市场导向进行宏观调控,更需建立广泛的市场信息网络,尊重和运用商品经济和市场经济的客观规律。

第三,强化程序效率意识。当前在经济管理部门的效率方面,办事程序不科学、不合理、极其繁复是一个相当突出的问题。一件事往往由于环节过多,手续繁复,职责不清,久久不能及时得到解决。公文旅行、推诿扯皮成了一大公害。经济工作程序的科学、简化,会大大提高其效率。

第四,强化素质效率意识。经济工作部门的行为是由其工作人员个体形成的集体完成的,经济工作人员的个体素质水平以及由个体所形成的整体素质水平,对经济工作的质量、效率有着直接的作用。经济工作人员的素质主要包括政治思想素质、经济管理素质和专门业务素质。要提高经济工作部门人员的个体素质和整体素质,需要从这三个方面努力,当前特别要加强对社会主义市场经济问题的学习,更新观念,解放思想,掌握市场经济条件下各项经济工作的规范和规律,以保证各项经济工作高质量、高效率地运行。

三 强化法律规范约束意识和信用约束意识

市场经济社会是法律规范约束机制强化的社会。高度社会化的、纵横交错的、浩繁庞大的市场经济关系网络,如果没有法律规范其活动,没有法律规范的约束,整个市场经济社会大系统就会处于无序和混乱之中,经济秩序、市场秩序就无法维系。所以说,强化法律规范约束机制是市场经济的必然要求。

社会主义市场经济更加要求强化法律规范约束机制。具有完备的法制,是社会主义社会的特征之一。社会主义法制才真正体现了在法律面前人人平等的原则,是人人都必须遵守的,没有任何人可以凌驾于法律之上。与社会主义的法制要求相适应,与市场经济强化法律规范约束机制的要求相适应,我国各级各种经济工作部门及其工作人员必须强化自己的法律规范约束意识。各级经济工作部门本身就是执法机关,它们的行为必须符合法律规范,受法律规范的约束,而且还应模范地守法执法。由于几千年封建社会的影响,我国政府工作人员包括经济管理部门的工作人员的法治观念和法律规范约束意识相当薄弱,"政府要守法"这一新观念与几千年的封建法治观念是大相径庭的。因而,强化各级政府包括经济管理部门的法治观念和法律规范约束意识就显得更为迫切。经济工作部门要加强这方面的思想政治工作,教育全体工作人员强化法律规范约束意识,模范地执行法律,依法办事,应该明确地认识到法律这一国家强制力实行的社会行为规范,同样约束着经济工作部门及其工作人员的行为,概莫能外。

在市场经济社会中,除了法律规范约束机制之外,信用也成为经济关系中一种普遍的约束机制，人们的经济关系往往采用契约信用关系的形式。我国在过去一个时期，由于限制商品经济，排斥市场机制，作为市场机制之一的信用机制也未发展起来，社会经济关系中缺乏信用管理形式和信用监督体系，人们的信用约束意识淡薄。随着改革开放的深入和商品经济的发展，市场运行机制正在发挥越来越大的作用，人们经济关系中的契约信用形式也逐步扩展，人们在经济交往中的信用约束意识逐渐加强，信用约束机制不论在宏观经济运行和微观经济活动中的地位与作用都在加强。

经济工作部门的活动本身就是经济关系方面的活动，可以而且应该运用信用约束手段，如采取签订合同等形式。在市场经济条件下，从融通资金、供应生产资料到产品销售，从物化劳动到劳动力的流动组合，广泛地采取了信用手段，受信用机制的约束。由于我国未经历社会经济信用关系普遍发展的历史阶段，在各级政府包括经济工作部门的行为中信用约束机制相当薄弱，需大力加强，以适应社会主义市场经济的需求。

（原刊于《兰州财会》，1993 年第 1 期）

政治体制改革研究

我国政治体制改革的基本特征与客观要求

我国的政治体制改革是在我国历史条件下的社会上层建筑的自我改造、自我完善,它必然具有为我国现阶段社会历史条件所决定的特征,以及由这些特征所决定的客观要求。近两年参加政治体制改革的调查研究,深感认识并把握改革的基本特征与客观要求之重要,故拟结合改革的实践,做一些探讨。

一　我国政治体制改革必须适应社会主义初级阶段的经济特征与生产力发展的状况和要求

政治体制是社会上层建筑的组成部分。研究我国政治体制改革的特征,就应把它放在与我国现阶段经济基础的相互作用和关系之中去考察,放在与我国社会生产力的相互作用与关系之中去考察,也就是说要放在我国所处的社会历史发展阶段上去考察。这是认识我国政治体制改革特征的基本立足点和出发点。

随着生产资料私有制社会主义改造的基本完成,我国社会已经是社会主义社会,但是,从我国当前生产力发展状况来看,我们的社会主义社会与从发达的资本主义社会脱胎而来的社会主义社会究竟有什么差别?我们处在社会主义发展的什么历史阶段?对这一重大的理论和实践问题的认识,则经历了一段曲折的历程。直至十一届三中全会以来,我们才从正面的经验与反面的教训中,认识到坚持实事求是的原则,从我国生产力发展状况出发,重新认识我国社会主义所处的历史发展阶段，是社会主义现代化建设成败的关键。党中央明确提出了我国处于社会主义的初级阶段，而且指出这将是一个相当长的历史时期。从我国现阶段社会生产力的实际出发，我国的社会主义社会不是从发达的资本主义社会，而是从一个半封建半殖民地社会脱胎而来的，我们的生产社会化程度还相当低，商品经济很不发达，经济、文化都还落后，还没有完全摆脱贫困的状态，我国的社会主义必然带有为这种生产力发展状况所决定的经济的、政治的、文化的、思想的特征。因而，我国的社会主义社会是由我国这种特定历史条件决定的社会主义的初级阶段，这是我们党在中国革命和社会主义建设历史中，又一次在理论上的重大飞跃，在实践上的重大突破，对科学社会主义理论的重大发展。在民主革命时期，我们党从当时我国社会历史的实际出发，实事求是地分析了我国的经济、政治等特点，作出了我国社会是半封建半殖民地社会的科学结论。在这一科学理论指导下，我们正确地解决了民主革命的对象、动力、战略和策略等一系列重大问题，从而取得了民主革命的胜利。现在在社会主义现代化建设的历史条件下，又一次从我国社会历史的实际出发，作出了我国处于社会主义初级阶段的科学结论，从而使我们能够清醒地从我国现阶段的这一基本国情出发，正确地认识我国生产力发展状况，正确地认识我国的经济、政治、思想、文化等特征，以及由此所决定的政治体制改革所具有的特征。

既然我国处于社会主义的初级阶段，作为上层建筑的政治体制，社会历史发展规律要求它与我国社会主义初级阶段的经济特征相适应，归根到底要求它与我国社会生产力的发展相适应。进行政治体制改革，就是要改革那些与社会主义初级阶段的经济特征不相适应的方面，改革束缚生产力发展的方面。这就是我国政治体制改革的第一个，也是最重要的特征与客观要求。

为了具体地把握我国政治体制改革的这一基本特征与客观要求，需要对我国社会主义初级阶段的生产力发展要求与经济特征作进一步的分析，人类社会生产发展的历史表明，从自然经济经过商品经济充分、高度地发展，扩大和深化社会分工协作，极大地提高生产的社会化，创造出新的劳动生产率，是人类社会生产发展不可逾越的阶段，是社会生产力发展的内在要求。我国现阶段生产社会化程度相当低，商品经济很不发达，必须充分发展商品经济，实现生产的高度商品化、社会化，创造出新的生产力，这就是现阶段我国社会生产力发展的客观要求。与我国生产力状况和发展要求相适应，我国社会主义初级阶段的基本经济特征是：在以公有制为主体、多种经济成分并存的所有制结构基础之上的有计划的商品经济。具体来说，我国的政治体制改革就是要适应上述社会主义初级阶段充分发展商品经济的要求。

机构改革是政治体制改革的内容之一。进行机构改革，需要分析现行的政府机构设置，看哪些机构是必要的、合理的，哪些机构是不必要的、不合理的。那么，以什么为依据做出正确的分析和判断呢？一个很重要的依据就是有计划的商品经济发展的要求。过去各级政府的机构设置，依据的是高度集中统一的产品经济模式，因而各级政府的经济管理职能表现为主要以行政手段直接管理企业，因而政府中直接管理企业的经济主管机构越来越繁多，越来越臃肿。每出现一个行业，这一行业的企业稍有发展，就要相应地增设一个直接管理该类企业的经济主管部门。所以，进行机构改革必须以转变政府经济管理职能为前提，而转变政府经济管理职能又必须依据社会主义初级阶段生产力发展的状况和要求，以及初级阶段的基本经济特征。过去我们精简机构之所以出现"精简——膨胀——再精简——再膨胀"的状况，从根本上来说，就是由于没有正确解决我国现阶段的经济究竟应该是产品经济还是有计划的商品经济。结果,政府职能中体现产品经济的管理职能并没有转变，适应这种职能的机构虽然在精简之时可能有所压缩,但一旦时过境迁,又会以更大的规模重新组建,而且还会增设与产品经济相适应的新的机构。既然现在要从产品经济转变为有计划的商品经济,要充分发展商品经济,首先应该转变政府按产品经济模式形成的经济管理职能,改革与这些职能相应的机构,按照充分发展商品经济的要求，重新认识并设计政府的经济管理职能以及相应的机构设置。那么,有计划的商品经济在政府经济管理职能方面提出了哪些要求呢？首先要求作为商品经济的细胞的企业成为自主经营、自负盈亏的商品生产者和经营者,企业必须使它所生产的使用价值符合市场的需要，使本企业生产该种商品的个别劳动时间低于社会必要劳动时间,使自己的商品具有竞争能力,在市场上处于有利地位,企业必须对自己的生产经营后果承担直接的责任,因而,企业应具有产、供、销、人、财、物的自主权;同时,要求国家除少量指令性计划之外,主要运用价值规律、市场机制、经济杠杆,通过间接的调控,去引导整个社会的经济运动和企业的生产经营行为,而不再直接管理企业。政府职能的转变和机构的改革都应该符合有计划商品经济的这些要求。按照这一思路,在政府职能和机构体系中,一方面应该加强宏观调控、决策咨询、信息、监督系统,另一方面则应精简经济专业管理系统。

二　我国政治体制改革既具有长期性、渐进性,又具有迫切性、现实性

从社会主义发展的整个历史进程来看，从各个社会主义国家的情况来看,改革是社会主义社会发展的一种普遍现象,是社会主义发展的一种客观必然。在社会主义社会的发展进程中,在生产关系、上层建筑与生产力之间，上层建筑与经济基础之间必然会不断地产生

矛盾,旧的矛盾解决了,新的矛盾又会发生。在社会主义社会中,人们能自觉地运用客观规律,及时地发现和解决这些矛盾,也就是说社会主义制度能依靠自身的力量克服自身体制中存在的缺陷,而依靠自身力量克服缺陷的一个重要机制是改革。因而,改革是社会主义制度自我完善、自我调节的机制。从这个意义上说,改革是社会主义发展的一种客观必然。生活在社会主义时代的人,从事社会主义实践的人,都应该有改革的意识,自觉地投入改革,坚定不移地进行改革。而且改革将贯穿于整个社会主义历史阶段,将长期存在于社会主义社会的发展进程之中,并以渐进的形式,使社会主义制度逐步从不完善走向完善,从不成熟走向成熟。

从我国社会主义初级阶段的实际出发,也决定了政治体制改革的长期性和渐进性。在社会主义初级阶段,从自然经济、半自然经济占相当比重,发展到生产的高度商品化、社会化,创造出比资本主义社会更高的新的生产力,使社会主义制度的优越性得以充分发挥,社会主义的各种本质属性得以充分体现,不是短时期内能够实现的,将是一个长期的、渐进的历史过程。我国生产力状况形成的这一社会主义发展的历史特点,决定了政治体制改革,特别是那些充分体现社会主义本质属性的理想目标的实现,也将是一个长期的、渐进的历史进程。

同时又要看到,当前对我国的政治体制进行改革又是十分迫切的。我们已建立起的社会主义的根本政治制度是优于资本主义制度的,但是在我们的具体的政治体制中,在我们的领导制度、组织人事制度和行政管理制度中还存在着不完善的方面,妨碍着社会主义制度优越性的发挥,束缚着社会生产力的发展。我们正在形成的有计划商品经济的新的经济体制也日益要求政治体制与它相适应,改革政治体制中不适应商品经济发展的部分。所以,进行政治体制改革已成为极其迫切的历史要求，而且，也有一部分条件已较成熟的问题可以在近期加以解决，解决这部分问题也具有现实性。所以，从当前的实际出发，提出近期已具备条件或创造条件能够实现的改革要求，应该是当前改革的重点，通过近期改革目标的实现，为长远的理想目标打好基础，创造条件，这样就可把政治体制改革的长期性、渐进性与改革的现实性、迫切性较好地结合起来。

在政治体制改革中，社会主义民主问题就是一个需要把改革的长期性，渐进性与迫切性、现实性很好地结合起来的一个中心问题。

在整个人类社会发展历史中，民主是一个历史发展进程。资产阶级和劳动人民在反对封建专制主义的斗争中形成了现代民主的思想，是人类历史上的一大进步。但是，资产阶级革命胜利后，建立的资本主义国家实行的是资产阶级民主，广大劳动人民并没有享受真正的民主权利。人类社会发展到社会主义阶段，民主也随之发展到了一个新的历史阶段，民主从资产阶级少数人享有的权利变为最广大人民群众真正享有的切实的权利，人民群众成为国家和社会的主人，民主所具有的广度和高度都是资本主义民主所无法比拟的。无产阶级革命就是要建立人民当家作主的国家。社会主义民主的本质内容，就是人民当家作主，人民管理国家，管理经济，管理社会生活，实现高度的政治民主化、经济管理民主化、社会生活民主化。所以，高度民主是社会主义应该具有的，是社会主义制度的本质属性之一。进行政治体制改革，就是要实现社会主义应该具有的高度民主，把高度民主应该作为我们经过改革所要达到的一个重要的长远目标。

再从我国当前民主政治建设的情况来看，中华人民共和国成立，我国建立了人民民主专政的国家政权，并且建立了人民代表大会这一基本政治制度，人民成为国家和社会的主人。以后随着生产资料私有制社会主义改造的基本完成，剥削阶级作为阶级而消灭，我国进入社会主义历史阶段,民主具有了更大的广泛性。1981年全国县级直接选举,享有选举权的人占法定选举年龄人口数的99.97%,我国公民的选举权越来越普遍。但是,我国毕竟是从半封建半殖民地脱胎而来的社会主义,旧社会遗留给我们的不仅是落后的经济,而且是落后的文化,遗留下来的不是民主的传统,而是沉重的封建主义思想影响的负担。在这样一个经济、政治、文化、思想的基础上建设社会主义的民主,尽管我们已经建立起了人民民主的根本政治制度,但要形成一套从内容到形式都很完善的具体的高度民主的政治体制,则不是一蹴而就的事。正像马克思所深刻揭示的:"权利永远不能超出社会的经济结构以及由经济结构所制约的社会的文化发展。"我国现在还处于社会主义的初级阶段,我们的民主发展程度还必然受到生产力发展水平的制约,受到文化发展程度、思想和习惯势力的制约,要实现社会主义的高度民主,必然要经过一个长期的历史渐进过程。当前应该从我国社会主义初级阶段的经济、政治、文化、思想的实际出发,针对在社会主义民主方面存在的问题,解决那些条件已经成熟或者近期可以创造条件解决的问题,而不应提出条件尚不具备的超越社会主义初级阶段实际的过高的改革要求。社会主义民主也像人类历史上整个民主的发展过程一样,它本身也是一个历史发展进程,从不完善到完善、从初级阶段到高度发展的进程,而且在经济文化落后的国家,这个历史进程需要更长的时间。

看到了高度民主的长期性、渐进性,还要看到当前政治体制改革中扩大社会主义民主的迫切性。只要我们一深入实际,就会有许多政治民主不完善、经济管理民主不完善、社会生活民主不完善的问题提到面前,如作为人民行使管理国家的民主权利的地方人民代表大会及其常委会的职权尚未完全落实,人民及人民代表参政议政的机制还不完备,参政议政的意识和能力比较弱,地方人大常委会的组织机构不够健全，人员结构不够合理，基层群众性自治组织如农村的村民委员会、企业的职工代表大会等作用没有充分发挥；领导制度中的民主决策、民主监督不健全；干部人事制度中在选拔、考核、监督等方面民主参与的程度比较低，还缺乏一套既民主化、又科学化、规范化的制度。在这些方面，群众有迫切的呼声。为了调动人民群众的积极性，增强党和国家机关的活力，发挥社会主义制度的优越性，促进生产力的发展，对这些方面进行改革也有着迫切的要求。对那些迫切需要解决而又有条件解决的问题，决不能因长期性、渐进性的一面而不去认真切实地加以解决。

从以上几个方面的分析中，我们不难得出这样一个结论：高度民主是社会主义制度的一个本质属性，政治体制改革应该把高度民主作为一个重要的长远目标；社会主义高度民主的建设又是一个长期的、渐进的历史过程，在我国的政治体制中存在着民主制度不完善的迫切需要解决的问题，当前应该从我国社会主义初级阶段的实际出发，解决那些迫切需要解决而又可能解决的问题，推进政治民主化、经济管理民主化和社会生活民主化，为建设高度民主逐步创造条件，打好基础。这样就可把社会主义民主建设的长期性、渐进性与迫切性、现实性很好地结合起来。

三 我国政治体制改革既因具有开拓性，需要大胆探索，又因具有复杂性，必须慎重从事

社会主义制度下的改革是一项全新的事业，是找不到现成答案的事业，必须坚持实践的、开拓的观点，在实践中大胆探索，开拓前进。这是科学社会主义理论和实践发展的必由之路。马克思在创立科学社会主义学说的时候，就是坚持了实践的、开拓的观点。马克思站在他那个时代的潮流的前列，以极大的热情投身于革命实践之中，用

了全部精力,回答当时实践所提出的一系列重大的理论问题,在批判地继承和吸取前人思想财富的基础上,把社会主义从空想变为科学,建立了科学社会主义理论。同样,科学社会主义理论和实践要发展,必须坚持实践的、开拓的观点。我国在建立起社会主义的根本的经济制度和政治制度之后,面临着如何从现阶段的生产力发展水平出发,建立具有中国特色的社会主义,选择符合我国国情的经济体制和政治体制的新的历史课题。这一切既不能套用马克思著作中在商品经济和生产社会化高度发达的条件下提出的设想,也不能照搬别国的模式,科学的态度只能是运用马克思主义的立场、观点、方法、研究当代社会主义实践中的新情况、新问题,大胆探索,勇于开拓,寻求我国社会主义的具体体制。改革正是建立、健全具有我国特色的经济体制、政治体制的创造性的实践,既需要从社会主义实践方面、又需要从科学社会主义理论方面大胆探索,才有可能在改革中取得突破。如果抱住一些陈旧的观念,改革就很难进行。如我国经济体制,甚至政治体制的某些方面能不能引进竞争的机制,就是实践提出的一个新问题。过去人们把竞争看成是资本主义社会所特有的东西,属于姓"资"的机制。如果仍然沿用这种旧观念,人们就会望竞争而却步。其实给竞争戴上一顶姓"资"的帽子是一种误解。竞争是随商品经济的产生和发展,随市场的出现和发展而出现的机制,正是商品经济的规律要求商品生产者不断降低单位产品所耗费的社会必要劳动时间,不断改进技术,提高劳动生产率,使自己在市场上富有竞争能力,居于有利地位;也正是竞争的机制给予商品生产者以动力和压力。竞争本身并不是资本主义社会所特有的。我们的社会主义经济既然是有计划的商品经济,既然要充分发展商品经济,竞争机制就是必然具有而且应该加以完善的。那么,在政治体制的某一特定方面,比如在干部人事制度中能否引进竞争机制,这当然是一个更富有开拓性的问题。近来,随着全民所有制企业经营承包责任制的广泛实行,许多地方已经把竞争机制引进了承包之中,承包者在公开招标、投标、答辩的竞争条件下,你追我赶,优秀的经营者自会脱颖而出。除企业的经营者之外,其他干部的选拔、录用,都可以进一步探讨如何具体引进竞争的机制,为造就、选拔更多更优秀的人才创造适宜的环境。由此一斑也可窥见在整个政治体制改革中坚持勇于开拓,大胆探索的全部重要意义。

政治体制改革不但因具有开拓性,需大胆探索,而且因具有复杂性,必须慎重从事。这是因为:

第一,政治体制改革是一项复杂的社会系统工程,既包含着中央、省、地、县、乡镇之间纵向的体制,又包含着党的领导机关、国家权力机关、行政机关、司法机关之间的横向的体制,还包含着民主体制、行政管理体制、干部管理体制等要素。这些纵向的、横向的、各个方面的要素之间相互联系、相互作用,构成了一个有机的整体。进行政治体制改革,应该运用系统科学的方法,从系统整体与各个要素的相互关系中,从各个要素的相互关系中,探索我国社会主义政治体制的结构、功能和运行机制,使得系统内各要素之间配合协调,使各个要素具有良好的个体性能,整个系统具有良好的整体性能。因而,在进行改革中,既要对每一项具体的制度作深入科学的研究,更要注意每一项改革对其他制度可能引起的影响和牵动,还要考虑各项改革之间的配套以及改革的先后顺序。比如干部人事制度改革就与党政分开、政企分开、下放权力,以及机构改革密切联系,需要注意它们之间的相关性,注意改革的配套(当然配套并不等于在一段时间内同步进行)。

第二,政治体制改革关系到权利的配置,关系到利益的调整,人们对之极为关切,也极为敏感。需分析各种应具备的条件,预测各种社会承受能力,对错综复杂的关系进行梳理和协调。

因此,对这样一项关系重大的改革必须在党的领导下有计划、有秩序、有步骤地进行。每一项改革都应经过深入的调查研究,弄清情况和存在的问题;要吸取现代科学中适用的理论、方法;提出的改革方案应经过可行性论证，努力做到具有科学性和可行性；改革的步骤、方法都应经过周密的考虑,作出妥善的安排。

我国政治体制改革的基本特征和客观要求当然不仅是上面谈到的几点,但是从这几个方面的探讨中,可看出研究这一问题对于我国政治体制改革的认识和实践都是有益的。

（原刊于《社会科学》,1987 年第 5 期）

民主与社会主义

在民主与社会主义这个题目之下，主要谈谈民主与社会主义的关系,它包含两个方面的内容:(一)社会主义,必然实行真正的最广泛的民主,没有民主就没有社会主义;(二)社会主义民主在其基本制度确立之后,还有一个逐步完善的历史渐进过程,与社会主义经济、文化的发展有着密切的联系。从理论上和实践上弄清这些问题,既是社会主义民主建设的需要，也是澄清被资产阶级自由化搞乱了的一些思想的需要。

一　社会主义,必然实行真正的最广泛的民主,没有民主就没有社会主义

在这个问题上,有些同志受资产阶级自由化思潮的影响,觉得我们的社会主义国家不如西方资本主义国家那么民主。至于鼓吹资产阶级自由化观点的人,通过美化资本主义民主,污蔑社会主义民主,企图用资本主义政治制度取代社会主义政治制度。这就需要我们弄清民主的内容和实质,掌握民主的历史发展过程,揭示资本主义民主的实质,认识社会主义民主是真正的最广泛的民主。

民主是指“人民的统治”“人民的政权”。民主的主要内容是指一种国家形式或国家制度。作为一种国家制度的民主,当然与国家的阶级性有着不可分割的必然的联系。在人类社会发展历史上,曾经先后出现过奴隶制国家、封建制国家、资本主义国家和社会主义国家。与

此相适应，作为一种国家制度的民主，也先后出现过奴隶主阶级民主、封建主阶级民主、资本主义民主和社会主义民主。不论是奴隶主阶级民主、封建主阶级民主，还是资本主义民主，它们的实质都是保证当时处于统治者地位的剥削阶级掌握国家政权，保护剥削阶级的私有制和剥削制度。当然，它们又有各自不同的阶级内容和具体形式。

资本主义民主比起奴隶主阶级民主、封建主阶级民主是更为发达的民主。但是，不论哪个发达的资本主义国家，不论它们的民主采取什么样的具体形式，不论是直接民主制、代议民主制、还是立宪民主制，万变不离其宗，它们的实质都是维护资产阶级的私有制神圣不可侵犯，保证资产阶级及其代表人物统治国家，保护资本主义的剥削制度。不管他们把资本主义民主吹嘘得如何天花乱坠，表面上也给予公民选举权和被选举权，实际上，在资本主义国家的法律和现实生活中，对选举人和候选人资格作了种种限制，而且，也只是既有钱又有闲的人才可能参加竞选，选举也就只能在这个资本家集团的代表人物与那个资本家集团的代表人物之间进行选择，当选的议员、总统等等，也只能是资产阶级的代理人。所以，资本主义民主是少数人的民主，是少数人对广大劳动人民的统治，而不是什么“全民民主”“普遍民主”；对广大劳动人民来说它是虚伪的民主，而不是真正的民主。

人类社会发展到社会主义社会，才进入了一个新型的民主阶段，也就是真正的最广泛的民主阶段。

为什么说社会主义必然实行民主制度，而且是真正的最广泛的民主呢？

第一，社会主义社会是建立在生产资料公有制的基础之上的，工人、农民和广大人民群众成为生产资料的主人，这就为表达和维护他们的权利和利益具有了物质基础和保证，这就必然要求建立保证工人、农民和广大人民群众实行统治的民主制度。在社会主义生产资料公有制的基础上,“人民的统治”“人民的政权”这一民主的本来含义才恢复了它的本来面目，占人口绝大多数的劳动人民才真正成为国家的主人、社会的主人,民主才真正成为绝大多数社会成员所享有的最广泛的民主。

第二,社会主义事业是为了亿万人民的利益、并由亿万人民直接参加的事业,没有民主就没有社会主义,就不可能建成高度现代化的社会主义社会。社会主义是人类历史上以公有制取代剥削阶级私有制的最深刻的社会变革,是要建成高度现代化社会的艰巨事业,是以不断满足人民日益增长的物质和文化生活需要为目的的社会，所有这些伟大的历史任务,都要求实行社会主义民主,充分调动广大人民群众的积极性,发挥广大人民群众的聪明才智,依靠作为国家和社会主义的人民群众的艰巨努力,才得以实现。正如邓小平同志所深刻揭示的:“没有民主就没有社会主义,就没有社会主义的现代化。”

二　社会主义民主建设是一个逐步完善的渐进历史过程，与社会主义经济、文化的发展有着密切的联系

我们说社会主义民主是人类历史上真正的最广泛的民主,那么,是否意味着社会主义制度一建立,就实现了最完善的民主了呢?

从各个社会主义国家特别是我国建设社会主义的实践来看,社会主义社会本身的发展是一个相当长的历史进程。随着生产资料私有制的社会主义改造基本完成,我国进入了社会主义社会。但是,从我国的国情来看,生产社会化程度相当低,商品经济不很发达,经济、文化都相当落后,历史遗留给我们的民主传统很少,封建思想的影响却很深,许多人的法治意识和民主意识相当淡薄。我国的社会主义经济制度和政治制度必然具有为这种国情所决定的特征，包括我们的

民主制度。一方面,我们建立起了社会主义的根本经济制度和政治制度,它们是适应生产力发展的要求的;一方面,我们的经济体制和政治体制还存在许多不完善的方面。这就需要社会主义国家根据生产力发展的要求,根据经济、文化发展的水平,逐步改革那些不完善的方面,使之适应生产力发展的要求。社会主义制度的这种改革,是社会主义制度本身的自我完善,而且是一个长期的渐进过程。

我国社会主义民主政治的建设,就经历了并正在继续经历着这样一个逐步完善的渐进过程。新中国成立初期,我们建立起了全国人民代表大会和地方各级人民代表大会这一根本的民主政治制度,并实行了共产党领导下的多党合作和政治协商制度,广大劳动人民翻身作了国家的主人,这是我国民主发展历史上的翻天覆地的变化。同时要看到,我国的政治体制还存在着不完善的方面。自党的十一届三中全会以来,我国已经在民主体制的许多方面进行了卓有成效的改革,包括权力下放、社会监督系统的建立和选举制度的改革等等。拿选举制度的改革这一个方面来说,实行了县级直接选举;把候选人和应选人从等额选举改为差额选举;除各政党、各人民团体可以联合或者单独推荐代表候选人之外,还规定选民十人以上联名也可以推荐代表候选人。这些说明了社会主义民主在建立其根本政治制度之后,还有一个逐步完善的渐进过程。要形成一整套从内容到形式都很成熟很完善的高度民主的社会主义政治体制,不是一蹴而就的事。实现完善的高度的社会主义民主,是我国政治体制改革的长远目标。在我们这样一个经济文化都落后的国家,民主建设尤其需要踏踏实实的、坚持不懈的努力,创造各种条件。发展经济是为民主建设创造物质条件;普及教育,扫除文盲,是为民主创造人口素质条件;宣传社会主义民主观,反对资产阶级自由化和封建思想,是为民主创造思想观念条件。社会主义民主随着这些条件的逐步积累必然会走向完善。

所以,民主和社会主义的经济、文化建设有着密切的联系,与社会主义现代化建设有着密切的联系。在第一个问题里我们弄清了社会主义必然实行真正的最广泛的民主,没有民主就没有社会主义,就没有社会主义的现代化;在第二个问题里我们又弄清了社会主义民主的完善又离不开社会主义的经济、文化建设,离不开社会主义的现代化。这些就是我们在民主与社会主义的关系方面需要了解的基本内容。

(原刊于《学法》,1990 年第 4 期)

社会主义建设新时期工农联盟的特点

工农联盟是马克思主义的一个基本思想。马克思主义创始人还在欧洲无产阶级革命斗争兴起的时候,就指出了农民是人口、生产和政治力量的非常重要的因素,提出已经成长起来的工人阶级政党应当到农村中去,与农民结成同盟。

工农联盟问题始终是中国革命和建设的一个至关重要的问题。70 年来,中国共产党始终坚持马克思主义关于工农联盟的思想,结合中国的实际,正确处理了工农两大阶级的关系,形成了牢固的工农联盟,保证了革命在全国的胜利。现在仍然面临着一个如何正确认识和处理工农关系,巩固工农联盟的重大课题。工人和农民是我国社会主义社会的两大基本阶级,工农之间的矛盾是我国人民内部矛盾的重要组成部分,工业和农业,前者是国民经济的主导,后者是国民经济的基础,正确处理工农之间的关系,举足轻重,关乎整个社会的稳定、政权的巩固、经济的协调发展。社会主义建设时期的工农联盟问题,尤其是发展社会主义商品经济历史条件下的工农关系问题,马克思主义创始人未曾设想到这种情况,苏联社会主义建设又是在基本不承认商品经济存在的条件下进行的,也未能提出研究和解决这方面的问题。这样,我们一切都得从我国的实际出发,以马克思主义关于工农联盟的基本思想为指导,分析我国社会主义现代化建设新时期工农关系的特点,研究社会主义商品经济历史条件下工农矛盾的具体表现,探讨如何解决社会主义建设新时期工农联盟这一新的历史课题,这既是我国社会主义实践的迫切需要,又是中国共产党人发展马克思主义关于工农联盟原理的历史责任。

新时期工农关系的特点

社会主义现代化建设新时期，工农关系必然带有区别于其他历史时期的特点,认识并把握这些特点,是正确处理新时期工农矛盾、巩固工农联盟的立足点。现阶段我国工农关系具有如下基本特点：

(一)工农之间的共同利益,从以前政治上推翻剥削阶级的统治,经济上废除封建土地所有制,并继之以社会主义经济改造私有经济,转变为以经济建设为中心,大力发展社会生产力实现工业和农业、城市和农村发展的一体化和现代化

民主革命时期,中国共产党作为中国工人阶级的先锋队,排除在农民问题上的一些错误认识，找到了工人阶级和农民阶级的共同的根本利益是废除封建土地所有制，推翻反动统治，进行反对帝国主义、封建主义和官僚资本主义的民主革命,从而形成了中国革命史上第一个工农联盟。这是我国工农联盟发展的第一个历史时期。

新中国成立初期,经过土地改革,建立在小私有制基础之上的个体农业生产力水平低下,对自然灾害和意外事故的承受能力很小,在其发展过程中必然会出现两极分化。工人阶级为了引导农民和全社会走上共同富裕的道路，提出并逐步实现了农业的社会主义改造的历史任务。我国工农联盟进入了第二个历史发展时期。

在基本完成三大改造之后，社会主义公有制成为我国经济的主体,我国进入社会主义社会历史阶段。这是一个从半封建半殖民地脱胎而来的社会,经济、文化发展水平还相当落后。农业由于生产力水平低下,人口过快增长,农民的生产和生活还存在着许多困难,有些地区的温饱问题尚未解决。作为已走上社会主义道路的农民,迫切希

望加快农业的发展,得到工业和城市的支援,实现共同富裕的愿望。农民的这一愿望与工人阶级肩负的历史使命是完全一致的。在社会主义历史阶段,大力发展社会生产力,集中力量建设包括农业在内的整个国民经济,实现社会主义的共同富裕,也是工人阶级的根本利益,是工农共同根本利益之所在。1956年召开的党的第八次代表大会,曾经正确地提出了发展社会生产力的主要任务。但是,在“左”的指导思想的干扰下,这一正确思想几经曲折,直至十一届三中全会才在全党全国确立了以经济建设为中心、大力发展社会生产力的指导思想。我国的工农联盟终于按照新时期工农共同的根本利益的要求,走上了健康发展的道路,真正进入了工农联盟发展的第三个历史时期。

(二)工农之间的矛盾从以前主要是革命领域中的矛盾,转变为主要是经济领域中的矛盾

中国老一辈无产阶级革命家运用唯物辩证法,对旧中国农民的地位、特点和作用进行了精辟的分析,既看到农民具有变革封建剥削制度的强烈革命要求、与工人阶级有着共同的根本利益的主导的一面,又看到个体农民受着阶级的局限,不可能具有科学的理想,提出科学的革命纲领,并存在着分散、保守的习惯势力,这些又与工人阶级领导的新型的民主革命要求之间存在着一定程度的矛盾。中国共产党坚持用工人阶级先进的思想和科学的革命纲领去教育和引导农民,并发动和组织农民投身于火热的革命斗争,在实践中接受洗礼,自己教育自己。

在社会主义改造时期,我国农民一方面要求摆脱小私有者脆弱的经济条件所带来的重重困难,向往着共同富裕的生活,这是主导的方面;另一方面又受着小私有者保守的习惯势力的束缚,一部分农民对走合作化道路犹豫徘徊,这种状况又与工人阶级实现对农业的社会主义改造的历史要求之间存在着一定程度的矛盾。面对这一矛盾,

一方面对农民宣传教育,走共同富裕的道路,一方面把这种教育与典型示范结合起来,使广大农民在互助合作的实践中,提高走社会主义道路的自觉性。

进入社会主义现代化建设的新的历史时期,工农之间又出现了新的矛盾。其主要表现及解决途径是:

(一)工业与农业发展不够协调、城市与农村生活水平存在较大差别

半封建半殖民地的旧中国是一个非常落后的农业国家,现代工业产值占国民经济总产值的10%左右。新中国成立后,要改变贫穷落后面貌,需要建立起一个门类比较齐全的强大的工业体系,用工业所提供的先进技术来装备农业和国民经济各个部门。第一个五年计划就展开了大规模的工业化建设。

在"五一"时期,我们仍然坚持了以农业为基础的马克思主义的方针。在第一个五年计划超额完成的面前,有些同志头脑发热,片面追求工业特别是重工业的高速度,引起农业、轻工业、重工业之间的比例失调。1959年农业生产开始大幅度下降,中间又经过几次曲折,直至十一届三中全会,总结了工农业发展关系方面的经验教训,作出了加快农业发展的决议。到1984年我国粮食产量达到4073亿公斤,突破4000亿公斤的大关。在农业取得历史性突破之后,政策向工业大幅度倾斜,又一次引起了农业生产的徘徊。40年来的历史经验说明,什么时候工业与农业的发展关系协调,重视农业的基础地位,农业生产就发展,农民的日子好过,工人和全国人民的日子也好过;什么时候工业与农业发展不协调,不重视农业的基础地位,农业生产就徘徊甚至下降,农民的日子不好过,工人和全国人民的日子也不好过。在社会主义建设时期,曾几次出现的工业与农业发展不够协调的状况,是新时期工农矛盾的主要表现之一。正确处理这一矛盾,不但

是农民的迫切要求，也是工人阶级及其政党保持国民经济持续、稳定、协调发展,巩固工农联盟,维护社会安定的历史任务。

经过40年的建设和发展,我国农民生活有了很大的改善。但是,与工人的生活、与城市的生活相比,在多数地区仍存在较大的差距。工人与农民、城市与农村生活水平的差别,一般来说,是社会经济发展进程中的一个不可避免的阶段。但这并不等于说我们可以不注意逐步解决这方面的矛盾。通过宏观调控手段,如计划、财政、信贷、价格等手段,制定相应的经济政策,注意城市与农村的一体化发展,工人与农民、城市与农村在生活水平方面的差距会逐步缩小。工人与农民、城市与农村的生活必须统筹兼顾,要把八亿农民生活的安排放在战略的高度。八亿农民的收入逐年有所增加,生活逐年有所改善,会激发起发展生产的更高的积极性,城市和工人的生活就有了保证。

(二)工农业产品价格之间的剪刀差依然存在

工农业产品价格之间的剪刀差，是历史长期形成的一种经济现象。在旧社会,城市中的官僚资本主义对农村是一种掠夺性的关系。新中国成立,从根本上改变了城乡的对立状况。逐步缩小历史遗留下来的工农业产品价格的剪刀差,既是广大农民的切身利益,也是工人阶级及其政党的奋斗目标。40年来,曾经采取过几次较大的缩小工农业产品价格剪刀差的有力措施。1950年至1978年的28年间,农副产品收购价格提高了117.4%。十一届三中全会之后,又一次较大幅度调高农副产品收购价格,农民由此获益120亿元。从1979年到1984年,农民纯收入增长部分的30%是由此获得的。从工农业产品的交换比价来看，用同等数量的农产品能够交换到的工业品数量，1950年为100,1978年为198,1981年为268。农民创造的价值能够比较公平地得到社会的承认，并在交换中得以基本实现，农民是满意的、欢迎的,激发了农民的生产热情,在农业增产中发挥了重要的作用，农民回过头来又用农业的发展和农副产品的增产支持了工业和城市。

当前，工农产品价格剪刀差的问题又引起了农民和社会的普遍关注。主要是前几年农用生产资料和不少工业品大幅度轮番涨价，市场秩序混乱，收购农副产品打白条子现象严重，曾一度缩小的剪刀差又被拉大了，有的农产品成本甚至超过了其销售收入，超出了农民的承受能力。近两年狠抓治理整顿、深化改革，市场物价渐趋平稳，国家又决定设专项粮食储备制度，包括实行粮食保护价格敞开收购；确保收购资金；多渠道解决仓储问题。这些政策措施正在缓解剪刀差拉大的矛盾。

工农业产品价格之间的剪刀差当然不可能短期内消除，这一点农民也是会理解的。问题在于要从指导思想上明确这种相当大的剪刀差，实质上是工农业产品交换中的不等价交换。通过这种不等价交换，农民创造的一部分价值为工业所占有。新中国成立初期，在工业还没有发展起来以前，经济建设所需要的资金积累主要来自农业，其中包括从工农产品价格剪刀差中转移到国家和企业手中的收入，可以说我国农民对国家的工业化做出了巨大的贡献。当然国家也为农业返还了一部分投入，工业对农业也给予了很大支援。现在工业所提供的积累已大幅度增加，就有条件逐步调整工农业产品的比价，逐步缩小剪刀差，减轻农民的负担。工业与农业、工人与农民在经济领域中的关系，除了互相支援、协作的关系之外，必须按照价值规律的要求，遵循等价交换的原则，建立等价交换的关系。这是商品经济条件下，解决工农矛盾，巩固工农联盟必须明确和强调的一条。

（三）农村剩余劳动力不断增加，而工业和城市的吸收能力有限

物质资料生产与人口生产是人类社会发展中非常重要的一对关系。我国在很长时期没有正视和协调好这一对关系，人口大幅度膨

胀,带来的严重后果之一是劳动力的就业难题。我国十一亿人口,八亿多在农村,劳动力有70%也在农村。加之我国拥有世界22%的人口,而耕地只占世界耕地的7%,农村剩余劳动力的问题更为严重。从世界经济社会发展的总趋势看,农业人口的比重会逐步降低,过多的农业劳动力会逐步向第二、第三产业转移。近几年随着改革开放,商品经济的发展,农村产业结构的调整,我国农村剩余劳动力的问题日益突出。虽然已有大批农业劳动力转移到第二和第三产业,但仍有大量的剩余劳动力。世界每万亩耕地平均劳动力数是379人,西方发达国家是61人,发展中国家是648人。我国如仅按发展中国家劳动密集型农业每万亩耕地平均劳动力数计算,农业劳动力约富余1.4亿人。1989年初,在全国范围内曾经出现了数百万农村劳动力自发涌进城市的浪潮,对社会产生了巨大的震动。

一方面是农村的剩余劳动力在不断增加,另一方面则是工业和城市的吸收能力有限。这几年随着工业和第三产业以及城镇建设的发展,工业和城市吸收了一批农村剩余劳动力。像北京市郊区、上海市郊区、珠江三角洲、长江三角洲这样一些经济较发达的地区,从事农业劳动的人大部分都转移到二、三产业中去了。但是,从全国大多数地区来看,工业和城市吸收农村劳动力的能力有限。何况城镇本身的待业压力也很大。再以世界农业劳动力向非农部门转移的历史轨迹而言,西方资本主义发达国家在十九世纪中叶农业劳动力还占全部劳动力的70%左右,一般花了近百年时间,才下降到今天一般占10%以下,在工业化初期和中期,转移并不快。我国如此巨大的农业剩余劳动力,是世界任何工业化国家所未面临过的,是我国工业和城市不可能全部承受的。

那么,出路何在呢?

十一届三中全会以来,在社会主义商品经济激流中涌现出来的乡镇企业和“离土不离乡”的乡镇企业从业人员大军,开拓了一条具有中国特色、符合中国国情的解决农业剩余劳动力的道路。经过10年的发展,到1989年,乡镇企业产值已达7500多亿元,相当于1979年的全国社会总产值;其中工业产值5100多亿元,相当于1980年的全国工业总产值。1988年乡镇企业从业人员9500万,占农村劳动力的24%。应该说乡镇企业的确起了农业剩余劳动力的泄洪闸的作用。还要看到乡镇企业吸收劳动力的有限性和我国农业劳动力向非农部门转移的长期性。目前和今后相当一段时期内,全国多数地区农业劳动力除了向乡镇企业和为农民生产、生活服务的第三产业转移一部分之外,还要在种植和养殖业领域内做文章。

(四)农民尚存的自然经济保守思想和较低的文化科学素质与商品经济的发展不相适应

农民作为我国改革的先驱者,创造了具有中国特色的家庭联产承包责任制这一农业集体经济的新形式,并带动了城市和整个经济体制的改革,促进了社会主义商品经济的大发展。改革和商品经济的发展,冲开了占据农村几千年之久的自然经济的堤坝,也冲开了农民源于自然经济的观念。面向市场,注意信息,引进技术,横向联合,开发资源,加工增值,已经是今天农民中逐步占主导地位的思想和实践,中国的几亿农民正在社会主义商品经济的海洋中成长为新型的农民。但是,农民作为几千年自然经济的主体,又不能不在前进的道路上背负着旧观念的重负。这些源于自然经济的旧观念,与改革开放和商品经济的发展之间又必然引起矛盾和摩擦。

农村又是文化教育比较落后的区域,农民较低的文化科技素质也是当前发展农村商品经济和实现农业现代化的另一障碍。据1989年对江苏省东台市千户农民的调查,这千户农民家庭有劳力2970个,其中上过初中的占28%,上过高中的占14.7%,文盲占24.7%,千户中各类专业户，以及从事第二、第三产业的多半是初中以上文化程度的，而从事种植业的，小学程度、文盲和半文盲就占 64.3%。这些数据说明，农业要实现现代化，农村要发展商品经济，与农民的文化科学素质之间存在着一条必须设法跨越的鸿沟。我们常说，发展农业一靠政策，二靠科技，三靠投入。据调查分析，美国农业增产的 81%和生产效率提高的 71%，归功于科学技术。农业现代化的发展水平，在很大程度上取决于农民掌握科学技术的水平。要提高农民的文化科技素质一是要抓扫盲和基础教育；二是要从当地实际出发，紧密结合农业和乡镇企业生产需要，举办农民专业技术学校，使绝大多数农民掌握一至几门实用生产技术；三是要建立科技示范户，用事实启迪农民认识到科学技术就是生产力，推动农民学科技、用科技的活动。只要指导思想明确，措施得力，农民文化科学素质低的状况是能够有一个较大的变化的，农民较低的文化素质与现代化之间的鸿沟是可以跨越的。

关键在于工人阶级政党的决策与政策

处理新时期工农矛盾，巩固工农联盟，关键还在于工人阶级政党的决策与政策。新中国成立 40 年以来，党对农村的决策和政策以及在农民心态中引起的效应，就足以说明其对处理工农关系、巩固工农联盟的重大意义。

我国的农业合作化一开始走了一条中国式的道路，吸取了我国农村变工互助的传统形式，尊重农民的自愿，从临时性季节性互助组逐步发展为常年互助组，进而建立了农业生产合作社，当时互助合作的方针、政策适应农村生产力的状况，符合农民的意愿，促进了生产的发展。之后出现了人民公社化运动，高度集中的管理体制，挫伤了农民的生产积极性，1959 年之后出现了农业生产的低谷。在这种情况下，在农民群众中形成了一种变革旧体制、创造新体制的变革意识。农民在呼唤生产经营的自主权，要求承认其作为商品生产者的角色，寻求劳动收入与劳动成果直接挂钩的分配形式。农民在实践中创造了“三包一奖”（包工、包产、包生产费用，超产奖励），以后又发展为包产到户，在农村集体经济所有权与经营权相分离、统一经营与分散经营相结合方面实现了重大突破。面对农民的这一创造，当时在党内的“左”的指导思想，作出了压制农民创举的决策。党的十一届三中全会纠正了“左”的指导思想，用马克思主义实事求是的思想路线重新认识了农民的创举，重新评价了农村的这段变革历史，充分尊重农民的意愿，作出了支持家庭联产承包责任制的正确决策，得到了几亿农民的衷心拥护，激发了巨大的积极性，转化为强大的生产力，农业生产连续几年增产，结束了长期徘徊的局面。

如何认识和对待农民，如何认识和对待农业，在有 11 亿人口其中 8 亿多农民的中国，始终是不容丝毫忽视的大事。从上述党对农村集体经济的决策以及农村集体经济发展的曲折历史中，可以看出，农民问题、农业问题，关键在于工人阶级政党的决策与政策。只要决策和政策能够对农民作出科学的分析，对农民符合生产力发展的愿望和要求给予尊重，中国的农民能够接受工人阶级及其政党的领导，能够沿着社会主义道路前进，也能够在革命和建设的实践中逐步接受工人阶级的先进思想和纲领，克服自身的局限和弱点。新时期存在于工农之间的矛盾，关键仍在于工人阶级政党作出正确的决策，制定正确的政策，这些矛盾是可以得到解决的，工农联盟会进入一个新的发展阶段，中国农民也会在社会主义现代化建设的实践中成长为新型的社会主义现代化的农民。

（原刊于《甘肃社会科学》，1991 年第 6 期）

市场经济与行政管理运行机制

党的十四大提出，我国经济体制改革的目标是建立社会主义市场经济体制。行政管理体制是经济体制与政治体制的组合部，既是政治体制的重要组成部分，又受经济体制的制约，反映经济体制的要求。我国经济体制既然是社会主义市场经济，因而，我们的行政管理运行机制就必然反映并适应市场经济的要求。这是在改革并完善我国行政管理运行机制方面需探讨的一个重要问题。

那么，与市场经济相适应，我国行政管理运行应该形成哪些机制呢?

以下几种机制可以说是市场经济所要求的基本的和主要的行政管理运行机制。

一 效率机制

效率观念是随着市场经济的发展而发展起来的。作为商品生产者，其活动的舞台是市场，而市场供求关系又处于动态的变化之中。商品生产者必须善于及时捕捉市场信息，把握市场走向，及时调整生产经营活动。市场经济社会奉行的“时间就是金钱，效率就是生命”的信条，是有其深刻的社会经济根源的。

随着市场经济的发展，社会管理经济的机构也随之发展，它们影响着商品生产者生产经营活动的过程。因而，市场经济的运行，不但要求商品生产者、经营者讲求效率，十分重视时效性，也同样要求政府和社会的经济管理部门以及一切与经济活动、经济关系有关的行政部门都要讲求效率,十分重视时效性。我国既然是市场经济社会,不但我们的企业要讲效率,一切经济管理部门和一切行政机关都要讲效率。“时间就是金钱,效率就是生命”,同样应成为我国社会主义市场经济社会的信条。所以说,市场经济决定了我国行政管理系统的运行必然要具有效率机制。

如何建立并完善我国行政管理系统的效率机制呢?

第一,应具有机构效率机制。也就是说,我们的行政管理系统组织机构就应贯穿和体现效率机制,实行精干高效的原则。机构之间合理分工,机构本身职责分明,不叠床架屋,不因人设施,人员编制精干,岗位设置有科学依据,有岗位责任,使机构体系具有高效的功能。

第二,应具有决策效率机制。各级行政机关要依据决策科学化、民主化的要求,努力使自己的决策是最佳的决策,尽量避免决策中的失误。宏观决策的失误往往会造成物质财富的巨大损失、群众生产和生活的困难,就是微观决策的失误,也会带来一个地区、一个部门、一部分群众的直接的损失。

第三,应具有程序效率机制。当前在行政机关效率方面,程序不科学、不合理是一个相当突出的问题。一件事往往由于环节过多,手续繁复,职责不清,久久不能及时妥善得到处理。公文旅行,推诿扯皮成了行政管理中的公害,与市场经济的运行极不适应。行政程序规定得合理、科学,会极大地提高整个行政管理的效率。针对现存行政管理程序的状况,既需要研究制定统一的高效科学的行政程序,又需要各地区、各系统、各部门从自己的实际出发,分别制定各自的高效科学程序,严格杜绝时间和人力的浪费。行政管理程序的制定必须符合市场经济运行的要求,同时应符合行政管理的客观规律,符合高效的原则。

第四,应具有素质效率机制。行政机关的行为是由行政人员个体形成的集体协作完成的，行政人员个体的素质水平以及由个体所形成的整体素质水平，对行政工作的质量、效率有着直接的重大的作用。很难设想一支政治、业务素质不高的行政人员队伍能高效地完成行政任务。行政人员的素质主要包括思想政治素质、行政管理能力素质和专门管理业务素质。行政人员在这些方面具有较高的素质,才能高效优质地完成各项行政管理任务。

二　法律规范约束机制与信用约束机制

市场经济社会是法律规范约束机制强化的社会。高度社会化的、纵横交错的、浩繁庞大的市场经济关系网络,如果没有法律规范其活动,没有法律规范的约束,整个市场经济大系统就会处于无序和混乱之中,经济秩序、市场秩序就无法维系。所以,强化法律规范约束机制是市场经济的必然要求。

社会主义市场经济更加要求强化法律规范约束机制。具有完备的法制,是社会主义社会的特征之一。社会主义的法制才真正体现了在法律面前人人平等的原则,是人人必须遵守的,没有任何人可以凌驾于法之上。与社会主义的法制要求相适应,与市场经济强化法律约束机制的要求相适应，我国各级党政机关和一切经济工作部门必须强化自己的法律规范约束机制,其行为必须符合法律规范。由于几千年封建社会的影响，我国行政机关及其工作人员的法治观念和法律规范约束意识相当薄弱,“政府要守法”这一新观念与传统的封建制观念是大相径庭的。因而,强化法治观念和法律规范约束机制就显得更加迫切。

在市场经济社会中,信用成为经济关系中一种普遍的约束手段。人们的经济关系往往采取契约关系的形式。我国在过去一段时间,由于排斥市场经济,市场机制受到极大限制,作为市场机制之一的信用机制也未发展起来,社会缺乏系统化的信用管理体系,人们的信用意识淡薄,信用约束不强。近几年随着市场经济的发展,人们在经济交往中的信用关系逐渐强化,契约信用形式逐步扩展,信用机制不论在宏观经济运行和微观经济运行中都发挥着越来越重要的作用。

与市场经济的运行相适应,与经济关系中的信用约束机制相适应,我国行政管理系统也应具有信用约束机制。在行政管理活动中,有些本身就是经济管理活动,或者与经济有关的管理活动,可以而且应该运用信用手段,为签订合同等。有些虽然不属于经济管理活动,仍然可以而且需要形成信用约束机制,如对各级政府领导人可以实行目标责任管理制,由政府领导人签订目标责任书,在期满时由上级政府检查验收,实现目标任务者给予奖励,未实现目标任务者给予惩罚。还可以实行专业性的或者单项的目标责任制,如社会治安综合治理,按照"谁主管谁负责"的原则,由主管部门或主管领导人签订综合治理责任书,规定综合治理应达到的目标,实现目标应采取的措施,以及奖惩的办法。在经济管理、科技管理等管理活动中,也可采取签订承包合同的方式,如农业科技方面的承包合同。由于我国未经历社会契约信用关系普遍发展的历史阶段,在行政行为中信用约束更为薄弱。因而,应大力加强行政管理中的信用约束机制,在行政机关和行政人员中普遍建立目标责任管理制、工作岗位责任制以及专业性的合同制等,是为了执行法律或有关政令所作的有关决策及其执行的管理活动受到信用形式的约束而得以贯彻。

我国行政管理应具有信用约束机制,不但是市场经济的要求,同时也是我国社会主义行政管理的性质所要求的。我国各级政府都是由人民选举产生的,它们得到人民的信任,肩负人民的重托,人民政府更应取信于民。各级行政机关和行政人员应该不辜负人民的信任,为人民办实事,不讲空话、假话,坚持实事求是,说到做到,老老实实为人民服务。

我国行政管理系统的运行除了法律规范约束机制和信用约束机制之外,还应具有监督约束机制。监督约束机制首先来自各级权力机关的监督,各级人民代表大会及其常委会监督同级政府的工作,是宪法和法律赋予的权力。行政机关的监督约束机制还来自党的监督,党对行政机关的监督,主要是通过行政机关的党组、基层党组织和党的纪检组织,监督行政部门及其党员领导干部和共产党员。行政机关的监督约束机制还包括行政监察、审计监督以及人民群众的社会监督。

信用约束、法律约束与监督约束三者互相结合,形成我国行政管理系统的整体约束机制。这三种约束互补互济,法律约束需要监督约束来督促行政机关自觉地主动地以法律规范自己的行政行为,信用约束又需法律约束作为后继手段,保障信用约束,强化信用约束的力量,使信用约束具有刚性。

三 物质利益驱动机制与竞争机制

在我国社会中,一方面由于实行以按劳分配为主的分配制度,不同量的劳动应该得到不同量的物质报酬;一方面又由于我国经济体制是社会主义市场经济体制,在市场经济中人们关心其经济效益和物质利益是客观存在的社会现象。作为商品生产者,时刻关心着其产品的价值能否在市场上实现,他不但要生产出适销对路的产品,而且使自己生产某种产品的个别劳动时间低于生产同类产品的社会必要劳动时间,这样,他的产品才能在市场上具有竞争能力,并能取得较高的效益。由于以上这两个重要的社会历史条件,在我国社会主义历史阶段,物质利益原则发生着重要的作用,物质利益驱动机制是社会经济发展的动力机制之一。

我国各级行政部门和行政人员的根本宗旨是为人民服务，为广大人民群众谋利益。在这个前提下,各个行政部门和行政人员又有其自身的物质利益,如各行政部门职工的社会保障、生活福利等等。在局部利益服从全局利益的前提下，行政管理系统应该运用有关物质利益的手段，激励各级行政部门和广大行政人员努力出色地完成各项工作任务。在实行物质鼓励时,一定要做到奖优罚劣,有赏有罚,不能搞平均主义,真正发挥物质鼓励的动力机制作用;要求各行政部门制定并完善各自的考核制度、奖罚制度,并严格执行;还要求将物质利益动力机制与思想政治动力机制结合起来。

在市场经济体制下，商品生产者生产经营活动的经济效益又是通过市场竞争实现的。一个商品生产者的生产经营活动要取得较高的经济效益,必须通过提高劳动生产率,降低物化劳动消耗和活劳动消耗,利用先进的科学技术,开发适应市场需求的新产品,提高产品质量,提供优质服务,以便在市场竞争中处于优势地位。这种竞争机制有利于推动社会劳动生产率的提高,有利于社会生产力的发展。与市场经济的竞争机制相适应,在我国行政管理运行机制体系中,也应建立并强化竞争机制,如人才的招聘、干部的选拔、专业技术职务的评聘等,都应实行公开与公平竞争的原则,促使人才脱颖而出。

市场经济的竞争，从根本上说是科学技术的竞争，是人才的竞争。在行政管理运行机制中建立竞争机制,会大大推动我国科学技术的发展，推动教育这一培养人才事业的发展，在全社会形成尊重知识、尊重人才的风尚。

（原刊于《甘肃社会科学》,1992 年第 6 期）

建立和强化新的行政管理体制的运行机制

进行机构改革,不仅仅是精简机构和人员编制,更深层次的目标是建立办事高效、运转协调、行为规范、逐步适应社会主义市场经济体制的、具有中国特色的行政管理体制。这种新的行政管理体制又要求与之相适应的运行机制,研究我国的行政管理体制的运行机制,应考虑到以下几个方面的因素:第一,我国的国体是人民民主专政的社会主义国家,我国的政体是人民代表大会的根本政治制度。第二,我国实行社会主义市场经济体制。第三,我国的行政管理体制应是办事高效、运转协调、行为规范的体制。综合这三方面的要求,改革后的我国新的行政管理应具备以下运行机制。

一 强化效率机制

我国的行政管理体制需强化效率机制, 一方面是由为人民服务的社会主义政治制度的本质要求所决定的,同时,又是为社会主义市场经济体制所要求的。当前,需要着重从市场经济要求的角度去认识强化行政管理效率机制的必要性。

效率观念是随着商品经济和市场经济的发展而发展起来的。作为市场中的商品生产者,不但其生产的产品对人们要有用,而且其生产该种商品的个别劳动时间要低于同类产品的社会必要劳动时间。这样,其产品在市场上才具有竞争力,才能实现其商品的使用价值与价值,才能获得较高的经济效益。所以,商品生产者都非常重视其生产经营活动的效益。随着市场经济的发展,政府和社会逐步建立和发展起了一系列调控和管理经济活动的机构, 这些机构直接或者间接影响商品生产的生产经营活动过程,因而必然会影响其经济效益。市场经济的运行,不但要求商品生产者、经营者必须讲求效率,也同样要求政府和社会的经济调控和管理部门以及一切与经济活动、经济关系有关的行政部门都要讲求效率。市场经济社会奉行的"时间就是金钱,效率就是生命"的信条,是有其深刻的社会经济根源的。我国当前为了吸引外资,改善投资环境,其中很重要的一条就是提高行政办事机构的工作效率。

我国新的行政管理体制需强化的效率机制包括以下几种具体的效率机制:

(一)社会效益与成本效率相结合的效率机制

我国的行政管理体制是社会主义的行政管理体制,因而,我们的行政管理中的效率和效益,首先要求对人民要具有有益性,对社会要具有有益性,要讲求为人民服务的质量和时效性。我们的行政管理系统面对着广大的城乡人民群众, 人民群众在经济活动和社会生活中大量问题的解决, 往往带有很强的时间性, 要求及时得到妥善处理和优质服务,不容拖延。我国行政管理体制的根本宗旨是为人民服务,必然要求这种体制注意提高为人民服务的质量和时效,首先要求这种社会效益。

行政行为又是要投入一定的人力、物力和财力的,是需要投入一定的成本的。这就必然存在一个投入与产出之间的比率问题,也就是对行政的投入与行政行为效果之间的比率问题。我国政府部门重投入不重产出的现象相当普遍,不少部门争编制,争预算,争拨款,而高编制、高预算往往带来的是机构林立,冗员增多,经费浪费,最终是产出率低,效率低下。因此,强化成本效益观念与机制显得十分迫切和必要。我们的行政管理体制的运行应该用最少的物化劳动和活劳动，尽可能少的投入，尽可能低的行政成本，取得最佳的效果。

把上述两个方面结合起来，我们的行政管理体制应形成并强化社会效益与成本效益相结合的效率机制。

（二）机构效率机制

我国行政管理的组织机构就应具有效率机制，机构设置不叠床架屋，不重复交叉；机构之间各自职能的界定科学明确，权责分明，避免相互之间扯皮、推诿、争权等现象；人员编制合理精干，每个岗位都有各自的科学的设置依据，有其岗位职责，人人各司其职，各负其责。这样，行政管理体制就具有一种机构效率机制。

（三）决策效率机制

行政机关要依据决策民主化、科学化的要求，做到作出的决策应是最佳的决策，避免决策上的失误。决策上的失误，往往会造成物质财富的重大损失，带来人民群众生产和生活的严重困难，而正确决策带来的效益往往是最大的效益。强化决策效率机制是一个不容忽视的方向。

（四）程序效率机制

当前在行政效率方面，行政程序不科学、不合理，是一个突出的问题。一件事往往由于环节过多，手续繁复，职责不清，久久不能得到及时妥善处理。公文旅行、推诿扯皮成了行政管理运行中的公害。行政程序合理、科学，会极大地提高整个行政管理体制的效率。针对现存行政管理程序的状况，强化程序效率机制，政府和各部门需制定科学的行政程序，严格杜绝时间和精力的浪费，使行政管理程序符合高效的原则。

（五）素质效率机制

行政机关的行政行为是由行政人员个体形成的集体协作完成

的。行政人员个体的素质水平以及由个体形成的集体素质水平，对行政工作的质量、效率有着直接的重要的影响。很难设想一支政治、业务素质不高的行政人员队伍能高效地完成行政任务。

行政人员的素质主要包括政治思想素质、行政管理知识能力素质和专业管理业务素质。在政治思想素质方面，要求行政人员全心全意为人民服务，提倡奉献精神，树立艰苦奋斗作风，坚持实事求是原则和群众路线，勤政廉政，遵纪守法。在行政管理能力方面，要求行政人员具有行政管理的科学知识，懂得并把握行政管理的特点和规律，具备较高的行政管理能力。在专业管理业务素质方面，要求行政人员具有所从事的专业管理的专门知识和技能，精通所管理的业务，能胜任其专业管理工作。行政人员有了这些方面的较高的素质，就具有明确的方向、高度的责任感，能够做出高效工作和优质服务，出色地完成各项行政工作。

二　强化规范约束机制

我国行政管理体制的运行应该按照我国政治体制、经济体制、精神文明所要求的规范运行，强化以下几种规范约束机制：

(一)法治规范约束机制

行政机关本身就是执法机关，必须依法行政，其行政行为必须符合法律规范。法律这一国家强制力实行的社会行为规范，同样规范和约束各级政府和一切行政部门以及全体行政人员的行政行为。由于几千年的封建社会的影响，行政部门和行政人员的法治观念相当薄弱，“政府要守法”“民可告官” 这些观念与几千年的封建社会的吏治观念大相径庭。因而，应该强化行政管理体制的法制规范约束机制，既要强化这方面的“硬件”建设，又要强化这方面的“软件”建设。“硬件”建设主要是指制定并完善规范行政行为的法律、法规，使行政行为有法可依。同时要加大对已颁布实施的有关法律、法规的执法力度，做到对行政机关执法必严、违法必究。如当前在《行政诉讼法》的执行中，就存在着执法不严、违法不究的问题，民要告官仍存在着重重阻力和困难。“软件”建设主要是指强化行政机关和行政人员的社会主义法治观念，强化依法行政意识，明确社会主义国家的法律是人民意志的集中表现，对于任何党政机关、团体和个人，都具有同等的规范约束力，而且行政机关更应模范地依法行政，起表率作用。

（二）监督规范约束机制

行政管理体制的监督规范约束机制，首先来自各级权力机关的监督。各级人民代表大会及其常务委员会，受人民的委托，代表人民群众行使宪法和法律赋予的权力，监督各级一府两院，听取和审查一府两院的工作报告，对一府两院的工作提出质询，组织人大代表视察工作。加强各级权力机关对各级政府和执法部门的监督规范约束机制，会有力推动行政机关和执法部门在法制的轨道上有序地规范地运行，促进政治、经济、社会生活的民主化和法治化，防止行政机关和执法部门出现不符合法律规范的行为以及侵犯、妨害人民群众利益的行为。

监督规范约束机制还包括行政监察和审计监督。行政监察是指对各级行政机关及其工作人员执行法律、法规、政策和决定、指令的情况及违法违纪行为进行监察，严肃政纪，搞好政风，规范行政机关的行政行为。对各级政府及行政执法部门的审计监督是整个审计监督的重要组成部分，这方面的审计监督主要包括对各级政府的财政审计，对财政预算执行的审计，对国家各种专项资金的审计，对各级政府的固定资金投资的审计，对行政机关财务收支的审计，对财税部门理财行为的监督，以及对领导干部离任的审计等，以维护国家财经纪律，改进财政预算的宏观调控和管理，提高各类资金的使用效率，规范政府和行政执法机关的财经行为,防止侵占挪用、乱收费、乱摊派、乱罚款以及为小团体和个人谋私利等现象的发生。我国审计制度和机构是在改革开放中新建的,时间不长,需进一步强化和完善。

我国行政管理体制的监督规范约束机制的基础，还是要归结于广大人民群众的民主监督规范约束机制。权力机关的监督、行政监察监督、审计监督从根本上来说,也是代表人民监督,但毕竟是人民通过中介进行的间接监督。这里讲的人民群众的民主监督,则指人民群众直接行使民主监督权的直接监督。这种直接民主监督,一是群众的社会舆论监督,人民群众通过大众传播媒介(报刊、广播、电视等),对政府及其各部门的工作提出意见和建议,对工作中的失误提出批评,对违法违纪行为进行曝光。二是人民来信来访,向各级政府的信访部门，对政府及其部门和工作人员以来信或直接来访的形式，提出意见、检举、申诉等。各级领导干部也可建立接待日制度,直接接待群众,听取群众的意见。三是群众举报,群众利用各级政府和部门设立的举报站、举报箱、举报电话,对行政机关、执法机关及其工作人员违法违纪问题,进行揭发、检举。人民群众的直接的民主监督形成了对我国管理体制的最广泛的监督规范约束机制，督促行政管理遵照法律规范,依照国家的方针、政策,按照行政纪律,尊重人民群众的意愿,有序而规范地运行。

(三)信用规范约束机制

在市场经济体制下，信用不但成为经济关系中的一种普遍的规范约束机制,而且也拓展到行政行为规范运行之中。我国在过去一段时间,由于排斥商品经济,市场机制受到限制,信用机制也未发展起来,社会缺乏系统化的信用管理体系,人们的信用意识淡薄,契约、合同等信用形式未被很好运用,信用的规范约束不强。随着向市场经济体制转轨,人们在经济交往中的信用意识逐渐强化,契约、合同等信用形式逐步发展了起来,经济运行中的信用规范约束机制正在形成,并产生越来越广泛和重要的作用。与经济运行中的这种机制相适应,行政管理体制中也开始采用信用规范约束手段,如对政府和各部门的领导人实行目标责任管理,签订目标责任书,在到期时由上级检查验收,实现目标任务者给予奖励,未实现目标任务者给予惩罚。在专业管理如科技管理中,也可采取合同信用形式,如农业科技承包合同等。由于我国未经历社会经济信用关系普遍发展的历史阶段,在行政管理行为中,信用规范约束极为薄弱,需强化行政管理的信用规范约束机制。

三　强化廉政机制

本来行政管理规范约束机制中应包括廉政机制，但考虑到反腐倡廉是当前国家政治生活中的一件大事，是人民群众最为关切的社会热点,关系到党群关系、政群关系、干群关系,关系到民心向背,故而专题进行研究。

一个廉洁的政府,是社会主义制度所要求的,是我国政府为人民服务的根本宗旨所决定的,本来是顺理成章之事,是我国行政管理体制必然具备的根本特征和运行机制。而今天特别强调需强化廉洁机制，是由于我国历史传统背景与当前实行市场经济体制的特殊的历史条件这些因素的作用。我国长期处于封建社会,封建社会统治阶级的腐败作风,对社会影响甚深。加之,商品经济发展到一定阶段,便会产生货币拜物教,货币在人们心目中似乎成了无所不能的崇拜偶像,拜金主义思想逐渐滋生起来,我国近年来向市场经济转轨,货币拜物教、拜金主义思想的滋生,腐败之风的侵袭,是不争的事实。因而,今天强调强化行政管理体制的廉政机制,就具有极强的现实意义。

强化我国行政管理体制的廉政机制。需从以下两个方面入手。

（一）强化他律廉政机制

所谓“他律”廉政机制，是指在行政行为主体外部以强制性的方式或者以其他社会主体施加的方式，促使行政行为主体按廉政规范运作。他律廉政机制中也同样包含了前述规范约束机制中的法律机制、监督机制等，不再赘述。这里，从另外一个角度，即他律廉政机制中的治标机制与治本机制两个方面探讨强化他律廉政机制的措施。

反腐倡廉应该标本兼治，综合治理。治标主要是运用法制和政纪手段，严厉责处腐败，惩治腐败，遏制腐败；治本，主要是在体制、机制、政策、制度、教育方面加以完善，从源头上堵塞腐败发生的漏洞，减少和消除腐败滋生的条件，预防腐败的发生。当前在治标廉政机制方面，主要需解决有法不依、执法不严、违法不究的问题。而解决这一问题的关键，又在于首先解决好执法部门存在的不秉公执法、徇私枉法、以执法权谋私等腐败问题，首先要搞好执法部门的自身廉政建设。这样才能真正运用法治手段，严肃惩处各种腐败分子。

廉政的治标机制固属重要，可以对腐败分子发挥法制的威慑作用。但是，强化他律廉政机制中的治本机制，则尤为重要。为什么有些腐败现象惩而复生，反复性很大，就是治本机制还不完善。需要从制度建设等方面强化治本的他律机制，从源头上解决腐败问题。如中央制定实施的《中国共产党党员领导干部廉洁从政若干准则》《关于领导干部报告个人重大事项的规定》《关于党政机关县（处）级以上领导干部收入申报的规定》等制度，都着眼于从源头上堵塞领导干部以权谋私、权钱交易等腐败现象产生的漏洞，从治本方面强化对领导干部廉政的他律机制，防患于未然。又如中央最近决定，政法机关部门一律不得再从事经商活动，这些部门及其所属单位办的各种经营性公司，要认真进行清理，这些公司与政法机关要尽快脱钩。这是保证政法机关廉洁奉公、公正执法的一项重大的体制改革和制度建设。政法机关肩负着维护宪法和法律尊严、维护社会秩序、保障公民合法权益的重大职责。而政法机关经营办企业,是政法机关发生种种腐败现象的一个根源,会在经商谋利与公平执法之间发生矛盾。如有的利用政法部门的权力,违反公平交易、正当竞争的原则,搞垄断性经营,与民争利;有的违反国家经济法规,走私贩私,牟取非法暴利等,不但干扰了正常的经济秩序,而且造成了恶劣的政治影响,严重损伤了政法部门的形象。又如决定在公检法和工商行政管理部门实行“行政性收费和罚没收入收支两条线”,也是从体制和制度方面防止执法机关腐败现象滋生、强化廉政的他律治本机制的重要举措。应该看出,我们在反腐倡廉的治本方面,在强化廉政他律治本机制方面,还需要进一步健全和完善。

(二)强化自律廉政机制

所谓“自律”廉政机制,是指行政行为主体自觉、主动、积极地按廉政要求规范自己的行为。

在自律廉政机制方面,最重要的是培育行政机关和公务员的职业伦理道德,形成有中国特色的现代行政管理伦理道德,而且首先应形成和培育廉政伦理道德。

构建有中国特色的现代廉政伦理道德规范,第一条应以我国社会主义制度的本质要求与马克思主义为指导,必须把为人民服务、保护人民的合法权益、为人民谋利益,作为廉政伦理道德的核心。这样,才能摆正政府、公务员与人民群众的关系,才能摆正小团体利益、个人利益与人民群众利益的关系。只有摆正了这种关系,才会具有人民公仆的意识,才能不滥用人民赋予的为人民服务、为社会服务的权力,才能不会在个人合法收入之外去侵吞国家和人民的资财。这是一种建立在社会主义的人生观、价值观、政治观基础之上的廉政伦理道德,是一种高境界的廉政伦理道德。这是我们区别于其他社会制度下廉政伦理道德的最重要的准则。

构建有中国特色的现代行政管理的廉政伦理道德，第二条是要树立正确的义利观。谈义利观，首先得弄清“义”这一道德内涵。“义”是中国传统道德体系中的一个重要范畴，虽然诸子百家以及各个朝代对“义”有不同的解说，但一般而言，“义”的内涵可概括为公正无私、行为端正、扬善耻恶、处事合乎理。义与利的关系是中国伦理道德史上长期讨论的话题，我们在这里不去赘述。总的来说，占主导地位的义利观是：先义而后利，将“义”作为取舍利的标准，如“义然后取”(《论语》)；“先义而后利者荣，先利而后义者辱”(《荀子》)。如果个人私利违背了“义”的规范，则提倡舍利取义，以至“舍生而取义”(《孟子》)。我们今天要的新的义利观在继承传统义利观的精华的基础上，应具备新的时代内涵。今天我们讲“义”，除了吸取传统“义”的内涵的积极意义之外，应该将“义”提到社会主义道德的高度去认识，这就是毛泽东同志提出的我们做人的标准是——“一个有益于人民的人”，要把是否有益于人民作为我们做人处事的最高标准，有益于人民的事就干，不利于人民的事就不干。古代也把“义”作为处事的标准，所谓“义者，宜也”(《礼记》)，也就是说，义就是应当的、合理的。但那时候不可能把是否有益于人民作为衡量适宜不适宜、合理不合理的最高标准。当然，马克思主义的义利观，并不排斥个人应该获得的合理的利益，不能把义与利对立起来，应该是义利统一观。但这种统一关系，是建立在个人利益、小团体利益必须服从人民的利益、国家的利益的基础之上，应该在维护人民的权益、为人民谋福利之中去实现个人的合理的利益。

构建有中国特色的廉政伦理道德，第三条是树立正确的权力观。今天之所以要强调树立正确的权力观，是由于在现实生活中，滥用权力、以权谋私、权钱交易等腐败现象也能见到。有无正确的权力观，已成为关系到能否坚持廉政的关键。不论是我国的各级权力机关、行政机关、执法机关,其权力都是人民赋予的,是执行人民的意志,而且行使职能与权力的目的是维护人民的权益,为人民服务,为人民谋福利。将人民赋予的权力,作为损害人民利益、谋取私利的工具,以权谋私,搞权钱交易,人民应该而且必然要从这些人手中剥夺其权力,让权力的运行回归到正确的轨道上来,而以权谋私、滥用权力者,也必然要受到反映人民意志的法律的制裁。

构建有中国特色的现代廉政伦理道德,最后还有一条,就是应批判地继承我国传统的廉政美德。在这方面有着值得借鉴、吸取和发扬的丰富的遗产。我国传统廉政伦理道德有如下一些主要的内涵:第一,对"廉"的界定。认为廉是轻淡资财、重视道义的大节问题,如"所谓廉者,必生死之命也,轻恬资财也"(《韩非子》);"故临大利而不易其义,可谓廉矣"(《吕氏春秋》)。还认为廉是从政的根本,是考察官吏的最高标准,如晏子认为"廉者,政之本也"。又如《周礼·天官》判断官吏的六条标准是:廉善(即清廉而政绩优异)、廉能(即廉洁而有才能)、廉敬(即清廉而敬业)、廉正(即廉洁正直)、廉法(即清廉守法)和廉辨(即廉正而明辨是非),六条标准都冠之以"廉",也就是说,廉是判断官吏的六条标准的核心、灵魂。有的著述中还对廉提出了具体的规范要求,如"尚廉,谓甘心淡薄,绝意纷华,不纳苞苴,不受贿赂,门无请谒,身远嫌疑,饮食宴会,稍以非义,皆谢却之"(徐元瑞:《史学指南》)。第二,将廉政提到关系国家安危、政令能否贯彻执行的高度去认识。如管子认为廉政是立国的"四维"之一,四维绝则国覆灭。孔子说过:"其身正,不令而行;其身不正,虽令不行。"这些关于廉政伦理道德的论述,对于今天我们构建有中国特色的现代廉政伦理道德规范都有借鉴、继承的价值。

四 强化协调机制

我国新的行政管理体制应该是运转协调的体制，防止和消除政令不畅、各自为政、扯皮推诿等妨碍协调运转的现象。为此,需要从以下几个方面强化协调机制。

(一)强化纵向协调机制

纵向协调机制,是指上下级之间、上下级对口部门之间的协调机制。要强化纵向协调机制,从我国的实际出发,首要的是按照权责一致的原则,将集权与适度分权结合起来,一方面又必须贯彻下级服从上级、全国服从中央的原则,保证政令统一、通畅地执行,保证国家规划、计划、政策以及各项宏观决策的实现;一方面又要充分调动和发挥各个地区、下级部门的积极性和创造性,改革计划经济体制下那种高度集中统一、过分集权的状况,使各地区、各下级部门在自己职责范围之内,从本地区、本部门的实际出发,制定相应的计划、政策,采取相应的措施,解决、处理本地区、本部门所管理的事宜。这就需要根据各级地方政府、各下级部门的职责,下放相应的权力,改变职责与权力不符、有职无权、有责无权的状况,以减少和消除事无巨细都向上级请示、依赖上级、上交矛盾等现象,使各级政府和各个部门的工作都具有活力和创造性,使得中央和各级地方政府之间、各对口的上下级部门之间处于协调运转的状态。

(二)强化横向协调机制

横向协调机制,是指同级政府之间、同级政府各部门之间的协调机制。强化横向协调机制,首要的则是科学合理地界定各级政府、各部门的职能与相应的权限,做到职能界限分明,权责分工明确,相同或相近的职能交由同一个部门承担,克服职权不清、政出多门、多头管理、互相推诿扯皮或互争权力等弊端,以免导致横向关系之间经常出现摩擦、不能协调运转的现象发生。

（三）强化以现代化信息手段，及时调节上下左右各行政行为主体之间的协同运作机制

行政管理是一个社会系统，在这个系统之中，系统整体与系统各要素之间、系统内部各个要素之间，都存在着相互联系、相互作用、相互制约的关系。行政管理系统的整体功能，依存于整体中各个要素合乎规律的相互结合、相互作用的关系之中。这就要求从系统整体功能的角度经常观察系统与各要素之间以及各个要素相互之间的运行状况与关系，在动态中协调整体与部分、部分与部分的运作与关系。

要在动态中及时调节行政管理系统整体与部分、部分与部分之间的关系，化解各种影响协调运转的因素，需要充分运用现代化的信息手段。特别在今天知识经济社会条件下，办公信息化、办公家庭化正在成为现实，就是一个部门之内的行政活动，也离不开信息网络。各级政府、各个部门从决策到执行以至执行结果的反馈，都得靠信息的收集、储存、处理、传输和应用。特别在各级政府和各个部门行使行政职能过程中，上下左右之间更需经常交流信息，及时协调处理在相互关系中出现的问题，及时消化解决妨碍各行政行为主体之间协调运转的因素，调节各行政行为主体之间的关系和各自的行政行为，使整个行政管理系统经常处于协调运转的最佳状态。

（原刊于《社科纵横》，1999 年第 4 期）

农村经济与工业经济研究

农村经济联合体性质和意义初探

随着大包干到户在甘肃省武都地区的普遍实行，一批经济联合体正在一些农村地区破土而出。

建立在专业分工和市场机制之上的经济联合体，从它们问世之日起，就突破了人民公社三级所有队为基础的“大而全”的经济体制，在第一产业、第二产业以及第三产业的广阔领域内展开着。联营体现阶段主要有属于养殖业和种植业的畜牧场、养蜂场、孵鸡场、育苗场、果园、木耳生产、生漆生产；属于工、副业的砖瓦厂、陶瓷厂、粮油加工厂、药品加工厂、石灰厂、铸铧厂、造纸厂、粉坊、酿酒坊、基建队；属于商业、服务业的商店、贸易货栈、饭馆、旅店等等。

这些经济联合体的产生，为当地农村地区治穷致富展现了光明的前景。1980 年，全地区经济联合体总产值 44 万元，实现纯利润 29.4 万元，从业劳动者人均所得为 1040 元，大大高于当地农村每个劳动力的平均收入。

从目前看，经济联合体的数量还不多，全地区仅 802 个，产值也不高，但它在人们的赞扬与非难中，顽强地为自己的生存和发展开辟着道路。

农村经济联合体产生的客观必然性

为什么在已经实现了农业集体化的农村又出现了新的经济联合体呢？

(一)开展多种经营、发展专业化生产的需要

我国农业生产长时期来缺乏大农业、大粮食的观点,生产结构畸形发展,只注意有限的耕地和几种粮食作物。党的十一届三中全会以来,调整农业生产结构,农、林、牧、副、渔、工、商等多种经营在逐步发展。随着多种经营的开展,要求按照各业的生产经营特点实行专业化分工,以便有利于发挥社员的专长,提高各业的技术水平,扩大生产。适应这种需要,基本上产生了两种形式:一种是由原生产队实行专业承包、联产计酬的责任制,将生产队的各项生产按照社员专长,包给专业组、专业户;一种是由社员与社员、社员与集体组成各种专业化的新的经济联合体。

武都地区地处陇南土石山区,山高坡陡,气候温和,降水较多,植被较好,素有甘肃"小江南"之称。这里大部分县、社耕地较少,但山多、林多、自然资源多,发展多种经营的条件在甘肃来说可谓得天独厚。过去片面强调"以粮为纲",经济作物和多种经营都不能发展,多数县、社既缺口粮,又少经济收入,致使不少社员守着宝山讨要,成了"三靠"地区。党的三中全会之后,随着各项农村经济政策的落实,发展多种经济作物,开展多种经营,已成为当地群众治穷求富的一条重要途径。有些社员在原先家庭副业的基础上,互相联合,进行某项专业生产;有些生产队为了开辟或者进一步发展某项专业生产,与社员、与国营经济单位组成了联合体。

(二)社会主义商品生产和商品交换的需要

我国农业中商品经济很不发达,自给性的生产还占相当大的比重,农产品中的商品率相当低。发展社会主义的有计划的商品经济,是生产发展的必然趋势。近两年来,武都地区农村中的商品生产和商品交换有了一定的发展。商品经济的发展,要求根据市场的需要,及时扩大某种产品的生产,这就促使一些有资金、有剩余劳力的社员或

者互相进行联合,或者与集体进行联合。武都地区的各种种植业、养殖业、工副业生产联合体就是适应这种需要产生的。商品经济的发展,还要求加强生产与销售之间的联系,疏通流通渠道,使生产出来的商品能够顺畅地在市场上销售出去,这就促使农业生产单位与商业单位组成联合体。武都地区一些农工商、林工商以及商业性的联合体,就是适应这种需要产生的。

(三)包干到户后走向新的联合的需要

武都地区实行包干到户后,许多社、队群众的温饱问题基本得到解决,有些农民手里有了钱。1980 年全地区有 80%的农户粮食能够自给,还出现了一批有余钱剩粮的富裕户。许多社员家庭有了剩余劳力,普遍有了可以自由支配的剩余劳动时间。群众已不满足于仅仅吃饱肚子,要求向生产的深度和广度进军,家庭工副业发展了起来。但是,包干到户这种一家一户"又搞副业又种田"的"小而全"的形式,逐渐显露出不适应专业化多种经营的发展,不能充分发挥社员所拥有的资金、技术、劳力的潜力和作用,有资金的缺乏专业技术,有劳力的又缺少资金,群众要求有一种新的农业集体经济的形式,要求走向新的联合,于是,各种形式的经济联合体便在群众向生产的深度和广度进军的实践中被创造了出来。

农村经济联合体的形式、性质与特点

(一)农村经济联合体的形式是多模式的

从参加经济联合体的组成者来看,大体有以下几种形式:(1)联户经营。这是农户之间的自愿联合,少则二三户,多则十来户;参加自愿,退出自由;自筹资金,自负盈亏;有常年的,也有季节性的。如岷县张家坪大队社员联户开办的四十八个砖瓦窑,就是属于这一种。(2)集体与社员的联营。多数是生产队与个人之间的联营,参加联营的个人多数是本生产队的社员,也有国营单位的职工,还有外省有技术专长的人员。(3)国营、集体与社员的联营。如宕昌县农业系统农工商联合公司,就是由国营农业单位、集体单位与社员联合办的。(4)农业科技部门与社员联营。如宕昌县农科所、种子公司与生产队社员联合经营的种子田和丰产田。

从联合体经营的范围来看,其范围很广,既有属于第一产业的养殖业和种植业,也有属于第二产业的加工业和建筑业,还有属于第三产业的商业、服务业和交通运输业;既有属于生产领域的,也有属于流通领域的;有的联合体则既搞生产,又抓流通。

从生产资料的占有情况来看,大致可分为以下几种形式:(1)个人占有、协作劳动。如岷县张家坪联户经营的砖瓦窑,生产工具基本上归个人所有,实行分工协作劳动。(2)几个人联合占有,雇工劳动。如武都县东江公社王沟大队王生京等六户集资开办的十四门土轮窑机制砖瓦厂,生产资料归王生京等六户社员所有,正式投产后,须雇请工人七十余人,工人实行计件工资。(3)集体占有生产资料,分别使用。如成县纸坊公社草坝大队第五生产队三户社员集资置办的电动磨面机,生产资料归三户共有,但由三户轮流看管经营,每户五天,收支包干。(4)集体占有,共同使用。如成县以农村知识青年为主体开办的成县电子器件厂,生产资料归全厂职工集体所有,由大家共同使用。

从产品的分配来看,主要有以下几种形式:(1)参加联合体的各户均等投资,收入按各户参加劳动的主要劳动力平均分配。如岷县张家坪各个联营砖瓦窑,都是按各户参加的主要劳力平均分配。装窑、出窑大忙时,各户辅助劳力也参加,但不计工,不付报酬。(2)均等投资,投资不分红,按劳动记工分配。如康县碾坝公社青冈木大队青冈木生产队六户社员每户投资二百元,联合办的土黄连素加工厂,收入除提留积累等外，按劳动记工分配。(3)均等投资，按资分红。如武都县东江公社王沟大队王生京等六户合办的机制砖瓦厂，每户投资五百元、银行贷款四千一百多元，合计每户股金四千六百多元，投产后获得的盈利，按投资分配。(4)劳力、资金折股，按股分红。如武都县桔柑公社桔柑大队和三个四川人合资生产土黄连素，大队投资一千五百元，四川人投资五千元，双方各出三人进行加工，每工二元，也计入投股，纯收益按股分红。(5)实行收益比例分配。如宕昌县农工商联合公司下属各分公司采取统一经营、独立核算，收益按比例分配，10%上交县公司，作为公司活动经费；15%留分公司，用于扩大再生产；35%按投资股份分红；40%按劳支付工资。银行贷款参加分红，所得红利除交银行利息外，统统作为企业公共积累，这样可以控制个人按股分红部分，不致数目太大。

(二)经济联合体的性质是以社会主义集体所有制为主体的多种经济成分

从上述各种经济联合体生产资料占有形式和产品分配形式，可以看出武都地区经济联合体是以社会主义集体所有制为主体的多种经济成分，每种经济成分往往又是多模式的。这是由我国是一个社会主义国家，但现阶段生产力水平又是多层次的现状所决定的。具体可分为以下三种：

1. 经济联合体大多属于多模式的集体所有制经济，有的和初级农业合作社相似，主要实行按劳分配，但资金和生产资料也参加分红；有的生产资料属集体所有，在分配上处于由按劳、按股分配向完全按劳分配过渡的阶段；有的一开始，就实行生产资料集体占有，按劳分配。

2. 有的联合体基本上是个体经济性质的，生产资料归个人所有，只是在劳动过程中实行简单的分工协作。它们无论在生产方式上还是分配方式上,都与农业合作化以前和初期的变工互助差不多。

3. 有个别工副业经济联合体是属于资本主义性质的。国务院《关于城镇中非农业个体经济若干政策规定》中,明确规定一个不剥削他人劳动的个体生产者,可以请一至二个帮工,带三至五个徒弟。马克思在《资本论》中也讲过:“不是任何一个货币额或价值额都可以转化为资本。相反地,这种转化的前提是单个货币所有者或商品所有者手中有一定的最低限额的货币或交换价值。……为了使他的生活只比一个普通工人好一倍,并且把所生产的剩余价值的一半再转化为资本,他就必须把预付资本的最低限额和工人人数都增加为原来的8倍。诚然,他自己也可以和他的工人一样,直接参加生产过程,但这时他就不过成了介于资本家和工人之间的中间人物,成了‘小业主’。”(《马克思恩格斯全集》第二十三卷,第三百四十一至四十二页)由上述可知,个体经济、小业主和资本主义之间是有一个量的界限的,如我国规定请帮工和带徒弟不能超过一定人数,或者像马克思讲的小业主雇工的数量有一定界限,越过一定的数量界限,量变会引起质变,个体经济会变为资本主义经济,小业主会变为资本家。正如马克思所说的:“在这里,也像在自然科学上一样,证明了黑格尔在他的《逻辑学》中所发现的下列规律的正确性,即单纯的量的变化到一定点时就转化为质的区别。”(同上书,第三百四十二页至三百四十三页)以此衡量,武都县东江公社王沟大队机制砖厂,雇请工人多达七十人,工人实行计件工资,盈利由投资入股的六户分配,这样的企业,不管集资的六户参加劳动与否,均应视为资本主义性质的企业。

对属于资本主义性质的非农业经济联合体,要按照国家规定的城镇个体经济雇请帮工和带徒弟的规定,采取措施,引导他们走社会主义道路,如可将雇请的七十多名本队社员的劳动所得也算作股份入股,加上银行贷款本来由集体创造的收入中还本付息,以贷款购置的生产资料也应归集体所有，不应将银行的二万五千元贷款分给集资的六户，作为他们的投资。这样，生产资料就可为集体所有，并且主要实行按劳分配。

（三）农村经济联合体的主要特点是建立在自愿互利基础上的、注意经济效果和运用市场机制的经济组织

1. 大多数经济联合体是由群众根据生产和生活的需要，在自愿互利、等价交换的基础上建立起来的。它们继承并发展了我国农业合作化运动中曾经行之有效的自愿互利的原则。这些联合体形式多样灵活，内部管理民主，参加与退出自由，虽然在许多方面还不成熟不完善，但给人的突出感受是，参加联合体的成员大多很关心生产和经营，有比较坚实的群众基础。

2. 当前出现的经济联合体跟过去的农业合作社和现在的生产队有一个很大的不同之处，它们基本上没有自给性的生产部分，主要为市场的需要而生产。它们不仅注意生产，而且注意经营，注意销售，注意市场。它们从一建立，就面临着产品是否为市场所需要，是否具有竞争能力等问题。这些问题促使联营体注意成本核算，讲求经济效果。它们越来越深刻地感受到市场机制的重要作用，如成县城关公社知识青年联合办的电子器件厂，一开始原准备生产音箱，并进行了试制，成本一台一百多元。考虑到成本高，周转慢，就重新改变产品结构，上需要量大、投资少、成本低、周转快的晶体管收音机中频变压器。这个联合体的倡办人杜永生经常到南京、西安等地调查了解电子器件的市场情况，商洽加工订货，打开销路。为了加强产品竞争能力，他们准备进一步降低成本，降低出厂价格。

农村经济联合体的深远意义

武都地区出现的经济联合体，大多还处于萌芽状态，还很不完

善，但是，它们却孕育着我国社会主义农业发展的一条新的途径，包含着深远的意义。

（一）为农村集体经济创造着新的形式

新中国成立初期，我国农村完成了土地改革之后，在自然经济占优势的个体经济基础上逐步实现了合作化，组成了综合性的农业合作社，以后又变为人民公社。二十几年来，我国农业生产社会化程度有了一定提高，多种经营的专业化生产在最近几年有了发展，并要求进一步向社会化专业化大生产发展。在这种新的经济形势下，"大而全""小而全"的生产经营形式，在一些多种经营开展较好的地区已不能适应农业生产发展的需要，要求社会主义农业走一条专业化分工协作的新路子。武都地区出现的经济联合体就正在这条新路子上进行着试验，创造着社会主义农业的一种新的形式。它们按多种经营的各个专业项目组织生产经营，把国家、集体、个人不同方面拥有的资金、技术、劳力结合起来，突破了原来集体经济的形式。这样，在我国农村与原有生产队为核算单位的形式存在的同时，经济联合体这种建立在专业化生产基础上的新的集体经济形式将逐步发展起来。

（二）为农村管理体制的改革提出了新的课题

武都地区出现的经济联合体，有的打破了生产队的界限，有的打破了公社的界限，有的有外省人参加，有的有国营经济单位参加。这种状况必然对现有的政社合一、既管行政又管经济的人民公社管理体制提出了许多新的问题。比如，有的联合体已不是某一个公社、某一个生产队所有的企业，公社和社队企业管理部门有些对之就不以社队企业看待，不给予无偿拨款或者无息贷款。又如这些经济联合体要求有更广泛、更直接的经济的横向联系，打破地区或者部门的限制等等。如何对现有的农村管理体制进行改革，使这些经济联合体在当地政府的领导下，在国家计划的指导下，具有经营的独立性，成为有充分活力的经济单位，成为农村集体经济的有生命力的细胞，已是农村经济领域中的一个新课题。武都地区已开始在少数地方进行农村体制的改革试点。

积极引导，稳步前进

农村经济联合体的出现，对地、县、社党委和政府来说，是一种新事物，大家都还正在了解它、研究它、认识它。总的来看，武都地区的各级党组织和政府部门对之热情支持，积极引导，但还需注意解决好以下几个问题。

（一）以《决议》为指导，提高认识

六中全会通过的《关于建国以来党的若干历史问题的决议》明确指出："社会主义生产关系的发展并不存在一套固定的模式，我们的任务是要根据我国生产力发展的要求，在每一个阶段上创造出与之相适应和便于继续前进的生产关系的具体形式。"对农村出现的经济联合体，也应放在这个高度加以认识，以《决议》的精神为指导，解决目前一部分干部中存在的不同认识。有的干部认为，包干到户刚一二年，又搞经济联合体，又要乱折腾。经济联合体的出现是不以人们的意志为转移的，是生产力发展的产物，是群众根据生产发展的需要自愿组织起来的。实行包干到户之后，有些地方群众要求进一步富裕起来，克服一家一户生产经营的局限性，联合搞多种经营，这有什么不好呢？还有些同志认为，包干到户以后要解决的问题不少，当前没有时间和精力去过问经济联合体。那么，群众的上述要求不正是包干到户后需要解决的一个问题吗？群众对过去"左"倾错误思想下的乱折腾确是心有余悸，但是，经济联合体的出现不是违反客观规律的胡乱变化，不是凭主观意志的乱折腾，而是合乎客观规律，顺乎群众意愿的合理的发展变化。我们在武都地区调查过程中，不少县、社领导干部都对我们谈到当地耕地有限,人多地少,在少量耕地上增产的潜力有限,而剩余劳动力又越来越多,群众吃饱了肚子后要求有更多的钱花,如何引导群众沿着共同富裕的社会主义道路继续往前走,是这些同志共同思考的一个问题。有的同志已看到经济联合体是一条新的出路,拿出了一定的力量,调查研究,帮助解决联合体存在的各种实际问题,因势利导,促进联合体的巩固和发展。这些同志这种善于把握农村经济发展趋势,善于把握新的经济事物的本质的思想和做法,是值得提倡的。

(二)加强计划指导,避免盲目性

社会主义社会必须在公有制基础上实行计划经济,同时发挥市场调节的辅助作用。经济联合体是建立在商品生产和商品交换基础之上的,比较注意发挥市场机制作用,注意了解市场信息。但也要看到这个地区交通不便,当地市场狭小,随着生产的发展,市场的扩大,经济联合体的生产经营就显露出带有一定程度的盲目性。比如目前在流通领域的投资较大,有的地方设点过多,各级政府的计划部门应引导他们大力发展种植业和养殖业,在生产发展的基础上,相应地发展商品交换事业。又如当地利用野生植物三颗针生产土黄连素,工艺简单,收入较大,发展较快,但是,如果不加强计划指导,一方面只挖不种,会使资源枯竭,另一方面滥挖乱砍又会破坏山坡植被,造成水土流失。有的联合体的产品当地缺少资源,有的联合体产品不适销对路,都有一定盲目性。因此,在经济联合体的发展中,也要把计划指导和市场调节结合起来,防止一哄而起,一哄而散。

(三)运用经济手段,解决政策问题

在积极引导经济联合体的工作中,当前需要特别注意采取经济手段,运用经济杠杆,解决一些政策问题和实际问题。比如现行的税收政策就是一个需要研究和改进的问题。以岷县张家坪联营砖瓦窑为例,营业税按总产值的10%征收,集体企业的利润还要征收累进制的所得税,如果保持家庭副业的生产经营状况,则可不征所得税。因而,这些群众联营的砖瓦窑都不愿扩大生产规模,不愿把副业变为主业,不愿把手工生产变为半机械化生产。本来从张家坪的具体条件来说,这个地方陶器制作是传统工艺,产品质量好,附近闻名,颇有销路,但由于税收政策的影响,限制了此项生产进一步向专业化大生产发展。其他一些地方的联营体有的也因税收原因,不愿承认是联合体式的集体经济组织。农村经济联合体一般由社员自筹资金,底子很薄,不少联合体贷款较多,初办的几年要还本付息,经济上较困难,可以考虑在开办的前两三年免征营业税。同时,所得税对农村经济联合体也可考虑改革累进制,降低税率。这样较符合农村经济联合体资金少,底子薄,规模小,收入少等实际情况,有利于促进联合体增加积累,改进技术,扩大生产。从短期看,国家税收可能有所减少,但从长远看,国家税收会随着联合体生产和收入的增长而不断地增加。

(四)坚持自愿互利,稳步前进

农村经济联合体是社会主义集体经济的一种形式,在建立和发展中,必须坚持自愿互利的原则,由当地群众根据生产发展的需要,自愿组合,参加联合体的各方应平等互利。从武都地区来看,多数联合体贯彻了自愿互利原则,但也有少数先由上面领导机关组成联合体机构,再在下面吸收群众。结果,参加的群众误认为是国家企业吸收他们当职工,一切都要求按国家职工待遇。当地群众、干部对这类联合体称之为"官办"的,以示其不完全出自群众的自愿。还有少数联合体由于受传统习惯的影响,在分配上有吃大锅饭、平均主义现象,时间一长,必然会影响一部分人的劳动积极性,不利于联合体的巩固。

对当前出现的农村经济联合体,既要积极引导,帮助其逐步完善，又不应自上而下用行政办法一哄而起；既不能捆绑群众的手脚，又不能揠苗助长。当前需要着重了解已成立的联合体的情况和存在的问题，帮助其逐步完善和巩固，总结经验，稳步前进。

（原刊于《社会科学》，1981 年第 4 期）

从农业生产责任制发展的历史看其必然性

——农业生产责任制必然性研究之一

在中国农村的现实生活中，人们会感受到农业生产责任制是一股不可抗拒的历史潮流，具有百折不挠的强大生命力。人们不禁要问:农业生产责任制为什么会这样广泛地遍及全国农村?为什么它在经历了种种曲折之后,终究走上了稳定发展的道路?它的出现是偶然的,还是有客观必然性?如果说它的产生与发展有内在必然性,那么,这种必然性表现在哪些方面?

农业生产责任制不是一个早上出现和发展起来的，它已有二十几年的历史。二十几年来,它走过了一段曲折的道路。这段历史道路以雄辩的事实证明了农业生产责任制是我国社会主义农业发展的必然趋势,反映了它历时而不衰的强大生命力。

一　一个中国式的起点

无产阶级取得政权之后，如何把个体农业经济改变为社会主义经济,马克思和恩格斯提出了一项基本原理,就是采取自愿的办法,引导个体农民联合起来,组成合作经济。

我国新中国成立初期在完成土地改革的民主革命任务之后,就开始了将个体农民引上合作经济道路这一艰巨的历史任务。我国的农业合作化在一开始具有我国的特色,走了一条中国式的道路,主要表现在以下三个方面:

（一）充分吸取了我国农村传统的互助形式和老解放区互助合作的经验

在旧中国，农村中广大个体农民为了解决生产中存在的耕畜、劳力等方面的困难，在长期历史进程中形成了各种各样的人力、畜力的互助形式，有的叫“变工”，有的叫“换工”。从土地革命直至解放战争时期，根据我国传统的变工互助习惯，在老解放区又逐步发展起来了变工队、互助组、合作社等形式。由于这些互助合作的经济形式是长期以来在我国农村土生土长起来的，是在广大农民的实践中逐步发展起来的，农民群众熟悉它们，又符合我国农村的实际，群众很易接受。在全国完成土地改革任务之后，党中央确定了一条根据群众的自愿，从临时性季节性劳动互助入手，逐步发展为常年互助组、土地入股的初级农业生产合作社到高级农业生产合作社的正确道路。

（二）从不同地区的实际出发，允许互助合作的步子快慢可以不同，采取的具体形式可以不同，不搞“一刀切”

我国地域极其辽阔，各地农村情况千差万别，将个体农业组织为合作经济，必须从各地的自然条件、生产特点、群众意愿等实际情况出发，允许有差别，绝不能搞“一刀切”。早在1951年以草案形式试行、1953年初以正式文件公布的《关于农业生产互助合作的决议》就强调指出：“在解决上述农业互助组和农业生产合作社各种不同问题的具体办法或规定它们的具体制度的时候，不但应该允许各地方之间有差别，而且应该允许各乡村之间乃至一乡一村内各互助组各合作社之间有差别，因此，必须是灵活的，宜于逐步改进的，决不应该简单地强求划一，做出太过硬性的决定。”在经过三十年的曲折和教训之后，再来重温这段文字，感到说得何等中肯、何等好啊。正是由于有了这么一条符合我国农村实际的正确指导思想，合作化运动初期我国农村的互助合作经济形式呈现出一幅百花争艳的生动活泼的画面。而且,正因为各种具体形式符合各地的实际,受到了群众的欢迎,促进了生产的发展。

(三)尊重群众的意愿,重视群众的首创精神,善于总结群众的经验,逐步创造出适合我国农业特点的合作经济的经营管理制度

在建立起合作经济之后,我国农民一直在寻求适合我国农业生产特点和合作经济特点的经营管理形式,进行了创造性的试验,并取得了初步的成果,这就是农业生产责任制的雏形。对于农民早期的试验和创造,党和政府给予了积极的支持,对农业生产责任制的雏形给予了热情的扶植。农业生产责任制开始了它的早期发展阶段。

二　农业生产责任制的初期发展时期

我国农业生产责任制的初期发展时期包括两个发展阶段,即以"三包一奖"责任制为主要形式的第一个发展阶段,和以包产到户为主要形式的第二个发展阶段。

发展的第一阶段

在初级农业生产合作社时期,一开始实行了社员集中劳动和按劳动日评工记分进行分配的经营管理制度。实行这种制度,社员每天得等社长派活,干活心中无数,干了今天的,不知明天的,窝工浪费;同时,社员评记的工分,分得的收入,都与劳动成果没有直接的联系。这些都影响社员劳动的积极性,不利于合作经济的发展。于是,群众在实践中逐步创造出了一种"三包一奖"的经营管理制度。一开始,有"两包"的,"三包"的,"四包""五包"的,以后逐渐趋向于"三包一奖"。

"三包一奖"就是包工、包产、包生产费用,超产奖励。当时"三包"的承包者不是农户,而是生产组或者生产队。小一点的社把社员分成为几个组,大一点的社分为几个生产队。各生产队(组)有固定的劳力、土地、耕畜。合作社对各生产队(组)的耕地按土地等级、常年产

量，再加上增产措施，规定产量；按照各项农活需用的劳动日，规定用工数；并规定每种作物每亩地的投资数，将产量、用工总数、投资限额一起包给生产队（组），实产超过承包产量者奖励，减产者赔偿，用工数和生产费用节余者归承包单位所有，超过者社里不补。这种制度在解决集体劳动中责任不明，劳动效率不高，劳动收入与劳动成果之间缺乏直接联系方面迈出了可喜的一步，是一个良好的开端，当时对加强社员的责任心，提高劳动效率起了积极的作用。正因为它有这些优点，在多数地方广泛实行，一直延续到高级合作社时期。对于农民群众的这一试验，党中央看到了它在创造具有我国特色的农村合作经济经营管理制度方面的重要意义，因而在《农业生产合作社示范章程》和《高级农业生产合作社示范章程》两个法规中总结并肯定了“三包一奖”，作为合作社应该普遍实行的制度写进了章程。比如在前一个《章程》中规定，“为了把劳动报酬上的按件制同劳动组织上的责任制结合起来，农业生产合作社应该推行包工制，就是把一定的生产任务，按照工作定额预先计算出一定数目的劳动日，包给生产队限期完成”，“应该规定生产队所必须完成的农作物的产量计划”，“并且实行超产奖励”。

当时不少地方还实行了一种经营管理制度，叫“小段包工，定额计酬”（也叫定额管理）。其具体做法是将不同阶段的生产任务分门别类定出各自的数量和质量要求，计算出完成其数量和质量标准的用工数，叫作定额，由生产队包给作业组。这种制度有些地方跟“三包”交叉实行，合作社向生产队实行“三包”，在生产队内部又向作业组实行“小段包工，定额计酬”。

发展的第二阶段

“三包一奖”毕竟是我国农民创造的具有中国特色的农村合作经济经营管理制度的第一个雏形，它还很不完善，在实践中逐渐显露出了一些新的矛盾,需要进一步完善和发展它。

“三包一奖”存在的矛盾主要是:合作社与生产队之间的责任明确了,生产队与生产队之间分配上的平均主义解决了,但是,社员与生产队之间的责任仍不明确,社员与社员之间分配上的平均主义仍然继续存在。由于社员的生产责任不明确,就影响了集体生产中的质量,个人收入与劳动成果之间仍缺乏直接的联系。

“小段包工,定额计酬”也有一些缺陷。一是农活定额繁杂,不易制定,制定后也不易执行和检查。二是作业组只向生产队“小段包工”,而不包最终产品的产量,有的作业组按包工的规定完成定额,庄稼收多收少就不多管了,生产队承包的产量缺乏实现的基础。三是社员在作业组内责任不明,个人收入与劳动成果也缺乏直接的联系。

“三包一奖”和“小段包工,定额计酬”存在的缺陷和矛盾又向我国农民提出了新的挑战。他们接受了这一挑战,在创造更加符合我国农业特点和合作经济特点的经营管理形式方面开始了新的试验,跨进了一个新的阶段。

广大农民群众在实际生活中深深感受到集中劳动,评工记分,天天等候派工,夜夜熬夜评工,活干不好,觉睡不好,团结也搞不好,越来越认识到“三包一奖”包到组比包到队好,包到户比包到组更好。于是,在一些地方开始了向“三包到户”发展的趋势。

开始时,有些地方在生产队“三包”的基础上,实行了田间管理个人责任制,将生产队承包的土地分别划给社员个人负责管理。这种形式只是“包工”,没有“包产”。后来,就干脆以农户为单位实行“三包”。“包产到户”的责任制形式诞生了。1956 年开始在一些地方出现,接着向周围地区很快扩展。例如浙江省温州地区的永嘉县 1956 年开始搞包产到户的试点,到了 1957 年夏季,在全专区出现了一股包产到户的不可遏止的热潮,很快在大约一千个农业社、十七万八千多户社员中推行了开来。他们的做法是:社里将“三包”包到生产队后,再包到每户社员,确定每块田的产量和用工量,用“按劳力承包”的办法,包给各户社员。社员对承包的产量负责,超产部分全部奖励,减产部分全部赔偿。平时社员单独分散生产,农忙时小组互助,全社性农活大家出工,社里农具搭配到户,或者轮流使用。当时从南方的广东到北方的山西,许多地方都出现了大同小异的“包产到户”的责任制形式,有的地方叫“个人责任田”,有的地方叫“三包到户”,有的地方叫“包产到户”。包产到户责任制的出现,是对“三包一奖”“定额管理”的重大发展,是解决合作经济统一经营与农户分散经营相结合方面的一个重大突破,是在社员个人收入与其劳动成果之间建立直接联系方面的重大创造,是克服分配中的平均主义现象的重大成果。今天的农业生产责任制正是在这种形式的基础上发展、完善而来的。

但是,合作化运动后期在农村合作经济的指导思想上发生了要求过急、改变过快、形式过于简单划一的偏差,特别在公社化运动中出现了“左”倾错误,本来正在顺利进行的农业生产责任制的伟大实践被人为地中断了,这一实践所产生的三包一奖、包产到户等责任制形式遭受了一次又一次的打击,在我国农业生产责任制的道路上出现了历史的曲折。

三　历史的曲折

在农业生产责任制走过的这段坎坷的道路上,经历了三次严重的曲折。

(一)第一次曲折

第一次曲折发生在1957年。当时在农村两条道路的大辩论中,“包产到户”首当其冲。对广大农民为了发挥集体经济的优越性,调动群众的积极性而创造的生产责任制,轻率地给戴上了“资本主义道路”的帽子,简单地归结为“富裕中农的要求”,粗暴地进行了批判。在当时的大辩论中,有些农民根据切身的体会,仍然压抑不住对包产到户责任制的向往和热情,大胆赞扬了它的意义和优越性。当时有的农民就这样说:“合作化不是不好, 如果真是不好, 毛主席就不会提出来。不过,要想办好我们的社,就一定要包产到户。第一,包产到户能加强社员的责任心,避免生产上的混乱;第二,能够保证社员增产增收,社员积极性会提高;第三,社员也可以比较自由,自己安排生产时间;第四,各负盈亏,互不揩油。”当时群众总结的这四条跟我们现在感受到的生产责任制的优越性何其相似,但是,对这样的符合实际的总结当时只能作为富裕中农的言论以反面材料进行批判。在这里农民对生产责任制的目的讲得何等明确,实行责任制,包产到户,不是否定合作化,而正是为了搞好合作化,办好合作社,而且要办好合作社,就一定得搞生产责任制。农民对合作经济与生产责任制的关系体会得多深,讲得又多么中肯,但是,后来就被“辩论”掉了。

然而,符合历史发展规律的、符合社会主义经济发展要求的事物总是不以人的意志为转移的,人们可以用强制的手段一时“禁止”它,但是却不能从根本上否定它。在农业生产责任制遭遇第二次曲折的阶段中,它曾对“左”倾错误思想进行了顽强的抵制。

(二)第二次曲折

农业生产责任制遭遇的第二次曲折发生在人民公社化运动之中。主要表现在以下几个方面:

1. 在劳动管理上更加发展了原来农业合作社时期种田的做法,冲掉了已经初具形式的劳动管理方面的责任制。在公社化运动中,盲目追求一大二公。原来不少地方以生产队为基础的“三包一奖”,按作业组或者社员个人搞的“定额管理”,本来已经初步建立起了劳动管理方面的责任制。在“左”的错误做法的冲击下,无法实行下去了。

2. 在计酬分配上更加发展了原来评工记分中存在的平均主义弊病，冲掉了已经初步形成的按劳动定额或按劳动成果计酬分配的责任制。在公社化运动中刮起了一阵“共产风”,对社会主义的按劳分配做了轻率的否定,对共产主义的按需分配又做了庸俗的理解,给平均主义戴上了一顶“共产主义”的桂冠,劳动力可以任意平调,劳动不给报酬,吃饭不要钱,大家都进了公共食堂。在实行“三包一奖”“定额计酬”“包产到户”等责任制时,原先评工记分中的平均主义弊病已初步有所克服，使社员的劳动报酬与他完成的劳动定额或者取得的劳动成果之间建立起了一定程度的联系。但是后来,这些计酬分配的责任制又都成了泡影。

3. 在生产管理上出现了主观主义的瞎指挥,冲掉了已经初步建立的统一与分散相结合的经营责任制。在“左”倾思想影响下,有些干部不问农业生产的特点,不管自然条件的制约,不顾地区的差异,不遵循自然规律和经济规律的要求,只是按照不切实际的高指标,按照超越客观实际的主观意志,指挥生产,管理生产。本来实行“三包一奖”,生产队的干部要对承包的产量、工分、生产费用承担一定责任,有利于促使其按照自然规律和经济规律管理生产;实行“定额管理”,又把生产队的集中管理与作业组的分散经营结合了起来，生产管理更加符合实际了;实行包产到户,又进一步把集体经济的集中管理与直接生产者的分散经营结合了起来，农业生产的经营管理越来越有利于符合农业生产的实际。但是,在主观主义瞎指挥的冲击下,这些农业生产的经营责任制也就无法巩固下去了。

如果说 1957 年农村两条道路大辩论中包产到户责任制遭到批判,遭到否定,是农业生产责任制经历的第一次曲折的主要表现,那么,在第一次曲折中得以幸免的“三包一奖”“定额计酬”受到“共产风”、瞎指挥的冲击,从实际上遭到否定,则是农业生产责任制经历的第二次曲折的主要表现。“左”倾指导思想再加上自然灾害，带来了农业生产的严重损失。农民生活陷于严重困难之中，群众的积极性受到了严重挫伤。在这个艰苦时刻，在三年困难时期，我国农民从切身经历中懂得只有寻求符合我国农业生产和合作经济特点的生产责任制，才能挽救社会主义集体经济，渡过困难，重新走上繁荣康庄的道路。于是，从 1959 年开始，在全国许多地方又搞起了以包产到户为主要形式的生产责任制。

但是，由于“左”倾指导思想并未得到彻底纠正，“包产到户”仍不能取得合法地位。“包产到户”仍属于“左”倾思想划定的禁区，不时遭到这样或那样的责难与批判。到了 1966 年“文化大革命”开始，就发动了对它的全面的、彻底的清算。农业生产责任制遭遇第三次曲折。

（三）第三次曲折

在十年动乱期间，“左” 倾错误思想及其做法被发展到了登峰造极的地步，在农村经济工作中也不例外。一时之间，从宣传舆论到政策法令，对“三自一包”（自留地、自由市场、自负盈亏、包产到户）的讨伐铺天盖地而来。这是农业生产责任制在其发展历史上遭遇的第三次曲折。

在这次曲折中，农业生产责任制遭受的打击之深、延续的时间之长，都大大超过了前两次曲折。十年之中，对它从“理论”上的批判，对它从实际上的压制，一而再，再而三，意欲使它永远不得在理论上翻身，永远不得在实际生活中复生。

我国农民为办好和发展社会主义合作经济所创造的生产责任制进入了它的最困难的时期，面临考验。它从此在中国的大地上永远销声匿迹呢？还是会再次破土重生呢？它是转瞬即逝的昙花一现呢？还是四季常青的苍松翠柏呢？历史在考验着它，中国和世界在等待着它作出回答。

四　野火烧不尽，春风吹又生

1976年粉碎了江青反革命集团，特别自1978年底十一届三中全会以来，开始从根本上清除“左”倾错误思想，而且首先把农业作为一个突破口，放宽农村经济政策，解开了农民被束缚的手脚，恢复并适当扩大自留地，恢复农村集市贸易，发展农村副业和多种经营，提高农副产品价格，支持农民自愿选择各种形式的农业生产责任制，农村经济活跃起来了，农民积极性焕发出来了。春风吹来，大地复苏，我国八亿农民又在广阔的农村继续进行农业生产责任制的伟大试验，我国农业生产责任制进入了一个新的历史阶段。

十一届三中全会以来农业生产责任制正在经历的新的发展阶段具有一些明显的特征。

新的发展阶段的第一个主要特征是来势非常迅猛。1979年以前，农业生产责任制特别是联产承包的形式几乎绝迹，但是经过短短的四年，到1982年，全国各种联产承包的责任制已经发展到占生产队总数的70%以上，在许多省份，如像甘肃、贵州、安徽等地，已经占90%以上。各种形式的农业生产责任制，特别是联产承包责任制在四年之内如此迅猛发展，不像人民公社化运动那样是人为地从上而下通过行政命令搞起来的。这次生产责任制大面积迅速发展，是群众自愿选择的，是群众从下面发起而得到党中央的支持与引导的。生产责任制之所以能如此迅速发展，大致有以下几条原因：

第一，广大农民群众已经有了充分的思想基础。生产责任制对许多农民来说，已经不是一件陌生的事物，不是对之毫无思想准备的经济形式。在过去二十几年中间，不少农民曾为它的诞生和发展呕心沥血，既从它身上尝到过成果的甘味，分享过取得成功的喜悦，也为它担过风险，受过批判，对它有着朴素的认识，有着深厚的感情。就是在最困难的时候,不少农民仍然在思念着它。

第二,广大农民群众已经具有建立和完善生产责任制的实践经验。农业生产责任制的一部发展历史,就是一部农民在实践中寻求和完善社会主义农业经济具体形式的历史,是中国农民建立农村合作经济经营管理制度的历史,是中国农民在社会主义实践中的创造史、发明史,它闪烁着农民的智慧,凝结着农民的经验。从 1956 年开始搞小段包工,到三包一奖,又进而到包产到户,农民在不断地进行试验,总结,再试验,再总结,不断用新的实践经验去丰富它,完善它,使它越来越适应我国农村生产的特点,越来越适应我国农村合作经济的特点。二十几年来,农民对生产责任制的认识在逐步加深,经验在逐步积累,办法在逐步丰富,制度在逐步完善。到了这次进入新的发展时期的时候,已经有了一个相当充分的实践经验的准备。

第三,农业经济中的瞎指挥、大锅饭给农业生产的发展带来了阻碍,使农民的积极性受到了压抑,改变农村合作经济的经营管理制度,进一步解放农村生产力,改善农民生活,已经成为八亿农民积压在心头久久要求实现的迫切愿望。三中全会以来清除了"左"倾指导思想,"左"倾指导思想强加给农业生产责任制的闸门被打开了。闸门一旦打开,农民变革农业经营管理制度、实行生产责任制的要求,便如汹涌澎湃的波涛,一泻千里,几年之内便席卷全国农村。

第四,党中央深深体会到八亿农民的愿望,深刻认识到我国社会主义农业发展的道路,及时总结了群众的实践经验,对农民的试验与创造给予了坚定明确的支持和肯定,引导农民不断完善农业生产责任制,这是农业生产责任制在短短四年之中得以健康、顺利地发展的一个非常重要的保证。1978 年 12 月党的十一届三中全会开始全面地认真地纠正"文化大革命"中及其以前的"左"倾错误,并制定了加快农业发展的决定。1979 年 4 月党的中央工作会议上提出对整个国民经济实行“调整、改革、整顿、提高”的方针，指出经济工作包括农村经济工作必须适合我国国情，符合经济规律和自然规律，应积极进行经济管理体制包括农业经济管理体制的改革。1980年9月制定了《关于进一步加强和完善农业生产责任制的几个问题》。1983年初又发出了《当前农村经济政策的若干问题》。这一系列重要决定和文件，特别是今年初的《当前农村经济政策的若干问题》，是对我国农村普遍实行各种形式的联产承包责任制的基本经验总结，是马克思主义农业合作化理论在我国实践中的新发展，在集中群众实践经验的基础上，指出了一条适合中国国情的社会主义农业发展的道路。这一系列决定和文件，从思想上和政策上为农业生产责任制的实行创造了条件，从理论上为农业生产责任制提出了依据，从发展方向上为我国社会主义农业开拓了道路。过去农民有那么强烈的愿望，有那么坚强的毅力，搞生产责任制，也曾一度得到过肯定和支持，但是更多的是“左”倾思想的阻难、批判或压制，几经曲折。十一届三中全会以来，农民搞生产责任制，得到了党中央高度的评价，有党的积极引导，农民群众腰杆子从来没有像现在这么硬，理从来没有现在这么直，气从来没有现在这么壮，从心底里体会到三中全会以来的正确的路线、方针和政策，是农业生产责任制得以顺利迅速发展的重要保证。

农业生产责任制进入新的发展阶段的第二个主要特征是，形成了以大包干为主体的多种形式并存的责任制结构。在责任制发展的第一阶段中，以三包一奖、定额管理为主要形式；第二阶段中，以包产到户为主要形式。三中全会以来，各地责任制的形式不拘一格，有包产到组的，也有包产到户、联产到劳的；有不分专业的承包，又有分专业的承包；有联产计酬仍采取工分形式的，又有直接联产计酬不再采取工分形式的；有联系产量计酬的，又有联系产值计酬的；有统的项目较多的，也有统的项目较少的；有承包之后以户分散经营的，也有在承包之后又联合经营的，等等，百花争艳，万紫千红。但是，在各种形式之中，经过几年的演化，大包干这种形式逐步成为占主要比例的形式，逐步形成了一个以大包干为主体的、多种形式并存的农业生产责任制结构。

我国农业生产责任制为什么在其新的发展阶段形成这样一个结构，而且这一结构会相对稳定下来呢？主要是由以下因素形成的：

1. 党的十一届三中全会以来确立了一切从实际出发的思想路线，实事求是的思想作风深入人心，广大农民群众能够放开手脚从本地区的实际出发，选择适宜的生产责任制形式，也敢于适应生产力发展的要求，创造新的责任制形式。因此，呈现了多种不同的形式。

2. 经过第一阶段和第二阶段的实践，又经过最近几年各种形式的比较，就有可能在各种形式之中逐渐形成能适应大多数地区并符合大多数群众要求的某种适应性较强的形式。任何一种责任制形式都有它适应的一定范围，不过有的适应范围小一些，有的适应范围广一些，有的责任制形式适应这一地区，而不适应另一些地区；有的适应某些生产项目，而不适应其他生产项目；有的适应于经济发展水平较低的，有的适应于经济发展水平较高的；有的适应管理水平较高的，有的适应管理水平较低的，等等。在群众对各种形式进行试验、比较、融合的过程中，大包干责任制逐步证明了具有较强的适应性，既适应于经济发达的农村，也适应于经济落后的地区；既适应于农业，也适应于工副业。因此，终于形成了一个以大包干为主的多种形式并存的责任制结构。

五　农业生产责任制是社会主义农业发展的必然要求

综观我国农业生产责任制发展的历程，从它出现雏形，受到压抑，又倔强复生，再遭受挫折，直至最终席卷全国农村的曲折而又雄

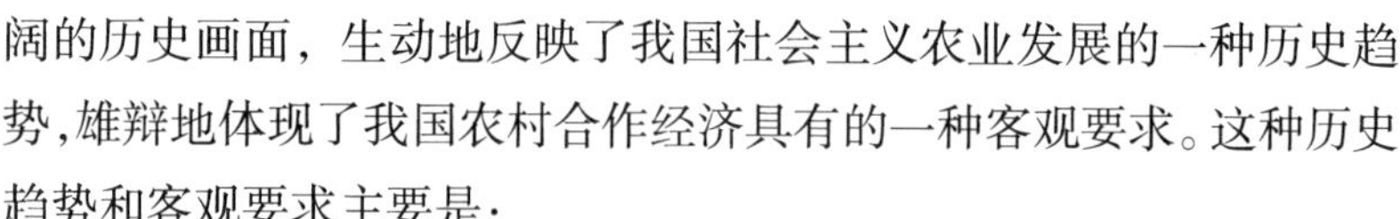

阔的历史画面，生动地反映了我国社会主义农业发展的一种历史趋势,雄辩地体现了我国农村合作经济具有的一种客观要求。这种历史趋势和客观要求主要是:

(一)农村合作经济要求实行责权利相结合的责任制

这是第一个历史趋势和客观要求。从上述农业生产责任制产生和发展的历史中可以看出,早在合作化运动中合作经济一经出现,就产生了建立生产责任制的客观要求。针对集中劳动中责任不明、评工记分中有平均主义弊病，要求建立一种能够使生产者具有明确的经济责任,享有一定的生产经营权利,其经济利益与经济责任、经济权利相结合的经营管理制度。正是基于这种经济发展的内在要求,群众在实践中创造了小段包工、定额管理、三包一奖这样一些责任制的雏形。而且,也正是基于农村合作经济的这一内在要求,又在后来逐步发展为包产到户、大包干等形式的责任制。

(二)农村合作经济要求实行联产计酬的责任制

这是第二个客观要求。从不联产计酬的责任制发展为联产计酬责任制,是农业生产责任制发展历史中一个非常显著的趋势。在建立合作经济之后，农民的分配问题始终是一个与群众经济利益直接相关、人心为之所系的大问题。原则当然是按劳分配。但是,评工记分又与农业劳动的成果缺乏直接的联系,不能很好适应农业生产的特点,不能很好体现劳动者实际的劳动数量和质量。我国农业生产的特点、按劳分配的原则,都要求联系劳动成果来分配个人生活消费品。正是基于我国社会主义农业的这一客观要求,群众逐步从小段包工、三包一奖这些不联产计酬，或者不直接由生产者联产计酬的责任制向包产到户、大包干这样一些联产计酬的责任制发展,而且成为今天占压倒一切的优势地位的形式，成为农业生产责任制的一个不可缺少的基本特征和主要内容了。

（三）农村合作经济要求实行承包经营的责任制

这是第三个客观要求。在农村合作经济建立之初，我们曾仿照苏联集体农庄的经营方式，采取了由合作社统一集中经营的办法。后来在实践中逐渐显露出集中经营过多、管理过死的弊病，这些不适应我国农业生产的特点，不利于合作经济的发展，存在着变革这种经营管理制度的要求。于是先变为合作社统一经营与生产队或生产组分散经营相结合，出现了三包和小段包工的经营形式，给了生产队或生产组一定的分散经营权利。但是，这种经营形式仍不能彻底改变集中经营过多的弊病，于是在三包到队、小段包工的基础上，变革为承包到户、到劳。承包经营责任制是我国农村合作经济一直在不断寻求和完善的一种客观要求，它较好地解决了社会主义农业统一经营与分散经营的关系，较好地处理了发挥集体经济的优越性与生产者个人的积极性之间的关系。虽然一个"包"字曾惹出了许多麻烦，一段时间人们谈"包"色变，但正是这个"包"字反映了我国社会主义农业的一种历史趋势，反映了建立承包经营责任制这一合作经济的客观要求。

正是由于以承包经营、联产计酬、责权利相结合为基本特征和主要内容的农业生产责任制反映了我国农村合作经济的内在要求，体现了我国社会主义农业发展的历史趋势，它总是要为自己的存在而发言，为自己的发展而开辟道路，即使遇到阻碍，遭到挫折，它的生命力依然存在，人们不可能从根本上取消它，而且最后总是要人们因违反其客观要求尝到苦头而去认识它，尊重它，按经济发展的客观要求办事。1957 年农村两条道路大辩论中曾经"批倒"了它，但是它在 1959 年又破土重生；"文化大革命"曾"铲除"了它，可是在三中全会之后它以更巨大的威力和规模在全国农村开花结果。"野火烧不尽，春风吹又生"，自然规律如此，社会生活中的新生事物也是如此。农业生产责任制以历史的辩证法谱写了自己产生和发展的历史，揭示了它产生和发展的客观必然性。它终于经受了历史的考验,屹立于世界的东方,引起了世界的瞩目。

（原刊于《甘肃经济论义》,1983年第3期）

农业生产责任制的概念

什么是农业生产责任制?这个问题乍听起来似乎问得有点多余。农业生产责任制在中国断断续续已经搞了二十几年，目前在八亿人口的农村中已成为现实,大家已很熟悉。但是,真的向人们提出这个问题,要做出科学的准确的回答,则并非易事。对一种社会现象要给予科学的定义,形成科学的概念,往往是在这种现象出现很长时间之后。"国家"这个社会现象产生于人类奴隶社会阶段,但是,对"国家"真正形成科学概念,做出科学定义,则是在它产生几千年之后的十九世纪。农业生产责任制的科学的概念的形成,也不是一件容易的事。在它出现后的相当一段时间里,人们对它有两种截然不同的认识,一种观点认为它是社会主义集体农业的新形式，另一种观点认为它是单干。当然,当前这后一种观点已经相当少了,但是,即使认为它是社会主义集体农业新形式的人们,对它的内涵与概念也众说纷纭,莫衷一是。

搞清楚什么是农业生产责任制,绝不是名词之争,而对正确认识和完善农业生产责任制有着直接的现实意义。同时,要形成一个农业生产责任制的理论体系,也必须对它的内涵做出科学的分析,对它的概念做出科学的表述,这又是具有重要理论意义的。

对农业生产责任制的内涵与概念，不宜急于概括出一个简单的表述，而需要从以下三个方面的分析入手:(一) 它的基本内容是什么?(二)它的实质是什么?(三)它的目的是什么?把这三个方面的问题搞清楚了,它的内涵也就清楚了,它的科学的概念也就不难形成了。

农业生产责任制的基本内容

不论农业生产责任制的形式如何纷繁,对它们进行对比分析,去掉其各自的特殊性的方面,可以看出它们共同包含着以下三个方面的基本内容:

(一)统分包相结合的经营形式

经营形式是指对某种经济组织的生产、分配、交换等经济活动做出决策的形式,以及实施这些决策所采取的具体形式。不论是哪种形式的农业生产责任制,其经营形式与过去的农业合作经济的经营形式相比较,发生了重大的变化。

未实行责任制之前,农村合作经济采取的是集中统一的经营形式,生产队的作物品种、面积、产量都由国家或集体经济组织规定,除国家下达的征购派购任务之外,其余产品的分配决策权基本掌握在队干部手中,农副产品的交换活动也都由集体统一组织进行,日常的生产活动也都集中由队干部分配指挥。

实行责任制之后,采取了统分包相结合的经营形式。"统"即统一经营的部分,包括国家下达的少数主要农产品的产量、征购派购计划,集体经济组织确定的公共提留的数量,对机电、水利、大型农机具的统一管理,对集体财务收支的统一管理,统一组织的灌溉、农机、植保、加工、运输等专业性服务。当然,由于经济发展水平、管理水平等方面的差异,各地统一经营的内容不完全相同,有的统得多一些,有的统得少一些,但是都有统一经营的部分。"分"是指分散经营,也就是由承包者(大多数为承包户,也有承包组、承包人等)分散经营的部分。这一部分包括承包者对计划规定的主要农作物的生产过程的经营管理,计划未规定的农副产品的生产经营的决策,完成上交和提留后的产品的分配和交换,部分流动资金的投放和使用,部分农机具的购置和管理等等。这一部分的内容和范围也因责任制的形式不同、生产项目不同而存在差异,但是,承包者都具有一定程度的自主的经营决策权,这一点是共同的。“包”是指承包,它是连结“统“与“分“的桥梁和纽带。通过承包这种经营形式,将集体经济统一经营的部分与承包者分散经营的部分紧密地联结在一起,形成一个统分包相结合的有机体,做到统中有分,分中有统。统分包相结合的经营形式是农业生产责任制的第一个基本内容。

(二)联产计酬的分配形式

农业生产责任制发展到现阶段,已普遍从不联产计酬发展为联产计酬。联产计酬已成为各种形式的生产责任制的一个基本内容了,以至人们普遍将农业生产责任制称之为联产承包责任制。不联产计酬还是联产计酬,是实行责任制前后农村合作经济在分配形式上的一个重大变化。

未实行责任制之前,农村合作经济分配社员个人生活消费品采取的是评工记分的形式,也就是根据每个劳动者劳力的强弱、技术的高低、参加劳动的时间的多少,评定每天每个劳动者应得的工分,年终分配时按总工分数分配个人消费资料。这种分配形式从表面上看起来似乎既能反映劳动的数量,也能反映劳动的质量。但是,由于农业生产的周期很长,在生产周期未结束,产品未形成之前,很难通过检验产品的数量和质量来检验劳动的数量和质量,加之目前农村缺乏现代化的检验计量劳动的科学技术手段,管理水平一般又相当低,因而,这种不联系产量,只用劳动的潜在形态和流动形态计量劳动的方式,不能准确地反映劳动者实际付出的劳动数量和质量,在分配上容易出现“干多干少干好干坏一个样”的平均主义弊病,形成“吃大锅饭”的现象,挫伤劳动者的积极性。

实行联产计酬责任制之后,农村合作经济的劳动者分得个人消费品的多少,不是按照一天之中劳动时间的多少,而是根据实现的产量或产值的多少。不论责任制是保留了工分的形式,还是取消了工分的形式,不论是承包产量,还是承包产值,分配所依据的基础是产品,是产品的数量和质量。这种联产计酬的分配形式比较符合农业生产的特点,比较符合按劳分配的要求,能够较接近地反映劳动者实际付出的劳动数量和质量,因而较好地解决了评工记分中的平均主义弊病,有力地调动了劳动者的积极性。联产计酬是我国合作经济在分配形式上的一大变革,是农业生产责任制的第二个基本内容。

(三)经济合同制的管理形式

管理形式是指国家对企业以及企业内部对生产经营活动的组织、指挥、监督和调节的形式。在实行生产责任制前后,我国农村合作经济的管理形式也发生了重大的变化。

在未普遍实行农业生产责任制之前,国家对农业合作经济组织以及合作经济组织内部在管理形式上具有以下一些基本特点:(一)管理过分集中,管得过死过细。当时的生产队生产什么,生产多少,各种作物的品种、播种面积等等,都由上面下达指令性计划,对生产队的产品不只是收购了其中的商品部分,不少地方甚至硬购了农民的自给部分,形成购“过头粮”的现象。(二)管理主要依靠行政隶属关系和行政手段。上面给生产队下达的生产计划、收购指标等等,都是通过各级行政机构,层层下达,层层加码,作为指令性的东西要求生产队必须完成。在这种管理形式下,农业合作经济组织对它的生产经营活动缺乏调节的职能,社员对生产队的生产经营活动更缺乏组织、监督和调节的职能。

在普遍实行农业生产责任制之后,不论哪种形式的责任制,都采取了经济合同制的管理形式，改变了过去那种过分集中和主要依靠行政手段的管理形式。现在通过承包者与集体经济组织签订经济合同,既明确规定了承包者向国家的交售任务,向集体的提留任务,也规定了国家和集体向承包者提供必要的生产条件和技术服务的任务;既保证了国家和集体对主要农产品的生产经营的组织、调节和指挥的职能,也保证了直接生产者机动灵活的管理生产和经营的职能;合同的履行又与经济利益直接联系，合同的内容又是反映了经济规律的要求,所以,它又是主要以经济手段管理经济的形式。

综上所述，各种形式的农业生产责任制都包含着这样三项基本内容:统分包结合的经营形式,联产计酬的分配形式,经济合同制的管理形式。农业生产责任制就是这种三位一体的我国农村合作经济的新形式,是我国农民创造的社会主义集体农业经营管理的新制度。

农业生产责任制的实质

农业生产责任制的实质,是指它反映了哪些经济关系,涉及并调整了哪些方面的经济利益。实行农业生产责任制,是对农村生产关系具体形式的重大调整,具体说来,就是对上述三个方面的形式即经营形式、分配形式、管理形式的重大调整。这些调整实质上是调整了国家、集体、生产者个人三者之间的经济关系,而这三者之间经济关系的调整的核心,又是对三者之间的经济责任、经济权利和经济利益进行了调整。

如上所述,农业生产责任制实行的统分包相结合的经营形式,联产计酬的分配形式,以及合同制的管理形式,无不是对国家、集体和生产者个人三者之间互相承担的责任义务、具有的决策和管理权利、享有的经济利益做了明确的划分、合理的兼顾和紧密的结合。不但三者之间的责权利有所规定，而且合作经济内部和生产者个人的责权利三方面也从过去的互不沾边变为互相紧密结合。所以,农业生产责任制的实质可以说是对国家、集体、个人之间的责权利进行了调整,对合作经济内部和生产者个人的责权利进行了调整,对合作经济组织和劳动者个人缺乏必要的自主权利,经济责任与经济利益缺乏直接联系等方面进行了变革,形成一个责权利相结合的经营管理制度。

既然责权利相结合是农业生产责任制的实质,是这次调整农村合作经济生产关系具体形式的核心,因之就向人们提出了一个新的问题:为什么农业生产责任制的实质必然是责权利三者紧密结合?为什么必须对国家、集体、个人三者之间的责权利关系进行调整?为什么社会主义的集体农业必须做到责权利相结合?下面着重讨论一下这个问题。

(一)社会主义集体农业生产过程的社会形式要求责权利紧密结合

农业生产过程像任何生产过程一样,具有两重性。一方面,它是人和自然之间的过程,是人以自己的活动引起和调整人与自然之间的物质变换的过程。不论在哪种社会制度下,是资本主义的农业,还是社会主义的农业,其生产过程都是人与自然之间的物质变换的过程。另一方面,不同社会制度下的农业生产过程又具有不同的社会形式,这种社会形式反映了劳动者与生产资料结合的不同社会形式,反映了人与人之间的社会关系,反映了人与人之间的经济利益关系。资本主义农业生产过程的社会形式与社会主义农业生产过程的社会形式具有根本不同的性质和特点,这两种根本不同的生产过程社会形式便决定了它们各自的经营管理制度也具有不同的性质与特点。

首先我们简要分析一下资本主义农业为什么不可能实行责权利相结合的经营管理制度。

1. 从资本主义农场生产资料与劳动者的结合方式来看。农业资本家占有土地、农业机械等生产资料，农业雇用工人将劳动力卖给资本家，农业资本家将农业工人的劳动力与生产资料结合在一起，劳动力的使用和生产资料都属于资本家。资本家具有支配工人劳动力和生产资料的权利，作为直接生产者的农业工人则毫无权利，而只有为资本家创造剩余价值的义务。所以，资本主义农业这种生产资料与劳动者结合的形式只能是把生产过程中的一切权利集中在农业资本家手中，而把一切义务都加到农业工人身上，权利和义务必然向两极分化。

2. 从资本主义农业生产过程的目的来看。资本主义农业如同整个资本主义经济一样，它的目的只是为了追求最大限度的利润。农业资本家组织、监督、调节生产，搞经营管理，都是为了剥削农业工人创造的剩余价值，为了掠夺农业工人创造的财富。列宁就说过："资本家所关心的是怎样为掠夺而管理，怎样借管理来掠夺。"（《列宁全集》第3卷第395页）所以，资本主义农业的生产过程是农业雇佣工人遭受剥削的过程，是他们的经济利益遭受损害的过程。

资本主义农场也有责任制，但是那种责任制所体现的经济关系是农业资本家拥有绝对权利，农业雇用工人承担为资本家创造剩余价值的义务，遭受剥削和掠夺的责任制。

我们再来看看我国社会主义集体农业生产过程社会形式的性质与特征怎样决定了必须将集体经济和劳动者的责权利紧密结合起来。

1. 从集体经济生产资料与劳动者结合的社会形势来看。我国农村合作经济组织中的劳动者是国家的主人，也是他们所属的集体经济的主人，集体经济的土地、大型农机具、水利设施等属于集体成员共同占有，社员不需要向什么人出卖劳动力，劳动力不再是商品，大家主要以公共占有的生产资料进行劳动，每个人的劳动形成联合劳动的一个组成部分。劳动过程中人的活劳动要素与物的要素直接结合。生产资料与劳动力结合的这种社会形式，便决定了集体经济组织在经营管理上具有独立的自主权利，集体经济的劳动者具有经营管理的主人翁的民主权利。集体经济组织在保证完成国家计划规定的主要农产品的品种、面积、产量、交售任务的前提下，对其余农副产品的生产、分配、交换具有自主权利。社员群众对本集体经济单位的生产计划、提留比例、提留资金的使用、干部的任免等享有参加讨论、提出意见、参与决定、进行监督的权利。

2. 从集体经济生产的目的来看。我国社会主义集体农业同整个社会主义经济一样，其生产目的是为了满足社会日益增长的需要。农村集体经济及其劳动者都应该努力完成国家计划规定的农副产品的生产和交售任务，这些产品关系到国计民生，为城市提供粮食和副食品，为工业提供原料。这是集体经济及其劳动者对国家对社会负有的重大的责任和义务。除了完成国家计划规定的任务之外，还需要根据市场需要，自行安排和组织其他农副产品的生产。国家计划只包括了少数主要农产品，只是为了保证社会对农业的最基本最主要的需求，而社会对农副产品的需求是多种多样的，是在变化的，国家计划不可能也不必囊括一切。为了满足社会需求，集体经济及其成员应该通过市场了解社会对农副产品的需求及变化，安排生产。这也是对社会负有的一种责任，体现了社会主义集体农业的生产目的。

社会主义集体农业生产过程中生产资料与劳动力的结合形式和生产的目的，决定了集体经济及其劳动者既负有经济责任，又具有经济权利，而不是像资本主义农场那样，把一切权力集中于农业资本家一个阶级手中，把一切义务推给农业雇用工人一个阶级身上。而且，劳动者满足社会需要也包括了满足自身的生活需要（这一点将在分析分配过程时详细讨论）。所以，这种性质和特征决定了集体经济及其劳动者的责权利三者必须紧密结合。

(二)社会主义集体农业的分配过程要求责权利三者紧密结合

我国农村合作经济的分配需要从总产品的分配和社员消费资料的分配这两个方面进行分析，看它们与集体及社员个人的责权利三结合有什么内在联系。

1. 集体经济总产品的分配。农村集体经济组织(如生产队)在一年之中所生产的农副产品即总产品在给个人分配生活消费品时,要做如下一些扣除:向国家缴纳农业税,这一部分用于满足整个社会的生产和生活需要;给集体提留生产费用,用来弥补已经消费掉的生产资料,如籽种、化肥、农药、农机具的折旧等等;给集体提留公积金,这是用来扩大集体生产的追加部分;给集体提留公益金,这是用来应付不幸事故、自然灾害、扶助五保户、举办集体福利事业等的基金。这些扣除是完全必要的。社员为社会和集体提供的这一部分产品,是我国社会主义社会发展的物质基础，是集体的再生产得以顺利进行和不断扩大的物质保证,是集体福利事业的物质条件。这也是集体经济组织的劳动者对国家、对社会、对集体承担的重要的责任与义务。当然,这些为社会为集体扣除的部分，也同时代表着社员个人的共同利益和长远利益。比如国家兴建的大型水利工程,在农村兴办的学校,支援边远困难地区的拨款等等,都是直接为农民的利益服务的。正如马克思所深刻指出的:“从一个处于私人地位的生产者身上扣除的一切，又会直接或间接地用来为处于社会成员地位的这个生产者谋福利。”(《马克思恩格斯选集)第3卷第10页)此外,为了吸取购“过头粮”、吃“回销粮”的教训,这些提留又是在保证社员个人的最基本的口粮的基础上确定的。这又体现了对社员个人利益与整体利益的兼顾与结合。所以,农村集体经济总产品的分配,要求集体和个人对国家承担必要的责任,要求将集体利益与国家利益结合起来;还要求社员个人对集体承担必要的责任，要求将个人利益与集体利益结合起来，将个人的眼前利益与长远利益结合起来。

2. 个人消费资料的分配。集体经济的总产品在做了各项必要的扣除之后，剩下的部分用来作为消费资料，这部分在直接生产者中间进行分配之前，还要从中扣除给干部的补贴，给民办教师、医生等人员的报酬，然后根据每个劳动者的劳动数量和质量进行分配。

马克思把劳动者以一种形式提供给社会的劳动量又以另一种形式领回来，称作"权利"。当然，这种按劳分配的权利对用同一个尺度劳动来分配生活消费品来说，它对每个人都是一种平等的权利。但是，由于各个劳动者的劳力强弱不同，技术高低不同，家庭人口多少不同，他们各自的收入便会有多有少，生活水平便会有高有低，所以，对不同等的劳动来说又是一种事实上不平等的权利。我们认识这一权利的性质与特点，坚持并保障劳动者按劳分配的权利，在社会主义阶段是十分重要的。这是因为：(一)"各尽所能，按劳分配"是对一切剥削制度占统治地位的社会中剥削阶级不劳而获的分配制度的根本否定，是人类历史上在分配制度方面的一次空前的革命，一切剥削阶级从此不得像寄生虫一样吸吮劳动人民的血汗，人人都有劳动的义务和权利，人人都有按劳动的数量和质量取得消费品的权利。劳动人民争得这一权利是不容易的。(二)只要不愿陷入空想，在社会主义阶段就必须实行"对不同等的劳动来说是不平等的权利"，必须保障劳动者按劳分配的权利，而决不能搞什么"公平的"平均主义。人民公社化运动初期，我们急于否定和取消按劳分配，结果平均主义泛滥，大家都进公共食堂，吃大锅饭，干与不干都是一份饭。群众积极性的严重挫伤，生产的严重损失，记忆犹新。平均主义给予我们的教训是够深了，为此而吃过的苦头够多了。错误和挫折教育了我们，在社会主义阶段必须坚持和保障劳动者的按劳分配的权利，必须承认这一权利是社会主义经济的客观要求。

按劳分配对社会主义集体经济中的劳动者来说，既是一种客观要求的必须保障的权利，也反映了每个劳动者个人的物质利益。一个社员一年之中出勤多，劳动的质量好，在其他生产条件和自然条件已定的情况下，他的劳动提供的成果就多，他对国家、对集体的贡献就大，分配给他人的生活消费品也就越多，生活也就越好。所以，按劳分配必然要求将劳动者的个人物质利益与其劳动效益、劳动成果联系起来，而且成为推动劳动者关心集体生产的积极因素，是社会主义经济发展的一种内在动力。在社会主义阶段，劳动还没有普遍成为人们生活的第一需要，一方面要加强共产主义的思想教育，一方面需要通过按劳分配，通过个人物质利益与其劳动效益、劳动成果的联系，起到奖勤罚懒的作用。对这一点，列宁曾经讲得极透辟，要求把社会主义经济建立在劳动者个人利益的关心上面。

从上述关于集体经济总产品和个人消费资料分配的分析中可以看出，这一分配过程具有一种内在的客观要求，要求集体经济及其劳动者对国家对社会提供一部分社会所必需的劳动，承担必需的责任和义务；要求劳动者个人还必须向集体提供一部分劳动，对集体承担责任；劳动者个人又应有按其劳动的数量和质量分配个人消费品的权利，并要求将劳动者个人的物质利益与劳动效益、劳动成果紧密结合起来。所以，我们说农村合作经济的分配过程要求责权利三者紧密结合。

（三）社会主义集体农业的交换过程要求责权利三者紧密结合

我国社会主义集体农业生产的产品分为两大部分，一部分直接作为社员家庭的生活消费品，其中主要是粮食，不进入交换过程，而直接进入消费过程，是自给性的。这一部分中还包括留的籽种、饲料。另一部分产品属于进入交换过程的。这部分进入交换过程的产品又分为以下两种情况：

1. 计划内的交换。计划内的交换是指通过国家下达的指令性计划或者指导性计划,采取各种经济合同形式,所规定的国家或者国营工商企业必须完成的收购任务。国家和国营企业计划收购的农副产品,都是商品,都应该通过商品交换的形式。遵照商品交换的原则,即等价交换的原则在这部分商品交换中,一方面,集体经济组织和社员个人必须完成所承担的责任,局部利益和个人利益要服从整体利益。比如城市郊区的蔬菜瓜果生产队和社员承包户,应该首先按照计划要求和合同规定的任务,积极向国营蔬菜部门提供蔬菜瓜果,而不应为了贪求高价,不给国营商业部门供货,不履行合同,而只给私人出售,影响对蔬菜供应的基本保证,影响蔬菜市场价格的稳定。另一方面,国家和国营企业又应该在交换中坚持等价交换,按质论价,不能随意压级压价,应该照顾集体和社员个人的利益,而不能采取损害其利益的一些不正当的做法,也必须正确处理国家利益、集体利益、个人利益三者之间的关系,做到统筹兼顾,使集体和个人在交换中享有应得的利益,得到实惠。

2. 计划外的交换。除去计划内的交换之外,其余需要销售的产品,都由集体组织和社员个人通过各种商品流通渠道,进行交换。对这一部分产品的交换,集体和个人有独立的经营自主权,在国家政策规定的范围内,可以和国营商业进行交换,可以和集体企业进行交易,也可以出售给个人,价格上也有较大的灵活性。集体和个人除了享有经营自主权利之外,同时还负有责任和义务,比如必须遵守国家的有关政策法令,服从市场管理,不得以次充优,不得哄抬物价,不得扰乱市场,不能用损害消费者利益的不正当手段谋取不正当的利益等等。

以上只是讲了交换过程中集体经济及其成员作为卖者的交换活动,以及在这种交换活动中所负有的经济责任,享有的经济权利,以及涉及的经济利益关系。这只是交换过程的一部分,交换过程还包括集体经济及其成员作为买者的交换活动。

集体经济组织及其成员在出售产品,取得货币之后,这些货币从其最终用途来看不外有两种,一是用之作为生产消费,如购买农业机具、农药、化肥、良种、牲畜等生产资料;一是用之作生活消费,如购买生活用工业品、文化用品、医药用品等等。在这一交换过程中,有一部分商品是纳入国家计划供应之内的,如汽车是由国家专业机构统一经营、按计划供应的,石油也是计划供应的。在这一部分商品的交换中,集体经济及其成员必须服从国家计划,负有按计划规定进行交换活动的责任与义务。有一部分是通过与供销或服务企业签订合同进行交换的,如化肥、农药的供应多数是与生产或商业企业签订供货合同,通过履行合同,集体经济和社员个人获得了及时供给所需物资的权利;还有许多产品则是由集体经济和社员个人在市场上自由选购,自由作出决策的。在这一部分计划外的交换中,集体和个人既负有遵守国家政策法令的责任与义务,也享有独立自主的权利;国营和集体的工商企业对作为消费者的集体和个人,也应保护其利益,遵守等价交换的原则,不得以损害消费者利益的错误做法牟取利润。

从上述两种交换的分析中可以看出,我国农村合作经济交换过程本身要求将集体经济及其成员的责权利三者结合起来。

总之,我国社会主义集体农业的生产过程、分配过程和交换过程的性质与特点,无不要求将集体和个人的责权利结合起来。所以,在实行农业生产责任制,调整农村生产关系的具体形式的时候,改变过去责权利缺乏直接联系的状况,调整国家、集体、个人之间的责权利关系,实现集体经济与社员个人的责权利三结合,便成为一个实质问题和核心问题。

农业生产责任制的目的

农业生产责任制作为对社会主义集体农业生产关系具体形式的调整,作为农村合作经济实行的一种新的经营管理制度,它的目的应该包括以下三个方面。从近几年普遍实行生产责任制以来所产生的巨大作用与显著效果中,这些目的也已显示了出来。

(一)发挥集体经济的优越性,调动农民的积极性

过去农村合作经济的经营管理形式存在着大锅饭的弊病,集体经济的优越性不能很好发挥,农民个人的积极性也受到了压抑。这是农村经济发展的一大问题。实行生产责任制,改革经营管理制度,就是为了解决这个问题。

在一些人中间存在一种误解,似乎实行农业生产责任制,只是为了调动农民个人的积极性,对集体经济则不起什么积极作用,甚至有损无益。其实,实行责任制,改革经营管理制度,从根本上说,还是为了办好集体经济,而不是为了损害集体经济,就是调动农民个人的积极性,也是有利于发挥集体经济的优越性的。我们搞个体农业的社会主义改造,走社会主义道路,建立社会主义的合作经济,避免了农村的两极分化,举办了个体农民所办不到的生产事业,发展了农业经济,改善了农民生活,广大农民从心里热爱社会主义,热爱社会主义集体经济。农民群众有意见的是经营管理中的过分集中和吃大锅饭,是责任不明,权利不落实,而不是对集体经济本身有意见。恰恰是这些经营管理制度中的弊病妨碍了集体经济的优越性不能很好发挥。还在50年代后期开始出现包产到户责任制形式时,农民就说包产到户是为了办好合作社。我国农村的集体经济已经有了将近三十年的历史,它的优越性是不容否认的。现在实行生产责任制,正是要去掉原来在经营管理制度中存在的弊病,使广大农民群众能更加深切地

感受到集体经济的好处，使集体经济的各个方面的优越性能更加有力地显示出来。

当然，调动农民群众的积极性，是实行生产责任制的一个重要目的，也是责任制所已显示的一种巨大威力。过去农业合作经济集中劳动、评工记分的形式束缚了农民的积极性；现在责任制实行统一经营与分散经营相结合，实行联产计酬，签订承包合同，增加了农民的责任心，落实了他们的自主权利，更好地体现了按劳分配，这些都有利于调动农民群众的积极性。

(二)进一步解放生产力

实行农业生产责任制，是农村合作经济中生产资料与劳动者相结合的形式、经营管理的形式、计酬分配的形式进行了调整，也就是说，对生产关系的具体形式进行了调整。为什么要调整呢？因为这些具体形式不符合我国农村生产力发展的状况，妨碍了生产力的进一步发展。实行农业生产责任制的目的就是“要根据我国生产力发展的要求，在每一个阶段上创造出与之相适应和便于继续前进的生产关系的具体形式”，促进生产力的发展。

(三)以丰富的农副产品满足社会需要

农业生产责任制本身就是一项社会主义经济制度，它必然要按照社会主义基本经济规律办事，实现这一规律的要求。因此，实行农业生产责任制的最终目的只能是满足社会日益增长的对农副产品的需要。前述两个目的，也都最后表现为这一最终目的。集体经济优越性发挥了，农民的积极性迸发出来了，生产力进一步发展了，农村经济兴旺繁荣起来了，提供给社会的农副产品的品种必然大大增加，数量必然大大增多，质量必然大大提高，粮食、副食品和工业原料都会日益丰富，这一点已正在为现实生活所证实。

在讲到农业生产满足社会需要的时候，从我国的实际出发，总结我们已有的经验教训,应该特别注意处理好国家、集体、个人三者需要之间的关系。作为集体经济和农民个人,应该看到国家的需要、城市的需要和工业的需要;应该想到集体经济的建立和发展,农民的生产和生活,都离不开国家的指导、帮助,离不开城市和工业的支援、协作,国家对农业的投资、贷款,农机、农药、化肥的提供,科学技术的培训、指导和服务,日用工业品的供应等等,都是集体农业发展的不可缺少的重要保证;应该以主人翁的态度积极完成合同规定的向国家的交售任务,履行与国营工商企业签订的产销等各种合同,应该以国家需要、城市需要、工业需要为重。从国家方面来说,又应该看到我国十亿人口八亿是农民,农民的吃饭问题,农民的物质生活和文化生活需要是全国人民生活的一个大头,农民生活安定了,全国的事情也就好办了。我国社会主义建设的实践从正反两个方面反复证明了这一点。凡是注意了农民的生活问题,农民的生活安定了,农业经济就得到发展,整个国民经济的发展也就有了一个稳定的基础;凡是忽视了农民的生活问题,农民生活不得到安定,农业生产的发展就会出现曲折,整个国民经济也会因而蒙受重大损失。所以,应该将国家的需要、集体的需要和农民生活的需要统筹兼顾,记取购“过头粮”的教训。

在分析了农业生产责任制的基本内容、实质和目的之后,便不难回答什么是农业生产责任制这个问题了,也可为它找出一个较为准确的定义,形成一个较为科学的概念。我们可以这么说:农业生产责任制是我国社会主义农业实行的以统分包相结合为经营形式、以联产计酬为分配形式、以经济合同为管理形式的经营管理制度,使资权利紧密结合,国家、集体、个人三者利益统筹兼顾,以便发挥集体经济的优越性,调动农民群众的积极性,进一步解放生产力,满足社会日益增长的需要。

(原刊于《社会科学》,1983 年第 5 期)

试论工业生产经济责任制

一 为什么要推行经济责任制

三中全会以来,工交战线经济体制改革,主要进行了以利润留成为主的扩权试点。这对调动职工的积极性,搞活经济,发展生产起了积极作用。但是,它并没有解决现行经济体制存在的根本弊病,其他改革也没有同它同步、配套。随着经济进一步调整和发展,原存在的问题和新矛盾,也就逐步显现出来:

(一)利润包干指标有鞭打快牛的情况

对试点扩权企业包干的基数利润,一般是采取"环比"的方法来确定的。谁在本年度获得利润多,那末下一个年度他的基数利润也就水涨船高。扩权试点的第一年,对企业的刺激作用比较大,同时带有"恢复"性质,所以利润完成的实际水平也就比较高。以后年度依此为基数包干,给企业留的余地就很小,要超就非常吃力。另方面,这几年来企业的经济关系和生产条件都有所变化。比如,原材料价格有的涨了价,有的还要靠议价收购,工厂产品的价格却保持原价。在这种情况下,确定基数利润时,本应将这些因素剔除,但实际上没有这样做,致使利润包干指标偏高,直接影响了国家、企业和职工之间的经济利益的分配,也造成了企业之间"苦乐不均"。

（二）权、责、利没有很好结合。这三方面的关系是非常密切的，应该同步、协调改革

问题是扩权试点由于未能配套，受到财政、税制、银行、物资、价格、劳动工资等现行体制的限制，使企业的自主权不能完全实现。许多方面国家仍然统得太多，管得过死。在这种情况下，要企业承担一定的经济责任，实现一定的经济利益，显然是没有保证的。

（三）企业的包袱太重，上层建筑与经济基础不相适应的矛盾比较突出

现在企业基本上没有从“小而全”“大而全”的状态中摆脱出来，机构臃肿，效率低能，人浮于事的现象仍然十分严重。企业负担的非生产性开支有增无减，特别是扩权试点单位，这部分负担又从国家转嫁到企业。一些企业的利润留成的绝大部分都花费在这方面了。

（四）企业内部严重存在着“吃大锅饭”和平均主义的现象

这主要表现在三方面：一是发放资金存在着平均主义和滥发的现象。不能起到鞭策后进，鼓励先进的作用。二是少劳不少得。三是基本工资动不得。长期来职工劳动的好坏只能在奖金的限度内奖罚。而奖金的数额一般占工资额的10%左右。对职工的劳动积极性刺激作用不大，而基本工资是“旱涝保收”，所以一些劳动很差的工人依靠基本工资的铁饭碗，坐吃社会主义。这些情况极大地影响了按劳分配原则的贯彻和实现。

利润留成为主的扩权试点，在一定程度上使企业经营效果同职工的经济利益联系起来，但对上述四方面的问题并没有解决。要巩固已有改革的成果，并把改革继续推向前进，不解决这些问题是不行的。

如何解决这些矛盾呢？农业生产推行联产计酬等各种形式的生产责任制，调动广大农民积极性，使一些贫困落后地区的面貌在较短时间内得到改观，出现了高级合作化后二十多年来少有的向上发展

景象。财贸战线结合自身的特点,推行经营包干责任制的实践,对于加速商品流通,活跃市场是一条新路子。联产计酬责任制所以能发挥这么大的作用,主要是它具有以下三个优点:

第一,在"包"字上狠下功夫,能较好地体现国家、集体和个人三方面利益的正确结合。

第二,由于它是以生产责任制为基础,能较好地体现权、责、利的正确结合,所以可以调动每个劳动者当家作主的积极性,那种干活"大呼隆"的情况可以得到较好克服。

第三,由于它联产计酬,使经营效果同劳动报酬直接挂钩,是较好体现按劳分配原则的具体分配形式。在过去的分配形式下,劳动者只管出工干活,不问成本效果,往往是出了杀牛力,办了鸡毛事。在计时工资条件下,个人分配份额在一定时期内是相对固定的,无法激发人们主人翁的责任感,去关心、热爱、保护和发展自己的集体经济,实质是没有找到实行按劳分配的具体形式。实行联产计酬,劳动者以劳动的凝结形态(或物化形态)作为按劳分配的尺度,使"劳"与"得"得到了直观的具体结合,"看得见,摸得着",这就解决了干多干少,干好干坏一个样的弊病,使增产增收获得了持久的内在动力。

可见,联产计酬的生产责任制所要解决的不仅仅是经营管理形式,实质上是对生产关系的调整和完善。由于这种调整,使它更加适合当前我国生产力的状况,所以能促进生产力的迅速发展。这就为解决工交战线改革中所遇到的实际难题找到了一个突破口。因此,工业经济体制改革要进一步巩固和发展,推行联产计酬生产责任制是势在必行。

二　当前推行经济责任制的着重点

工业企业经济责任制是社会主义商品经济条件下,国家管理工业生产的一种经济核算组织形式。它是按照一定的经济关系，组织企业的生产经营和分配活动，以国家、集体和个人三方面利益结合为动力，使经济权力、经济责任、经济利益正确结合，以各种经济杠杆和各种技术经济指标为手段，以最小的劳动消耗取得最大的经济效果为目的的企业经营管理体制。由于它的推行加强了生产经营管理，使企业的经济效果与职工的经济利益直接结合，所以它能调动企业及其广大职工的积极性和主动性，提高企业的劳动生产率和经济效益，从而促进生产的迅速发展。

国营工业企业的生产资料是由代表全民的国家来管理的，但它又是由各个不同企业占有、使用。企业根据社会需要，在国家计划指导下进行生产，从事独立经营。在这里，所有权和使用权是分开的。从全民所有制的整体来看，每一个企业都是全民所有制的组成部分，企业和职工都是生产资料的主人；从个别企业来看，任何一个企业又都不是生产资料的直接所有者，只是独立使用者。在“供给制”体制下，全民所有的生产资料由企业无偿使用。这是否认社会主义全民所有制经济内部还存在商品经济的做法。根据经济核算的要求，它应该实行有偿使用的原则。在社会主义生产资料公有制内部，国家同企业之间的关系，应建立在完成国家规定的任务的条件下，进行独立核算，自负盈亏的基础上；企业之间的关系，应按照等价交换的原则进行经济联系，承担为分工协作提供产品、劳务等社会经济责任；企业同内部职工之间的关系，应根据民主管理和按劳分配的原则，由职工群众当家作主，组织产品的合理分配，使国家、企业和职工的物质利益得到不断增长。这三方面的经济关系，共同构成公有制内部的经济核算体系。经济责任制就是这种经济关系的反映。

经济责任制还是借助经济杠杆和经济力量来管理企业的一种方法。用行政办法管理企业还是需要的，但它应该逐步过渡到按照经济办法来管理,借助各种经济杠杆和机制,如价格、利润、利息、工资、核算、统计、计划、成本、定额等等来协调、指挥和调节经济活动。其中根本之点,是正确运用物质利益机制。经济责任就是一种物质利益的责任。它不同于政治责任。其主要区别在于经济责任必然要引起经济后果,引起物质利益的变化。经济责任制就是强调以物质利益为基础,以物质利益为内在动力,推动企业自觉地改善经营管理,不断提高生产经营的经济效果,促进生产发展。因此,在实行经济责任制时,必须使企业和职工的经济利益同企业生产经营的经济效果直接结合起来,反对"吃大锅饭"。

实行经济责任制时,必须保证企业具有独立经营权,和职工民主管理的权力。在国家统一计划的指导下,让企业具有进行独立核算,自负盈亏的经营管理自主权,成为有充分活力的社会经济细胞。

由上述可见,经济责任制包括:企业独立经营权、企业对提高生产经营的经济效果的经济责任和企业职工的经济利益同企业经济效果的直接结合。也即通常所说的权、责、利的结合。这三方面内容,是互相联系的。独立经营权是对经济效果承担责任和发挥企业生产经营积极性的前提,没有独立经营权企业就无法真正地承担经济责任,而承担经济责任又是赋予企业独立经营权的根据, 不承担经济责任的独立经营权也就失去意义。经济利益是承担经济责任的必然结果,也是企业承担经济责任的动力。如果经济责任不体现在经济利益上,承担经济责任就不能保证。

推行经济责任制,必须从实际出发,结合工业自身特点:第一,工业生产是现代化大生产,各个企业甚至企业内部的各个工段、班组及个人,是在社会或工厂的分工协作体系中进行生产劳动,社会制约性比较大。所以,国家对企业规定生产任务和包干利润时,必须主要由社会协调外部协作条件,保证为企业提供必需的原材料、动力、劳务等。第二,工业企业的生产条件是国家提供的,它有义务完成国家规定的产品、劳务和利润计划,以推动整个社会的扩大再生产。企业的剩余产品要兼顾国家、集体、个人三者利益,并以国家多得为前提。第三,工厂产品是劳动者分工协作的共同结晶,是“我们的产品”。其分配要照顾“左邻右舍”。虽然工业企业的经济效益是共同努力的结果,但是各个工段、班组和个人由于地位和职责不同,只能各负其责。因此,必须建立严格的岗位责任制。第四,工业生产过程和劳动过程是统一的,生产过程的各个环节可以采用现代化的计量手段加以测定,充分利用各种技术经济指标,考核产品数量、质量、消耗,使工人的劳动数量和质量同考核的经济效果直接结合, 并进行严格的计量、统计、核算和监督。这些特点,决定了工交战线推行经济责任制,内容上要比农业丰富得多,形式上也具有自己的特点。

当前,根据工业特点和工业调整的实际步骤,经济责任制的具体内容和做法应是:

1. 国家对企业实行生产和财政任务包干。国家应明确规定企业在一定时期内应完成的主要产品品种、产量、质量、成本和利润基数任务。此项任务确定后,如果企业生产条件不是因为国家新增投资而发生的变化,就应一定几年不变。已经实行扩大自主权的企业,应继续按照试点办法实行基数利润留成增长利润分成。亏损企业、微利企业可以实行减亏包干或利润包干、超亏不补,盈余归己。有条件的小企业要逐步实行自负盈亏,以税代利。此外,还应有计划有步骤地在大中城市按行业实行利润包干。这可叫“初次性包干”,主要解决国家与企业之间的关系。

2. 企业内部对车间实行“第二次包干”,把全厂的总包干任务,分解下达各车间。厂部实行统一核算,自负盈亏,对车间则要求建成为基本核算单位,进行独立核算,按厂内价格考核盈亏,使权、责、利落实到车间。对于临时性和突击性的工作,可实行单项任务承包。各科室与车间,生产车间与辅助车间都要有明确的经济责任,克服企业内部"吃大锅饭"的现象,解决车间之间的平均主义。

3. 车间对工段、班组和个人,一般采用下达作业任务书的方式,将产品产量、质量、消耗指标(要视实际情况,任务指标可增可减)落实到班组和个人。这可谓"第三次包干"。车间内部的包干要有所成效,关键在于抓好定额管理和岗位责任制,加强班组经济核算。把责任制、考核制和奖惩制结合起来。有的企业采用分解指标,百分制考核,计分计奖,效果比较好。在有条件的生产车间和岗位,采用计件工资制或小集体超额计件制,能较好地克服职工之间吃大锅饭和平均主义。在不能实行计件工资的部门,实行浮动工资,对于打破铁饭碗更有显著作用。

4. 在有关企业之间也应明确经济责任,使原料厂与生产厂,主机厂与配件厂,生产单位与运输单位,科研机构与生产厂矿,以及各级经济组织之间,都应签订合同,使各个环节围绕着协作任务,开展增产节约、增收节支。

在推行经济责任制的过程中,必须坚持从实际出发,因地制宜。在当前来说,工作的侧重点,应是:

1. 应以改革企业内部管理体制和分配办法为重点。扩权试点企业的实践说明,前一时期的改革主要解决了国家与企业、企业与企业之间的关系,但并没有解决企业"吃二锅饭"和内部平均主义的问题。这个重点正是从这个实际出发确定的。

2. 在继续解决企业的权责利相结合的同时,重点要解决如何把企业已有的权责利认真落实到车间、班组和个人。实质上就是要很好解决职工当家作主,职工如何参加民主管理企业的问题。企业扩权是比较复杂问题,首先要考虑外部条件是否具备。在经济调整时期,扩权要为调整服务，有利于加强宏观经济的统一领导与微观经济搞活相结合。如果只顾一头，扩权就可能冲击调整，或是纸上谈兵，不能落实。所以，把重点放在解决工人当家作主要现实得多，通过工人发扬主人翁精神，把自己的利益同工厂紧紧联系在一起。通过生产经营效果与工人分配收入直接挂钩，让人人看得见，摸得到，直观具体化。

3. 上述企业内外经济责任，以及企业内部三次性包干，重点在“第三次包干”，这是落实经济责任制的基础，也是全厂包干的核心。在这里，关键是要抓好定额管理和岗位责任制，创造条件推动计件工资和浮动工资制。

4. 根据按劳分配的原则，重点在解决企业内部的平均主义，实行有奖有罚。这是社会主义分配原则的生动体现。所以，实行经济责任制时，要相应地改革奖励制度和工资制度，使经济利益真正体现按劳分配，以调动每个职工的积极性。

三　有关经济责任制的几个问题

（一）包干指标

“包”是经济责任制的基本特征。实行包干，使目标更加明确，责任更加清楚，且又简便易行，因而在激发人们积极性和创造性，促进增产增收方面能够收到速效。“包”牵涉到各方面的经济利益，必须正确规定包的指标和内容。利润作为企业经营活动的最终反映，应该成为包的主要指标，但是只包利润，有可能鼓励企业盲目追求高利产品，出现品种减少，质量下降的现象。因此，在包的指标上，既要有主指标，还必须配以副指标，根据不同企业、不同需要、不同的经营管理水平予以取舍。一般说来，与宏观经济关系比较大的生产活动，像提供能源、提供主要原材料的大中型骨干企业，约束要严。除利润外，还应有产量、品种、质量和合同执行指标，以保证国民经济有计划按比例发展;任务饱满,外部协作条件较好的企业,可以只包利润或产量与质量指标;生产长线产品的企业,为了避免盲目生产,适量控制和压缩一部分生产能力是必要的。对它们在包利润指标外,还应包成本降低额,原材料消耗定额以及资金占用率等指标;任务严重不足,协作条件很差的企业,只包利润,以广开门路,找米下锅;亏损企业,在限期扭亏的前提下,实行亏损包干,减亏留用、超亏不补的办法。

包的时间,宜长不宜短。时间太短,可能发生拼设备、搞突击的现象,不利于改革的进行;同时包应具有延续性,不要中断。包干任务应贯彻稳步持续有所提高的方针。

(二)定额和岗位责任制

定额是实行经济责任制的依据,但目前普遍存在着“乱、低、旧、松”的倾向。有的企业没有定额或定额严重不全;有的把定额一压再压;有的企业定额虽然符合设计标准,但多年来设备添置、技术提高、工艺改进,定额并未相应改变;还有的随便调整定额,既可执行,也可不执行。因此,它在促进增产增收方面的积极作用远远没有发挥出来。定额是企业及其职工在一定时间内关于人力、物力、财力利用方面所应遵守的标准。凡实行经济责任制的企业,必须建立完整的技术经济定额体系,包括劳动定额,原材料消耗定额,设备利用定额,资金占用定额和费用定额等。这样,职工在生产活动中才能有具体的奋斗目标,包干才有科学的基础。定额也不能过高。过高会挫伤群众积极性。正确的原则,应根据企业的生产设备、劳动者的技术水平和熟练程度、管理水平等客观条件,参考本企业历史最高水平、同行业先进水平以及部颁标准,结合目前实际水平,制定一个大多数劳动者经过努力才能完成和超额完成的先进合理定额。它既反映已达到的水平,又反映进一步提高的积极因素,这样基础上的联产、联利计酬才有积极意义。定额一经制定,要相对稳定,切忌年年加码,鞭打快牛的做法使职工多劳不能多得,积极性不可能持久。与此同时,企业还应搞好原始记录;装配准确的计量器具,保证经济数据的真实可靠;制定合理的厂内计划价格,确保内部结算的正确性和经济责任制划分的合理性。

企业的经济责任制是一个完整的体系,不可能生产一线实行,而二线、三线不贯彻。由于二线和三线涉及面广,工作性质不同,应具体分析,采取不同办法。凡能计算经济效果的部门,如供销、财务,应下达定额,实行经济责任制。对不能计算经济效果的部门,包括各级领导干部,就要实行严格的各类岗位责任制。把企业的生产任务或各类工作的有关规定、要求,具体落实到这些部门及其每一个人,使他们的权、责、利更好地结合起来。促进全厂任务的完成。

(三)计件工资与浮动工资

目前,国营企业主要采用计时工资制。由于它是以劳动的潜在形态来反映工人可能提供的劳动数量和质量,在人们觉悟水平没有提高的情况下,往往不利于充分调动职工的劳动积极性,它不管企业和个人是否完成生产任务,这部分收入则旱涝保收,成了铁饭碗。劳动报酬和劳动成果脱节,使得同工不同酬、同酬不同工的矛盾尖锐,生产职工纷纷要求向二线三线流动,技术水平提高缓慢。

计件工资是现阶段较计时工资更为优越的一种工资制度。因为它从劳动的凝结形态来计算报酬,较准确地反映了工人提供的劳动数量和质量,是克服平均主义的一种有效形式。过去认为,计件工资只适应于简单粗笨、相互联系不甚紧密的工种。这种观点过于机械。从目前看,一些机械化程度高、连续生产但能分出节奏的企业,同样实行了计件工资,取得了好效果。因此,生产任务饱满,协作供应条件有保证,产品销售顺畅,有先进合理定额的企业,凡能计量的工作都可以实行计件工资。计件工资有直接计件和超额计件,考虑多年习惯和定额尚不健全的情况，超额计件可能更为妥帖。

凡是不能计件的地方，应推行浮动工资制。根据各地实践情况，浮动工资有三种形式：(1)全浮动，即全部基本工资和奖金的浮动，根据企业经营效果及个人贡献大小，技术水平，重新进行分配；(2)半浮动，即保留基本工资的大部分，其余部分加上应得奖金作为浮动工资，按贡献大小进行分配；(3)小浮动，即基本工资不动，只是奖金浮动。浮动工资制是对原工资制度的一项重大改革，是贯彻按劳分配原则的更好形式，有许多优越性。它打破了固定工资的上限和下限，职工劳动好坏，企业盈亏多少，都直接影响个人收入，因此它有助于克服平均主义，改变吃大锅饭的现象。它使职工所得与其提供的成果多少、经济效益大小直接挂钩，调动了职工生产的积极性和创造性，不断提高劳动生产率。它把劳动量与经济效果结合起来，从而使每个职工既是劳动者，又是管理者，从根本上改变过去工人搞生产，干部搞管理的不合理现象，它有利于促使职工走向艰苦工作岗位，钻研技术。由于浮动的幅度，既取决于个人劳动好坏，还取决于整个企业经营效果的大小，因此与计件工资比较，它利于职工、班组、车间之间的团结、协作和配合，共同全面完成国家任务。浮动工资的三种形式各有利弊，适应不同的企业和车间。对宜于制定个人或小集体定额的，适应全浮动；对自动化联动化程度高，生产连续性、整体性强的企业，适宜半浮动；而企业的行动、后勤部门，小浮动比较合理。

(四)奖金问题

奖金是对超额劳动的报酬，在先进合理的定额基础上，付出的有效劳动越多，产量增加，消耗降低，品种增多，质量提高，综合起来表现的企业盈利增加时，个人所得就应随之增大。仅完成定额，不能得奖。现在许多企业奖金与必要劳动挂起了钩。因此完成定额，甚至有意压低定额后同样得奖。这样奖金鼓励超额劳动的作用越来越小。至于奖金以何形式发放，国家不宜硬性规定，应根据劳动和生产的特点，各时期的主攻方向来确定。比如超产奖、节约奖、质量奖、成本降低奖等单项奖。综合奖并不是唯一、最好的奖励形式。

超产有奖，减亏能否得奖，这是一个现实问题。政策性亏损，往往是为了满足国民经济某一方面的需要，而造成平均先进成本高于国家售价而发生的，它的减少，说明职工提供了超额劳动，降低了成本，减少了国家补贴数额，等于增加了利润。所以按减亏的幅度以一定的比例提奖无可争议。经营性亏损是由于企业经营管理不善造成的，但对那些长期亏损企业，并非单纯是职工不努力的缘故，往往存在一些历史的、客观的原因。如，设备不配套，未形成生产能力，技术工艺落后，协作条件很差，等等。要减少亏损，必然要在挖掘潜力、加强企业管理上下功夫，职工为改变面貌同样付出了更多劳动，因此给奖是有必要的，利于这些企业早日扭亏为盈。

（五）经济合同和经济立法

由于经济责任制强调了集体和个人利益，就有可能出现本位主义、弄虚作假、损公肥私、违法乱纪的现象，以及不执行生产计划，破坏社会再生产的顺利进行。为此，必须把相互联系的单位之间的权利和义务、相互承担的经济责任用签订合同的方式固定下来，以保证经济责任制的顺利推行。要充分发挥经济合同的组织、联系和制约作用，建立一个严密的合同体系，包括国家与企业、企业与企业、企业与个人的合同制。国家与企业的合同，主要是一次性包干的内容，有产量、品种、质量、利润和合同订货期，以及企业的产品方面、生产规模和国家为企业提供的生产条件。这样，便于明确国家与企业的经济责任，减少计划管理的盲目性。企业与企业之间的合同，主要是供应、销售、运输、加工、租赁等方面的合同，以保证双方外部生产条件的畅通。企业内部的经济合同，是指企业与车间、车间之间、车间与个人之间的合同。包括供应条件,产品和劳务的数量与质量,工艺技术条件、供应时间等。这样,才能把企业的任务协调地层层落实到车间、班组和个人。完整的合同体系才能把企业的外部与内部,内部的各环节联系起来,使得上下左右协调经营活动,从而保证企业各项经济指标的顺利实现。为了巩固和保证经济合同的顺利执行,还必须借助上层建筑的力量,建立健全经济立法和经济司法,增强人们在经济生活中遵守法律的观念和习惯。无论企业和个人,凡在实际经济活动中违反了经济法律和条例,就构成犯法行为,应受到法律的制裁。只有这样,随意撕毁合同、片面执行合同的现象才能有效制止,才能避免经济活动中混乱现象的发生,使工业生产经济责任制充分发挥作用,取得最理想的经济效果。

（原刊于《社会科学》,1984 年第 1 期）

农民脱贫致富及共同富裕问题研究

邓小平关于新时期农民脱贫致富的思想与战略

脱贫致富是我国社会主义基本制度确立之后解决农民问题的核心,是科学社会主义在当代实践中提出的重大课题。邓小平关于新时期解决中国农民脱贫致富的思想与战略，是建设有中国特色社会主义理论的重要组成部分，在科学社会主义发展史上写下了光辉的一页,从而丰富和发展了马克思主义的农民学说。

正确认识新时期农民的地位、作用与特点，准确把握其根本要求,是解决农民脱贫致富的首要问题;充分肯定农民启动中国第二次革命的首创精神,以实行家庭联产承包责任制、解放农村生产力作为农民脱贫致富的突破口;以乡镇企业异军突起为契机,开拓了有中国特色的转移农业劳动力、实现农村工业化和农村城市化的途径;坚定不移地以占人口大多数的农民利益为着眼点，不断解决农民比较利益下降的问题，走农业与工业共同发展、农村与城市共同富裕的道路;揭示了农业现代化和农业集体经济“两个飞跃”的战略方向,指出了从根本上实现农民共同富裕的光辉前景。

如何认识和解决农民问题,曾经成为中国民主革命的基本问题。在我国建立起社会主义基本制度、进入社会主义现代化建设新的历史时期,如何认识和解决农民问题,再度成为建设有中国特色社会主义、实现社会主义现代化的基本问题。发展农村生产力、脱贫致富,又是新时期农民问题的核心,邓小平在新的历史条件下,高度关注并紧紧把握住农民问题,提出了一系列解决农民脱贫致富的思想与战略,开拓了有中国特色的发展农村生产力、脱贫致富的道路,从而构成了建设有中国特色社会主义理论的重要组成部分。

在农民占人口大多数的落后国家建设现代化的社会主义，都会面临着一个农民脱贫致富的问题，这在科学社会主义的理论和实践中是一个重大的新课题。邓小平关于新时期解决中国农民脱贫致富的思想与战略,以及他在这方面的光辉实践,在科学社会主义发展史上写下了光辉的一页,从而丰富和发展了马克思主义的农民学说。

一　正确认识新时期农民的地位与作用，准确把握其根本要求,是解决农民脱贫致富的首要问题

正确认识新时期农民的地位、作用及特点，准确把握其基本要求,正确对待农民,是邓小平关于新时期的农民问题的思想中处于第一位的问题,也是解决新时期农民脱贫致富的基本立场。邓小平对新时期我国农民的历史地位,思想脉搏、农村经济状况进行了透彻的分析,深刻阐述了人口多特别是农民多是现代化建设的一大基本特点,充分肯定了农民是我国第二次革命的发动者，农村是现代化建设的基础战场,引导农民脱贫致富、实现农业现代化,是我国经济发展的战略重点,必须长期坚持不动摇。

(一)在实践富民强国的远大理想中,始终关心和热爱中国农民

邓小平一贯关心和热爱中国农民。他从青少年时代起,便走上了漫长、曲折而又光辉的救国救民之路。在新民主主义革命时期,为了苦难深重的中国农民的解放，他作出了重大的贡献。在新的历史时期,为了富民强国,引导农民脱贫致富,他呕心沥血,艰苦探索,迈向了解决农民问题的光辉历程。他曾深情地说:“我是中国人民的儿子,

我深深地爱着我的祖国和人民。”[①] 作为建设有中国特色社会主义的总设计师，对尚未摆脱贫困生活状况的我国农民给予极大的关注和同情。他认为，按我们的使命和社会主义的生产目的衡量，对农民是欠了账的，是愧对农民的。他下决心解决农民的温饱问题。我们的国家太穷，已经穷了几千年，我们一定要让他富起来……，“不管天下发生什么事情，只要人民吃饱肚子，一切就好办了”[②]。

一种正确的思想总是来源于实践，来源于人民群众的首创精神，来源于对实践的科学的总结。邓小平从我国国情和民情的实际之中，从农民脱贫致富的实践之中，从对农民实践经验的科学总结之中，形成了关于新时期农民脱贫致富的思想与战略。他又把所有这些思想和农民的深厚的阶级感情倾注在相信农民，依靠农民，尊重农民的首创精神，支持农民创造的新生事物，引导农民脱贫致富的伟大实践之中。

（二）牢牢把握新时期农民阶级的本质和主流，充分尊重农民的主人翁地位

由于“左”的错误思想的指导，我国在农业社会主义改造完成后，由于仍然把农民看作是“资本主义自发势力”，担心农民走资本主义道路，频繁地搞“穷过渡”，不断地“堵资本主义路”，“割资本主义尾巴”，批判农民“发家致富”，严重挫伤了农民的生产积极性，给农村经济造成了灾难性的后果。

邓小平坚持实事求是的科学态度，纠正了对农民的传统偏见，牢牢把握住了新时期农民的本质和主流，尊重农民作为农村集体经济和国家主人翁的地位，与过去不相信农民的“左”的错误认识划清了

---

①《我的父亲邓小平》末页。

②《邓小平文选》第二卷，人民出版社，1994 年版，第 406 页。

界限。新时期农民阶级在经济上由原来的小生产者变为集体农民,是社会主义生产关系的体现者;在政治上由原来受剥削受压迫的地位变为国家和社会的主人;尽管农民阶级仍然存在着小生产者的痕迹,但走社会主义道路,不仅是历史的必然,也是在中国共产党领导下农民的自愿选择。社会主义的伟大实践在农民心中深深扎了根,爱党、爱社会主义,是广大农民的思想主流。正如邓小平所说:“五十年代,人民讲理想、纪律,爱党,爱国家,三年困难时期,团结奋斗,共渡难关。多好的老百姓啊!”[①] 这就从根本上恢复和发展了我们党相信群众,依靠群众的工作路线。在此基础上,为广大农民创造了宽松的、良好的发展生产力、脱贫致富的环境和条件。这就是邓小平所提出的:在集体经济的形式方面,农民愿意采取哪种形式,哪种形式在哪个地方能够比较快地发展生产,就采取哪种形式,在发展生产方面,哪里适宜什么就发展什么,不搞强迫命令和硬性规定;鼓励农民勤劳致富,让一部分农民先富起来,等等。

在邓小平正确思想的指导下,农民启动了中国的第二次革命。广大农民释放出极大的改革热情,迸发出前所未有的发展生产、脱贫致富的聪明才智。农民创造了家庭联产承包责任制,又创造了乡镇企业。从此,中国农民以中国改革的启动者的作用名载史册,震撼世界。这对我们的深刻启示是:只有正确认识新时期农民的本质,尊重农民的主人翁地位,尊重农民的首创精神,发展农村生产力,实现农民脱贫致富就大有希望。反之,就会失去民心,导致失败。

(三)准确把握新时期农民的根本要求,开拓具有中国特色的脱贫致富的道路

经历了数千年贫困悲惨生活的中国农民,在建立起社会主义基

---

①《邓小平文选》第三卷,人民出版社,1993年版,第318页。

本制度之后，憧憬着实现共同富裕。但是，在相当长的时期，我们丢掉了发展生产力这一社会主义的根本任务，频繁地沿着“一大二公”搞穷过渡。结果，正如邓小平所指出的：“大多数农民是处在非常贫困的状况，衣食住行都非常困难。”[①]

邓小平同志深切地关注占人口大多数的农民仍处于贫困的状况，而且从 50 年代末到 70 年代末农民力图冲破对农村生产力发展的障碍、力求改变贫困状况的曲折而又坚韧的努力中，洞察到农民的根本要求是发展生产力，脱贫致富，并进而把农民的这一根本要求归结为社会主义的本质要求，归结为落后国家建设社会主义的普遍性规律。他深刻地指出：“社会主义的首要任务是发展生产力，逐步提高人民的物质和文化生活水平。从 1958 年到 1978 年这二十年的经验告诉我们：贫穷不是社会主义，社会主义要消灭贫穷。不发展生产力，不提高人民的生活水平，不能说是符合社会主义要求的。”[②] 他还特别从落后国家的实际出发，强调大力发展生产力，逐步消灭贫穷，是落后国家建设社会主义的带有普遍性的历史要求。这就使人们对农民在社会主义制度下要求发展生产力、脱贫致富的根本愿望有了一个科学的、本质的认识。邓小平正是站在这种本质认识的高度，极其关注和重视农民的根本要求，坚持“从群众中来，到群众中去”的认识路线和工作路线，不断开拓具有中国特色的发展农村生产力、脱贫致富的道路。

---

①《邓小平文选》第三卷，人民出版社，1993 年版，第 238 页。

②《邓小平文选》第三卷，人民出版社，1993 年版，第 116 页。

二　充分肯定农民启动中国第二次革命的首创精神，以实行家庭联产承包责任制、解放农村生产力作为农民脱贫致富的突破口

中国农民从切身的体验中认识到，要发展生产力，脱贫致富，实现共同富裕，首先得排除发展农村生产力的障碍。这些障碍主要是不适合我国农村生产力状况和农业生产特点的农村集体经济的具体形式和经营管理体制。

在合作化过程中，我国农村集体经济逐步形成了高度集中统一，以行政手段为特征的经营管理体制，以及与劳动成果不挂钩的平均主义“吃大锅饭”的分配制度。广大农民在实际生活中，越来越感受到集体经济的这种管理体制和分配形式不符合农业生产力的状况和特点，挫伤了集体经济和农民的积极性，束缚了因地制宜发展生产的手脚，最终影响了农民生活的改善。从50年代末开始，农民就开始寻求符合农村生产实际的集体经济的新的管理体制和具体形式。从“三包一奖”（包工、包产、包生产费用，超产奖励）到包产到户，中间经过几次大的挫折，但是具有强大生命力的农民的改革不断冲破重重障碍，为自己开辟道路，最后终于发展为以家庭联产承包为主的责任制。家庭联产承包责任制实行“三个结合”，即集体经济统一经营与分户分散经营相结合，农民的责权利相结合，劳动者的个人报酬与劳动成果相结合。这“三个结合”使集体经济和农民有了生产经营自主权，破除了平均主义“吃大锅饭”，农民的积极性极大地释放了出来，农村生产力又一次获得了解放。

站在中国历史潮流前列的邓小平，在党内外还对农民的改革创举存在着疑虑的时候，就坚定地站在农民的一边，支持农民的创举。他满腔热情地说：“安徽肥西县绝大多数生产队搞了包产到户，增产幅度很大。凤阳花鼓中唱的那个凤阳县，绝大多数生产队搞了大包

干，也是一年翻身，改变面貌。有的同志担心，这样搞会不会影响集体经济。我看这种担心是不必要的。”[①] 农民搞农业生产责任制的改革创举，有以邓小平为代表的党中央的热情支持和积极引导，十一届三中全会以后，很快在中国农村遍地开花结果，农业生产很快上了一个新台阶，农民生活显著改善。

邓小平坚定支持农民改革的创举，源于他对农村改革的实质和深远意义的认识。他敏锐地观察到农民创造家庭联产承包责任制不仅直接解放了农村生产力，更深远的是启迪了一个真理，即在社会主义制度下，也要扫除生产力发展的障碍，还存在着通过改革开放生产力的历史任务。他把农村改革看作是中国第二次革命的序幕，把农民在农村改革中显示出的历史作用看作是中国第二次革命的启动者。他坚定支持家庭联产承包责任制，既直接支持了农村改革中的这一新生事物，更在于由此去开展中国现代史上又一次伟大的解放生产力革命性变革。所以，我们说，邓小平是在充分肯定中国农民启动了中国第二次革命的历史作用的认识基础之上，选准了实行家庭联产承包责任制、解放农村生产力作为农民脱贫致富的突破口。作为这样一个突破口，在全国普遍实行家庭联产承包责任制的短短的几年中，我国粮食产量由 1978 年的 3 亿吨，只用了 6 年时间，到 1984 年就突破了 4 亿吨大关，而由 1958 年的 2 亿吨增长到 1978 年的 3 亿吨，则花了整整 20 年的时间。农民人均纯收入由 1978 年的 133 元增长为 1984 年的 355 元，1979 年至 1984 年农民人均纯收入的平均年增长率高达 13.9%。以此为突破口，展现出发展农村生产力、农民脱贫致富的一片光明前景。

---

①《邓小平文选》第二卷，人民出版社，1994 年版，第 315 页。

三 以乡镇企业异军突起为契机，开拓了具有中国特色的转移农业劳动力、实现农村工业化和农村城市化的途径

中国农民在发展生产力，脱贫致富的道路上遇到的第二个问题，是耕地少，人口多，直接制约着农民的脱贫致富和农业劳动生产率的提高。正如邓小平所指出的："长期以来，我们百分之七十至八十的农村劳动力被束缚在土地上，农村每人平均只有一两亩土地，多数人连温饱都谈不上。"[①] 为了提高农业劳动生产率，脱贫致富，就有一个转移农业劳动力，安排农村剩余劳动力就业的问题。在党的十一届三中全会制定的搞活农村经济方针政策的指引和鼓励下，各地农民和农村组织有了生产经营自主权，放开了手脚，因地制宜，向生产的广度和深度进军，农村出现了许多新的行业，其中乡镇企业的崛起影响最大，最引人注目。

对于异军突起的乡镇企业，邓小平在热情赞扬的同时，深刻揭示了它的作用，"农村改革中我们完全没有预料到的最大的收获，就是乡镇企业发展起来了"，"乡镇企业的发展，主要是工业，还包括其他行业，解决了占农村剩余劳动力百分之五十的人的出路问题。农民不往城市跑，而是建设大批小型乡镇"[②]。在这里，邓小平概括揭示了乡镇企业在两个方面的重大意义，即开拓了农村工业化的新路子，开拓了转移农村剩余劳动力和农村城市化的新路子。

从开拓农村工业化的新路子方面来看，过去我们搞工业化，主要是国家投资，建设以重工业为重点的工业基地，是一种把农村和农民排斥在外的孤立的城市工业化路子，现在乡镇企业发展起来了，而且

①《邓小平文选》第三卷，人民出版社，1993 年版，第 251 页。

②《邓小平文选》第三卷，人民出版社，1993 年版，第 238 页。

主要是工业，是农村基层组织和农民出资在农村大搞工业，工业企业在全国农村遍地开花结果，开创了前所未有的农村工业化的新局面，既改变了农村单一的产业结构，也通过以工建农、以工补农，有利于农业发展，大大增加了农民的收入。

从转移农村劳动力和农村城市化方面来看，我国拥有世界22%的人口，而耕地只占世界耕地的7%，农村剩余劳动力的问题更为严重，我国农业劳动力约剩余1.4亿人左右。在世界发达国家实现工业化的过程中，同时实现了农村城市化。农村城市化的首要标准和关键是农村人口和农业劳动力的非农化，向其他产业和行业转移农村剩余劳动力。般来说，农业人口和农业劳动力占全社会总人口和总劳动力的比例在20%以下。其他产业和行业转移农村劳动力，实现农村工业化，有利于增加农民的收入。在我国随着工业和第三产业以及城市建设的发展，城市已吸收了一批农村剩余劳动力，但是由于我国人口多，加之城市本身的就业压力也很大，工业的有机构成较高等因素，现有城市不可能吸收大部分农村剩余劳动力。乡镇企业的兴起，开拓了一条转移农村剩余劳动力的新的重要渠道，开拓了一条带有中国特色的农村城市化的新路子。

这一条有中国特色的转移农村劳动力、实现农村工业化和农村城市化的路子，在发展农村生产力、农民脱贫致富方面已经显示了巨大的作用。1993年，乡镇企业总产值达2.9万亿元，占农村社会总产值的60%以上；职工总数已达1.12亿人，超过了国有企业职工总数；在1978年以前，农民纯收入主要来源于农业（约占85%以上），1992年，农民从非农产业得到的收入所占比重约为1/3，而且可以预料，非农产业在农民纯收入中所占的比重将会进一步上升。

四 坚定不移地以占人口大多数的农民的利益为着眼点，不断解决农民比较利益下降的问题，走农业与工业共同发展、农村与城市共同富裕的道路

中国农民在发展生产力、脱贫致富道路上遇到的第三个问题，是农民和农业的比较利益过低，这种状况严重影响着农民生活的改善，挫伤农民发展农业生产的积极性，也是一个关系大多数人的物质利益的大事。邓小平始终关注占人口大多数的农民的物质利益，而且对物质利益作了科学的分析，提出了革命是在物质利益的基础上产生的论点，并与过去那种只讲革命精神，不讲物质利益的唯心论划清了界限。正是在邓小平这一思想的指导下，我们党和国家自十一届三中全会以来作出了一系列重大的决策，维护农民的利益，特别是农民和农业的比较利益，以改善农民的生活，调动农民发展农业生产的积极性。

在农民与农业的比较利益过低方面，比较突出、也影响农民的收入，影响农民搞农业生产积极性的，是工农业产品价格之间的剪刀差。这种剪刀差是历史长期形成的，实质上是工业产品交换中的不等价交换。通过这种不等价交换，农民创造的一部分价值为工业所占有。新中国成立初期，当工业还没有发展起来，工业本身不可能提供多少积累，工业化的资金积累主要来自农业，其中包括从工农业产品价格剪刀差中得来的积累。现在我们已经建立起了一个比较完整的工业体系，工业本身能提供的积累大幅度增加，就有条件逐步缩小剪刀差，减少农民的损失，保护农民和农业的利益。邓小平同志反复强调，在我们这样一个有8亿多农民的国家，应该始终把农民和农业的利益放在我们考虑问题的首要位置。在邓小平这一战略性思想的指导下，十一届三中全会，决定提高粮食和其他农产品的价格。近年来

对农产品的价格又作了几次调整。但是由于农用生产资料和一些工业品大幅度轮番涨价,曾一度缩小的剪刀差又趋拉大,从1989年到1991年,剪刀差共扩大了16.5%。剪刀差的扩大,挫伤了农民从事农业生产的积极性,反过来也使农民购买农用生产资料和其他工业品的能力下降,影响到工业的发展。所以,逐步缩小剪刀差,既关系到维护农民的利益,也关系到农业和工业的共同发展。

在农民的比较利益方面比较突出的第二个问题,是农村与城市人均收入差别、城乡生活水平差别过大,1978年农民与城市居民的收入比为1:2.4。社会主义国家的目标就是逐步缩小以至消灭城乡差别,而且当前这种过大的差别中有很大一部分是不合理的因素,如工农业价格的剪刀差。不论是为了逐步缩小城乡差别,还是为了保护农民利益,保护农业的发展,都应该缩小城乡人均过大的差别。在城乡富裕的关系问题上,邓小平一再强调农民富裕是城市富裕和全国富裕的基础,他反复告诫,“城市搞得再漂亮,没有农村这一稳定的基础是不行的”,“农民没有摆脱贫困,就是我国没有摆脱贫困”。在邓小平的这一思想指导下,十一届三中全会以来党中央制定了一系列政策,以有利于提高农民的收入、缩小城乡人民收入的差距。扣除物价因素,1980年至1984年,农民人均纯收入年增长率为15.1%,农民与城市居民的收入也从1978年的1:2.4下降为1984年的1:1.7。但是,近几年来,由于农业生产资料价格上涨过猛,农业生产成本增高,加之农民负担过重,农业投入减少等原因,农民人均纯收入年增长率大大下降,一度缩小的城乡收入差别又趋拉大。我们必须牢记邓小平的告诫,把占人口大多数的农民的富裕和农业的发展始终摆在战略重点的地位,切不可忽视甚至牺牲农民和农业的利益,来追求城市和工业的发展,必须始终坚持邓小平开拓的以农民的富裕和农业的发展为基础,农业与工业共同发展,农村与城市共同富裕的道路。

五　揭示了农业现代化和农业集体经济"两个飞跃"的战略方向，指出了从根本上实现农民共同富裕的光辉前景

邓小平作为我国社会主义现代化建设的总设计师，于70年代就提出了农业要现代化，1990年又进一步提出了社会主义农业改革和发展的"两个飞跃"的思想，从而为根本上解决农民共同富裕问题提出了光辉灿烂的前景。

（一）依据农业和社会经济发展规律，提出了农业现代化的基本要求

1980年邓小平讲到集体化的进一步发展时，提出了几个条件，一是机械化水平提高了；二是管理水平提高了，有了一批具备相当管理能力的干部；三是农村的社会分工和商品经济大大发展了。后来在讲到农业的第二个飞跃时，又强调了科学种田和生产社会化这个前提条件。这些都集中体现了邓小平关于我国农业现代化的基本要求的思想，概括起来是：

第一、实现农业技术的现代化，由传统农业向科学化的现代农业转变。农业技术的现代化是指在农业领域广泛采用现代科学技术，应用现代工业提供的技术装备，实行科学种田。它包括实现农业的机械化、化学化，包括当代生物技术的应用，还包括保持生态平衡。

第二、实现农业经济发展水平的现代化，由自然经济、半自然经济的小生产向高度商品化、社会化的农业经济转变。封闭的、自给自足的农业经济，是社会发展自然进程中的低级阶段。随着生产的发展，出现了专业化分工，并在此基础上，发展起来了以市场为依托的商品经济和生产经营者之间互相依赖、广泛联系的社会化大生产，社会经济进入了一个更高的阶段。这是社会经济发展的必然趋势。

第三、实现农业管理的现代化，并培养出现代化的农业生产经营

者。现代管理已成为一门科学,构成了农业生产力的一个重要因素。而农业生产经营者更是农业生产力中最活跃的因素，实现农业现代化,必然要求培养出一支能运用现代技术、了解市场,具有现代管理能力的农业生产经营者队伍。

由此可见,邓小平关于农业现代化的基本要求的思想,充分体现了农业生产和社会经济发展规律的要求。

(二)适应农业现代化的需要,指出了我国社会主义农业集体经济"两个飞跃"的战略方向

农业生产力的发展,农业现代化基本要求的实现,就会要求农业集体经济的经营规模、集体化水平与之相适应。邓小平依据生产关系要适合生产力发展水平的规律,在80年代初就预见性地指出:"只要生产发展了,低水平的集体化就会发展到高水平的集体化,集体经济不巩固的也会巩固起来。"他还明确指出,农业现代化的几个基本要求具备之后,"目前搞包产到户的地方,形式就会有所发展变化。"进而深刻地揭示:"这种转变不是自上而下的,不是行政命令的,而是生产发展本身必然提出的要求。"[①] 到90年代初,他根据我国农村适应农业现代化需要出现的适度规模经营等新情况，进一步提出:"中国社会主义农业的改革和发展,从长远的观点看,要有两个飞跃。第一个飞跃,是废除人民公社,实行家庭联产承包为主的责任制;第二个飞跃适应科学种田和社会化的需要,发展适度规模经营,发展集体经济。"[②] 邓小平正是根据生产力发展水平和群众意愿,揭示出我国农业经营规模和集体经济发展水平的战略方向。

家庭联产承包责任制对调动农民积极性和促进农业生产起了重

---

①《邓小平文选》第二卷,人民出版社,1994年版,第316页。

②《邓小平文选》第三卷,人民出版社,1993年版,第335页。

大作用，被邓小平视为中国社会主义农业改革和发展的“第一次飞跃”，并继续作为适合大多数农村生产力水平的经营方式，要求稳定完善。同时他又看到其逐步暴露出的“人人分地，户户种田”，分散经营、土地利用率不高，生产率不高等问题，也看到随着农村生产力水平的提高，我国目前已出现了一些农业适度规模和高水平集体经济的新形式、新典型所代表的发展方向。

邓小平在发展适度规模经营和集体经济的问题上，特别强调要具备必要的条件，要尊重群众的意愿。有条件的地区，只要群众愿意，就可以先搞；而条件不具备的地区则要不断发展生产，准备条件，条件具备后，又以群众意愿为准，决定搞的具体形式和时机。一切都要“从长远的观点看”，“要同人民群众起商量着办理”[①]。

（三）从我国的国情出发，提出了工业为农业服务，依靠农民群众开创实现农业现代化的具体途径

有了农业现代化的明确的基本要求，又有了适应农业现代化的社会主义农业集体经济发展的战略方向，接踵而来的是实现农业现代化的具体途径问题。邓小平从我国的国情出发，特别强调工业要为农业现代化服务，要依靠农民群众开创农业现代化的具体途径。

经过几十年的建设，我国已形成了一个比较完整的工业体系，社会主义的国有工业企业已具有相当雄厚的物质和技术基础，已成为我国国民经济的主导力量，也是实现我国农业现代化的强大的后盾。邓小平从我国的国情出发，一贯主张工业要“确立以农业为基础，为农业服务的思想”，明确指出“促进农业现代化，是工业的重大任务。”[②]农业现代化的机械化、化学化要靠工业来提供，农业现代化要依靠城

①《邓小平文选》第三卷，人民出版社，1993年版，第268页。

②《邓小平文选》第二卷，人民出版社，1994年版，第28页。

市的科技力量的帮助。围绕这一思想,他发出了“工业要加强支援农业”的号召,首先强调“为农业服务的工业生产不能减弱,还要改善。”比如,农业机械,如何根据各地不同的情况,向农民提供适用的农机具;又如,水利建设,如何兴修、维修水利工程,提高灌溉效益;又如,化肥生产,要生产适用在各地不同土壤需要的化肥等。[①] 另外,他又提出“工业区、工业城市要带动附近农村,帮助农村发展小型工业,搞好农业生产,并且把这一点纳入自己的计划”,“城市可以帮助农村搞一些机械化的养鸡场,养猪场。”

尊重农民的首创精神,是邓小平的一贯思想和工作路线,在发展农业生产,实现农业现代化的途径方面,他反复强调,各地农民要因地制宜,发挥优势,自己去开创发展的路子。我国农民遵循着这一指导思想,从当地的实际出发,大胆探索,开创出了丰富多彩的迈向农业现代化的路子。有的依托大中城市,发展乡镇集体工业,走以工补农,以工建农,实现农业机械化和科学种田的路子;有的发挥科技优势,种、养、加三结合,走高产、优质、高效农业之路;有的以市场为依托,以商品生产为目的,走综合经营,专业化生产,分工协作的路子,形成专业户,专业村,专业市场等等,由农民闯出的种种路子,尽管是少数地区,有些也不具备普遍性,但是,它们有利于现代化,是农业现代化的先河,是通向农业现代化的实现共同富裕的光辉前景。

在邓小平关于新时期农民脱贫致富的思想与战略的指引下,我国大多数农民已经解决了温饱,一部分地区已达到了小康。只要沿着邓小平指引的方向坚定不移地走下去,中国农民多少世纪以来梦寐以求的共同富裕必将实现。

(原刊于《时代学刊》,1994 年增刊)

---

①《邓小平文选》第一卷,人民出版社,1994 年版,第 326 页。

国以民为本,民以食为天

——农民脱贫致富与农业现代化的思考

中国80%的人口居住在农村。革命战争年代,农民问题是中国革命的根本问题。农村的民主革命完成之后,农民的根本要求,从推翻封建剥削制度,求得解放,转变为发展农村生产力,摆脱贫困,实现富裕。在社会主义现代化建设时期,作为有9亿农民的大国,农民的贫或富,农业的兴或衰,举足轻重,关系到社会主义现代化的成或败,整个社会的稳定或动荡。当代中国经济与社会的热点和难点,首先是9亿农民的脱贫致富问题。

进入社会主义建设时期以来,中国农民在脱贫致富的道路上已经实现了一次飞跃,目前正处在第二次飞跃阶段。第一次飞跃的内涵是实行以家庭联产承包为主的责任制和乡镇企业的兴起,第二次飞跃的内涵是实现农业的现代化。

一　农民脱贫致富的第一次飞跃
——具有强大生命力的家庭联产承包责任制和乡镇企业

自从农业生产责任制的雏形在农民的实践中产生之后,人们无不感受到它是一股不可抗拒的历史潮流,具有百折不挠的强大生命力。人们不禁要问:以家庭联产承包为主的农业生产责任制为什么会遍及全国农村?它的出现是偶然的,还是有客观必然性?

农业生产责任制不是一个早上出现和发展起来的,它已有40多年的历史,走过了一段曲折的道路。这段历史道路以雄辩的事实证明了农业生产责任制是我国社会主义农业发展的必然趋势，是农民脱贫致富的必然选择。

(一)农业生产责任制的初期发展时期

农业生产责任制的初期发展时期包括两个发展阶段,即以“三包一奖”责任制为主要形式的第一个发展阶段,和以包产到户为主要形式的第二个发展阶段。

发展的第一阶段

在初级农业生产合作社时期，一开始就实行了社员集中劳动和按劳动日评工计分进行分配的经营管理制度。实行这种制度,社员每天得等社干部派活,干了今天的,不知明天的;在一起集中劳动,窝工浪费;社员评记的工分,分得的收入,与劳动成果没有直接的联系。这些都影响社员劳动的积极性,不利于生产的发展。于是,群众在实践中逐步创造出了“三包一奖”的责任制。

“三包一奖”就是包工、包产、包生产费用,超产奖励。当时“三包”的承包者不是农户,而是生产队或者生产组。各生产队(组)有固定的劳力、土地、耕畜。合作社对各生产队(组)的耕地按土地等级、常年产量,再加上增产措施,规定产量;按照各项农活需用的劳动日,规定用工数;并规定每种作物每亩地的投资数,将产量、用工总数、投资限额一起包给生产队(组),实产超过承包产量者奖励,减产者赔偿,用工数和生产费用节余者归承包单位所有,超过者社里不补。这种承包责任制在解决集体劳动中责任不明,劳动效率不高,劳动收入与劳动成果之间缺乏联系方面迈出了可喜的一步。正因为它有这些优点,在多数地区广泛实行,一直延续到高级合作社时期。

发展的第二阶段

“三包一奖”毕竟是我国农民创造的具有中国特色的农业生产承

包责任制的第一个雏形,在实践中逐渐显露出了一些新的矛盾,需要进一步完善和发展。

“三包一奖”存在的矛盾主要是:合作社与生产队(组)之间的责任明确了,生产队(组)与生产队(组)之间分配上的平均主义解决了,但是社员与生产队(组)之间的责任仍不明确,社员与社员之间分配上的平均主义继续存在。这些都制约着集体生产的质量和社员的积极性。

“三包一奖” 存在的缺陷和矛盾又向我国农民提出了新的挑战,他们接受了这一挑战, 在创造更加符合我国农业生产特点和合作经济特点的经营形式方面开始了新的试验,跨入了一个新的阶段。

广大农民群众在实际生活中深深感受到集中劳动,评工记分,天天等候派工,夜夜熬夜评工,活干不好,觉睡不好,团结也搞不好,越来越认识到“三包”包到户比包到队(组)更好。于是,在一些地方开始了向“三包到户”发展的趋势。

开始时,有些地方在生产队(组)“三包”的基础上,实行了田间管理个人责任制,将生产队(组)承包的土地分别划给社员个人负责管理。这种形式只是“包工”,没有“包产”。后来,就干脆以农户为单位实行“三包”。“包产到户”的承包责任制形式诞生了。1956 年开始在一些地方出现,接着向周围地区很快扩展。例如浙江省温州地区的永嘉县 1956 年开始搞包产到户的试点,到了 1957 年夏季,在全专区出现了一股包产到户的不可遏止的热潮, 很快在大约 1000 个农业社、178000 多户社员中推行了开来。当时从南方到北方,许多地方都出现了大同小异的“包产到户”的承包责任制形式。包产到户承包责任制的出现,是对“三包一奖”的重大发展,是解决合作社统一经营与农户分散经营相结合方面的重大突破, 是在社员个人收入与其劳动成果之间建立直接联系方面的重大创造, 是克服分配中的平均主义的重大成果。今天的家庭联产承包责任制正是在这种形式的基础上发展、完善而来的。

不幸的是,合作化运动后期在指导思想上发生了要求过急、改变过快、形式简单划一的偏差,特别在“公社化”运动中出现了“左”倾错误,追求“一大二公”,本来正在发展的“包产到户”的实践被中断了,遭受了一次又一次的打击,在我国农业生产承包责任制的道路上出现了历史的曲折。

(二)历史的曲折

在农业生产承包责任制走过的这段坎坷的道路上,经历了三次严重的曲折。

第一次曲折

第一次曲折发生在 1957 年。当时在农村两条道路大辩论中,“包产到户”首当其冲,给轻率地戴上了“资本主义道路”的帽子,简单地归结为“富裕中农的要求”,粗暴地进行了批判。在当时的大辩论中,有些农民根据切身的体会,仍然压抑不住对包产到户的向往,大胆赞扬了它的意义和优越性。当时有的农民就这样说:“要想办好我们的社,就一定要包产到户。第一,包产到户能加强社员的责任心,避免生产上的混乱;第二,能够保证社员增产增收,社员积极性会提高;第三,社员也可以比较自由,自己安排生产时间;第四,各负盈亏,互不揩油。”[①] 但是,对这样的符合实际的总结和反映广大农民的心声,当时是作为富裕中农言论的反面材料加以批判的。在合作化进程中,广大农民费尽心血、历尽艰苦创造出来的“包产到户”责任制,就这样给粗暴地“辩论”掉了。

第二次曲折

①《人民日报》1957 年 10 月 13 日。

农业生产承包责任制遭遇的第二次曲折发生在人民公社化运动之中。1958年发动的公社化运动,使以高指标、瞎指挥、浮夸风和“共产风”为主要标志的“左”倾错误在农村严重地泛滥开来,它对农业生产承包责任制较之1957年的大辩论进行了更为严重的冲击。

第三次曲折

在十年浩劫期间,“左”倾错误发展到了登峰造极的地步。一时之间,从舆论宣传到政策法令,对“三自一包”(自留地、自由市场、自负盈亏、包产到户)的讨伐很多而来。这是农业生产承包责任制在其发展历史上遭遇到的第三次曲折。

在这次曲折中,它遭受的打击之大、延续的时间之长,都大大超过了前两次。十年之中,对它从“理论”上的批判,从实际上的压制,一而再,再而三,意欲使它永远不得在理论上翻身,永远不得在实际生活中复生。

我国农民创造的农业生产承包责任制进入了最困难的时期,面临着考验。它从此在中国的大地上永远销声匿迹呢?还是会再次破土重生呢?它是转瞬即逝的昙花一现?还是四季常青的苍松翠柏?历史在考验它,中国和世界等待它作出回答。

(三)野火烧不尽 春风吹又生

1976年粉碎了四人帮,1978年底召开了党的十一届三中全会,开始从根本上清除“左”倾错误,而且把农业作为一个突破口,放宽农村经济政策,恢复并适当扩大自留地,恢复农村集市贸易,发展农村副业和多种经营,提高农副产品价格,支持农民自愿选择各种形式的农业生产责任制。农民被束缚的手脚解开了,农民的积极性焕发出来了,农村经济活跃起来了。春风吹来,大地复苏,我国9亿农民又在广阔的农村继续进行屡遭挫折的农业生产责任制的伟大试验,我国农业生产责任制的发展又进入了一个新的历史阶段。这一发展阶段具有如下明显的特征。

第一个特征是来势非常迅猛。1979年以前,农业生产责任制已经绝迹。经过短短的4年,到1982年,全国各种联产承包责任制已占到生产队总数的70%以上,许多省份,如安徽、贵州、甘肃等地,已占90%以上。各种形式的农业生产责任制之所以能如此迅速发展,主要基于以下几条原因:

第一,广大农民群众已经具有充分的思想基础。农业生产责任制的一部发展历史,就是一部农民在实践中寻求和完善社会主义农业集体经济具体实现形式的历史。在20多年中间,农民曾为它的诞生和发展呕心沥血,既从中尝到过甘味,分享过取得成功的喜悦,也为它担过风险,挨过批判,对它有着深刻的认识和深厚的感情。

第二,解放农村生产力,改善农民生活,已经成为9亿农民积压在心头久久要求实现的迫切愿望。十一届三中全会以来,束缚农业生产力发展的闸门被打开了。闸门一旦打开,农民变革阻碍农业生产力发展的旧体制,实行符合生产力发展要求、使农民能增产增收的农业生产责任制的要求与行动,便如汹涌澎湃的波涛,一泻千里,几年之内便席卷全国农村。

第三,党中央深切体会到农民的愿望,及时总结了农民创造农业生产责任制的实践经验,给予了坚定明确的肯定和支持。1978年12月,党的十一届三中全会制定了加快农业发展的决定。1980年9月制定了《关于进一步加强和完善农业生产责任制的几个问题》。过去农民有那么强烈的愿望要搞生产责任制,但是受到的更多的是"左"倾错误的批判和压制。现在得到了党中央的高度评价和积极引导,农民群众腰杆子从来没有像现在这么硬,理从来没有像现在这么直,气从来没有像现在这么壮。这是农业生产责任制得以顺利迅速发展的重要保证。

农业生产责任制进入新的发展阶段的第二个特征是，形成了以家庭联产承包为主的多种形式并存的责任制形式。在农业生产责任制发展的第一阶段,以三包一奖为主要形式;在第二阶段,以包产到户为主要形式。十一届三中全会以来,各地责任制的形式不拘一格,有不分专业的承包,又有分专业的承包;有联系产量计酬的,也有联系产值计酬的;有统的项目较多的,也有统的项目较少的;有承包之后以户分散经营的,也有在承包之后又联合经营的,等等,百花争艳,万紫千红。但是,在各种形式之中,经过几年的演化,当时叫作“大包干”的家庭联产承包责任制成为占主体地位的形式。

(四)农业生产责任制是农村集体经济的必然要求

综观农业生产责任制发展的历程,从它出现雏形,受到压抑,又倔强复生,再遭受挫折,直至最终席卷全国农村的曲折而又壮阔的历史画面，生动地反映了我国社会主义农业集体经济发展的一种历史趋和客观要求。这一历史趋势和客观要求表现为:

一是农村集体经济要求实行统分双层经营相结合的经营形式。在农村集体经济建立之初，一方面由国家下达生产和收购的指令性计划，一方面日常的生产经营又由合作社统一集中经营、指挥和管理,形成了高度集中统一经营的体制。后来在实践中逐渐显露出统得过多、管得过死的弊端,它不适应农业生产的特点,不利于调动作为生产者主体的农民的生产积极性和主动性。于是先变为合作社统一经营与生产队(组)分散经营相结合的经营形式,实行了“三包一奖”,给了生产队(组)一定的分散经营权。但是,这种经营体制仍不能彻底改变集体统得过多、管得过死的弊病。于是在三包到队(组)的基础上,变革为承包到户、到劳,较好地解决了集体经济统一经营与生产者个人分散经营的关系，较好地处理了发挥集体经济的优越性与生产者个人的积极性之间的关系。

二是农村集体经济要求实行联产计酬的分配形式。在农村建立起集体经济之后，农民的分配问题始终是一个与群众经济利益直接相关、人心为之所系的大问题。原则当然是按劳分配。但是,所实行的评工记分又与劳动者的成果缺乏直接的联系，不能很好体现劳动者实际的劳动数量和质量,不能适应农业生产的特点。农业生产的特点和农村集体经济的发展，都要求联系劳动者的劳动成果来分配个人消费品。正是基于这一客观要求,农村集体经济逐步向包产到户、大包干这样一些联产计酬的责任制发展，成为今天占压倒一切的优势地位的形式。

三是农村集体经济要求通过承包合同的形式明确划分、统筹兼顾国家、集体、农民个人三者的责任、权利和经济利益。在农村集体经济建立和发展过程中,一直存在着集中劳动中责任不明,生产者在高度集中统一的经营管理体制下缺乏经济自主权，吃大锅饭的分配形式也使生产队和农民个人的经济利益受到损害等严重弊病，要求建立一种能够使生产者既负有明确的责任,又享有一定的经营自主权，并将其经济责任、经营权利与经济利益相结合的集体经济的实现形式。正是基于这种集体经济的内在要求,农民在实践中逐步创造了从三包一奖到家庭联产承包责任制为主的责、权、利相结合的形式。实行家庭联产承包责任制，通过承包户与集体经济组织签订经济合同,既明确规定了承包者向国家的交售任务和给集体的提留任务,也规定了国家和集体向承包者提供必要的生产条件和技术服务的责任;既保证了国家对农业的宏观调控和集体经济组织的统一经营的权利,也保证了农户分散经营的自主权;“交够国家的,留够集体的,剩下都是自己的”分配原则,使国家、集体、农户个人三者利益得以合理兼顾。

以上三个方面所反映的我国农村集体经济与农民脱贫致富的必然趋势和客观要求，也正体现了以家庭联产承包为主的责任制的内涵。家庭联产承包责任制的科学内涵可以概括为：统分结合双层经营、联产计酬、统筹兼顾国家、集体与农户利益的农村集体经济的实现形式。

正是由于以家庭联产承包为主的责任制顺应了农村集体经济发展的必然趋势，符合农民脱贫致富的强烈愿望，在普遍实行的短短几年中，就显著地促进了农业生产力的发展，极大地激发了农民生产经营的积极性，使农民在脱贫致富的道路上实现了一次飞跃。

以家庭联产承包为主的农业生产责任制的一部发展史，以及对解放农村生产力、农民脱贫致富的巨大作用，雄辩地说明符合经济发展规律、顺应历史发展趋势的事物总是要为自己的生存和发展开辟道路，即使遇到阻碍，遭到挫折，它的生命力始终不衰，人们不可能从根本上否定它，而且最后总要为违反其客观要求尝到苦头而去重新认识它，尊重它，按经济发展的客观要求办事。“野火烧不尽，春风吹又生”，自然规律如此，社会生活中的新生事物也是如此。农业生产责任制以历史的辩证法谱写了自己产生和发展的历史，实现了农民脱贫致富的第一次飞跃，终于屹立于世界的东方，引起了世界的瞩目。

（五）乡镇企业异军突起

在农民实现脱贫致富的第一次飞跃中，乡镇企业功不可没，也是我国农民的又一大创举。我国农民在脱贫致富道路上遇到的另一个问题是耕地少、人口多，直接制约着农业劳动生产率的提高和农民收入的增长。在实行家庭联产承包责任制的基础上，如何改变农村生产结构单一，转移一部分农业劳动力，开拓二、三产业，就成为发展农村生产力、提高农民生活水平的迫切要求。我国农民和农村基层组织在有了生产经营自主权之后，放开手脚，积极探索，终于创造出了具有中国特色的转移农村剩余劳动力、实现农村工业化和城市化的经济形式——乡镇企业。

从转移农村剩余劳动力方面来看,我国拥有世界22%的人口,而且80%在农村,而耕地只占世界耕地的7%,农村剩余劳动力在1.4亿人以上。我国大、中城市已逐步吸收了一批农村剩余劳动力,但民工潮的冲击对大、中城市的压力依然很大,况且大、中城市也面临着安排城市新增劳动力和下岗职工再就业等困境。乡镇企业的兴起,一大批农村剩余劳动力离土不离乡,转移到了工业和第三产业,开创了一条转移农村剩余劳动力、提高农业劳动生产率的新途径。目前,在乡镇企业就业的农民达到13050万人,占全国农村劳动力的28%。①

从实现农村工业化方面来看,过去我们搞工业化,主要是国家投资,在大、中城市建设以重工业为重点的工业基地,走的是以城市为载体的工业化路子,我国经济形成了城市与农村、工业与农业的二元结构。乡镇企业的兴起,是农村基层组织和农民筹资,大搞工业和第三产业,工业企业在全国农村遍地开花,开创了一种全新的工业化的路子,即城市与农村互补并进,共同协作,实现国家工业化的新路子。从而也改变了农村产业结构单一的局面,出现了一、二、三产业互为市场,互相反哺,共同发展的新格局。1997年我国农村第一产业的产值比重为24.4%,比1978年下降了近44.2个百分点;与此同时,二、三产业的比重分别达到62.9%和12.7%,分别比1978年上升36.8和7.4个百分点。②

从农村城市化方面来看,乡镇企业的兴起和逐步集中,以及与之配套的第三产业和基础设施的发展,在我国涌现出数万座星罗棋布的新兴小城镇。小城镇的兴起,有利于乡镇企业的集中和集约化经营;有利于农村市场体系的建设和完善以及与城市市场之间的流动

①《人民日报》1998年10月13日。

②《人民日报》1998年10月13日。

和循环,加速发展全国统一大市场;有利于农村人口的城市化;有利于农业产业化的发展，提高农民收入，改变农民生活方式和消费方式,拉动国内需求;有利于农村教育、科技、文化的发展和辐射,提高农村人口素质;有利于逐步缩小和消除城乡差别,从而开辟了一条具有中国特色的实现农村城市化和农村社会现代的新道路。

乡镇企业已成为我国国民经济的一个举足轻重的组成部分。目前,我国乡镇企业已有 2015 万家,从业人员 1.3 亿人,全国国内生产总值的近 1/3、税收的 1/5、全国出口交货值的 1/3,都来自乡镇企业。[①]

家庭联产承包责任制和乡镇企业这两只巨轮，将我国农村生产力推向了一个新的发展阶段，我国农民脱贫致富出现了一次大的飞跃。1985 年我国粮食产量由 1978 年的 3000 亿公斤增长到 3750 亿公斤。[②] 1996 年我国粮食产量突破 5 亿吨大关,成为世上最大的粮食生产国,创造了以世界 7%的耕地养活世界 22%口的奇迹。我国农村居民家庭人均纯收入由 1978 年的 133.6 元提高到 1997 年的 2090.1 元,扣除价格因素,实际增长 3.4 倍,平均每年增长 8.1%,比 1953—1978 年的年均增长速度 3.3%快 4.8 个百分点。[③] 我国农村贫困人口从 1978 年的 2.5 亿人,减少到目的 5000 万人。这是世界有目共睹的巨大成就,雄辩地证明了家庭联产承包责任制和乡镇企业的强大生命力。

二　农民脱贫致富的第二次飞跃——农业现代化

我国农村全面实行以家庭联产承包为主的责任制和乡镇企业的兴起,农业生产和农村经济上了一个新的台阶,大部分农村地区解决

---

①《人民日报》1998 年 11 月 23 日。

②《人民日报》1998 年 10 月 13 日。

③《人民日报》1998 年 9 月 24 日。

了温饱问题,有些地区已达到了小康水平,农村呈现出前所未有的欣欣向荣的景象。同时,又不能不看到,农村经济生活中逐步显露出了一些深层次的矛盾,这些矛盾又制约着农民进一步脱贫致富。要解决这些矛盾,实现农民脱贫致富的第二次飞跃,历史向当代中国提出了在坚持家庭联产承包责任制的同时, 实现农业现代化的跨世纪的伟大而艰巨的任务。

(一)当前农村存在的深层次矛盾

让我们先从当前农村经济生活中存在的人们关注的问题入手,来进一步分析它们所包含的深层次的矛盾。

第一,有一部分地区和农民尚未脱贫。农村贫困人口是历史遗留下来的一大难题。新中国成立以来,尤其是改革开放以来,我国政府把消除贫穷、解决群众温饱、保障人民群众的生存权作为最根本的人权问题,采取了一系列政策措施。随着农业和整个国民经济的发展,我国贫困人口由 1978 年的 2.5 亿人,减少到目前的 5000 万人。农村贫困发生率由 1978 年的 26%下降到 1997 年的 4.7%。[①]我国脱贫的成就为世界所瞩目。也许有人认为我们在消除贫穷方面取得了如此巨大的成就,剩下的 5000 万贫困人口相对于全国 12 亿人口来说,只占 4.70%,似乎问题并不大。殊不知 5000 万这个绝对数相当于一个中等人口国度的人口绝对总数,此其一。再者,有这样多的农村人口尚处于贫困之中,作为一个社会主义国家,根本宗旨是为人民服务,为人民谋福利,满足人民的物质和文化生活需要。有几千万的贫困人口存在,每个有责任感的中国人,都会为之“食不甘味,寝不安席”,此其二。还应该看到,虽然全国农村贫困人口的数量越来越减少,但扶贫的难度也随之越来越增大。因为尚未解决温饱的贫困人口主要分

①《社会蓝皮书:1998 年中国社会形势分析与预测》,第 91 页。

布在偏远闭塞、交通不便、生活和生产条件都相当困难的地方，自我发展能力相当弱。要在20世纪末基本解决全国农村贫困人口的温饱问题，难度不小，需要打一场脱贫攻坚战，此其三。

第二，农业的比较效益低下。农业的比较效益低下，首先表现在农产品的价格上。新中国成立初期，工农业产品价格之间的剪刀差比较大，这是历史长期形成的一种经济现象。在旧社会，城市中的官僚资本主义对农村是一种掠夺性的关系。新中国成立，从根本上改变了城乡对立的状况。逐步缩小历史遗留下来的工农业产品价格的剪刀差，既是广大农民切身利益所要求的，也是工人阶级及其政党的奋斗目标。由于新中国成立初期工业还没有发展起来之前，经济建设所需要的资金积累主要还不得不取自农业，其中包括从工农业产品价格剪刀差中转移到国家和企业手中的一部分收入。如对农产品的低价统购统销，既保证了城市居民的低价食品供应，也给以农产品为原料的工业部门提供了低成本的原料，最终表现为工业利润。再加上在投资机制上向工业倾斜，使农业的发展受到了制约，在实现工业化的同时，农业的现代化却显得滞后，农业的科技含量不高，农产品的附加值很小，这些也都必然影响到农产品的价格和效益较低。可以说在新中国成立初期，为了实现国家的工业化，建立起一个比较完整的工业体系，农业和农民作出了巨大的贡献。当工业提供的积累大幅度增加，国家就有条件采取措施逐步调整工农业产品的比价，逐步缩小剪刀差。从1950年至1978年的28年间，农副产品收购价格提高了117.4%。十一届三中全会之后，又一次较大幅度提高农副产品收购价格，农民在这次提价中获得120亿元的收入。从1979年至1984年的5年中，农民纯收入增长部分的30%是由农副产品提价获得的。但是，在80年代末期到90年代初期，由于农用生产资料（如化肥、农药等）和一些工业品大幅度轮番涨价，曾一度缩小的剪刀差又趋拉大，从 1989 年到 1991 年,剪刀差扩大了 16.5%。

农业比较利益低下的再一个表现，是城市人均收入与农村人均收入差别、城乡消费水平差别较大。1957 年,城镇居民人均收入是农民人均纯收入的 3.23 倍,到 1964 年下降了 1/3。70 年代末到 80 年代初在农村拉开帷幕的经济体制改革，使得城乡居民收入之间的差距明显缩小,农民收入有较大幅度提高。1978—1984 年,农民人均纯收入由 133.6 元提高到 355.3 元,扣除物价因素,实际年均增长 15.1%。这期间,全社会消费品零售总额的增量中,农村占 62%,农民消费水平的提高成为这一时期消费品市场扩张的主体。接着从 1985 年开始,农民人均收入实际增长率呈下降趋势,1985—1988 年农民收入的年实际增长率只有 1.2%,1989—1991 年年均只有 0.7%。从 1992 年开始,农民收入增长率有所回升,1997 年实际增长率为 4.6%。[①] 与农民收入增长率的升降相对应，城镇居民收入与农民收入之间的差距也呈现出同步的趋势。1983 年在农民人均收入实际年均增长率最高的时期,城镇居民收入与农民人均收入的差距也缩小到最低点,前者是后者的 1.7 倍。但是,1988 年又超过 2 倍,1993 年是 2.54 倍。1995 年和 1996 年虽有所缩小,1996 年仍达 2.27 倍。[②] 从城乡居民消费水平的对比看,1996 年城乡居民人均生活消费支出的差距是 2.5 倍,80 年代中期以后,这一差距呈扩大的趋势。农民现在的消费水平大约相当于城镇居民 12 年前的水平,城乡消费升级换代的时间差大约为 10 年左右。[③] 应该承认,城市与农村收入水平与消费水平的差距,是世界各国经济发展进程中的一个不可避免的阶段。但这并不等于说我

①《人民日报》1998 年 6 月 1 日。

②杨宜勇等著:《公平与效率——当代中国的收入分配问题》,第 342 页。

③《人民日报》1998 年 6 月 1 日。

们可以听其自然,不去加快缩小以至最终消除这种差距。

第三,农业增产多,增收少,农产品屡屡出现卖难。改革开放以来,我国农业发展可谓喜中有忧。喜的是农林牧副渔各业全面增产,产量屡创新高;忧的是农业增产多,增收少,有时甚至不增收,农产品卖难的现象屡屡出现。这一问题严重困扰着农业和农民,挫伤农民的生产积极性,也制约着农民脱贫致富的步伐。

那么,以上所述当前农村经济生活中存在的三大主要问题又包含着哪些深层次的矛盾呢?

首先,从农村尚未脱贫的人口来看,目前尚存在的5000万人口之所以迟迟不能脱贫,其主要成因:一是自然条件严酷,有些是干旱地区,有些是阴湿高寒地区,有些是土质贫瘠的山区,产量很低,生产很不稳定,用落后的传统农业方式很难改变贫困面貌。二是这部分贫困人口大都居住在偏远地区,交通不便,与外面大市场隔绝,产品运销困难,很难进入市场。三是贫困人口文化素质相当差,文盲较多,缺乏科技知识,在接受和应用先进的农业技术方面有较大困难,也制约着当地生产的开发和发展。从这些成因中不难看出,目前尚未脱贫的农村贫困人口折射出了两个深层次的矛盾,一个是落后的传统农业与贫困地区脱贫要求之间的矛盾,另一个是贫困地区的生产与外界大市场隔绝之间的矛盾。

其次,再从农业比较效益低下这一问题来看,1979年之后的几年中农产品价格提高幅度较大,近年来农产品价格徘徊不前的主要原因,一是农业初级产品本身的内在价值制约着其在市场上的价格的进一步上升。只能通过农产品的深加工,增加农产品的科技含量,提高其附加值,才可能有较高的市场价格回报。二是分散经营的农户,由于市场信息不灵,有些农产品的品种质量不完全符合市场的需求,形成结构性的供需矛盾,需要疏通农业生产者与市场的通道,以市场为导向，调整产品的品种、质量等结构，使产品适销对路，实现其价值。所以，农业比较效益低下的问题，同样折射出两个深层次的矛盾，即低效的传统农业与农产品增值之间的矛盾、分散经营的小农户与市场经济体制之间的矛盾。

最后，从农产品卖难这一问题来看，经过近 20 年的改革和发展，农产品供不应求的状况有了根本转变，原来的卖方市场正在变为买方市场。买方市场的形成，是市场经济体制下的正常现象，也是经济发展的必然趋势，是一种合理的经济现象，它可以保障消费者的选择权利，也有利于生产经营者有一个正当竞争所需要的市场环境。我们在这里所说的农产品的卖难，不属于消除了短缺经济的买方市场下的某些产品的滞销现象，而属于以下几种情况下的卖难：一种情况是分散经营的农户，由于市场信息滞后，看到某种产品曾一时销售良好，就一哄而上，盲目扩大生产，结果又超出了市场需求，形成生产过剩，出现了卖难。这种卖难属于强化市场导向，加以解决的问题。另一种情况是有些农产品由于品种、质量等因素，出现了销售困难。如在稻米市场上，目前品种优良、品味醇香、精加工的优质大米销路看好，价格坚挺，而一些品质低下的大米则显得销售疲软，价格下滑。这种卖难属于通过改良品种、精细加工加以解决的问题。还有一种卖难是季节性的卖难。由于农产品的生产周期往往带有季节性，在某一产出和销售的旺季，当地市场容量和消化的能力有限，便出现了季节性的卖难。这需要通过开拓外地市场甚至国外市场，或者通过采用现代化的保鲜仓储手段加以解决。这几种卖难情况都包含着同样的两大矛盾，一是分散经营的农业生产者在市场经济体制下缺乏市场导向、缺乏市场信息通道、缺乏市场销售渠道的矛盾，二是落后的农业技术水平与日益变化的市场对农产品的品种、质量要求不相适应的矛盾。

综上所述，当前农村经济生活中存在的三个主要问题，无不包含着两个深层次的矛盾，即分散经营的农户与大市场之间的矛盾；落后的传统农业与农产品要求增产增值、农民要求脱贫致富之间的矛盾。解决这两大深层次矛盾，实现农业发展和农民脱贫致富第二次飞跃的出路，就在于实现农业的现代化，将落后的、封闭性的传统农业，转变为以市场为导向，以现代科技作先导，高产、优质、高效和可持续发展的现代化农业。

农业现代化的内涵包括两个方面，一是农业产业化，二是科教兴农。

(二)农业产业化的途径

在我们逐一探讨农业产业化和科教兴农的途径之前，先谈谈农业产业化方面的几个主要问题。

农业产业化的内涵

借鉴发达国家农业产业化走过的道路，根据我国近年来一些地区探索农业产业化行之有效的经验，农业产业化的基本内涵可以概括为：农业的生产经营，要以市场为导向，以效益为中心，挖掘资源优势，优化组合生产要素，实行区域化布局、专业化生产、企业化管理、社会化服务，形成一条以市场牵龙头企业、企业带基地、基地连农户的产业化链，以利益共同体作为黏合剂，紧密联结产业链，实现种养加、产供销、农工贸一体化的农业生产经营形式和机制。

由此可以看出，农业产业化着重解决的是，在现代市场经济条件下，农业如何形成一种适应现代市场经济要求的经营形式和经营机制问题。这是实现农业现代化的不可缺少的、非常重要的内容，是现代化农业内涵的重要组成部分。

从上述农业产业化的内涵还可以看出，农业产业化的核心，是把分散经营的农业生产主体与国内国际大市场联结起来，把它们纳入到市场经济的运行轨道与机制之中。

农业产业化的核心——分散的生产主体与大市场接轨

在过去相当长的一段时期，我国农业同样是高度集中统一的计划经济体制，农民生产什么、生产多少，都由各级政府下达计划。随着经济体制改革的深化，农村经济也逐步由计划经济向市场经济转轨。在转轨过程中，以家庭联产承包的分散生产经营的农户与市场之间往往出现断沟与滞后的现象。所谓“断沟”，是指市场信息传输缺乏通道，市场需求不能及时准确地传递给农业生产者；还指农产品流通渠道不畅，不能快速顺畅地流向市场。所谓“滞后”，是指市场对生产的导向作用，往往在农户生产周期结束之后才显示出来。这时，产品已经形成，不符合市场需求的产品势必形成卖难，产品的价值得不到实现，农户到头来白辛苦一场。这样的事例近年来屡有出现。因而，在市场经济条件下，分散经营的农户，不但面对着自然灾害的风险，而且面临着市场风险。经济实力脆弱的农户要防范市场风险，就必须在自身与大市场之间建立信息与销售的快速、高效的通道，使市场导向在生产周期开始之前就发挥作用，使符合市场需求的产品及时顺畅地流向市场，实现产品的价值，提高农业的效益，增加农户的收入。

农业产业化的核心，正是在于将分散经营的农户与大市场实现接轨，将传统的封闭型的农业转变为开放型的商品化、市场化、社会化的现代产业，使农业再生产顺应市场经济机制进入良性循环。

农业产业化链条——龙头企业加基地加农户

在实施农业产业化过程中，要解决的关键问题是：以资源和市场决定主导产业和拳头产品，以销售促生产，以加工保农业，做到种养加一条龙，农工贸一体化。顺应这一要求，在实践中自然形成了龙头企业加基地加农户的产业链，即市场牵龙头企业，龙头企业带基地，基地连农户。

多数产业链是以农副产品的深加工为主、兼营推销的企业牵头，从当地资源优势出发，适应市场需求，形成规模化、专业化的生产基地，联结基地内的农户，形成产业链。如吉林省的德大有限公司，从周围几个县市的资源优势出发，形成了肉食鸡、玉米、大豆生产基地，联结周围5个县市的农户，吸收农村剩余劳动力近15000人就业，形成了饲养加工5000万只肉食鸡、加工转化玉米30万吨、大豆30万吨的生产规模，1995年公司产值15亿多元，创利税8000万元，创汇收入8000多万美元，有1300多户农民年纯收入超过万元，每年为农民增加收入4000万元。①

有的产业链以提供技术和销售服务为主的企业牵头，形成企业加基地加农户的产业链。如甘肃省酒泉市银达乡农民养鸡由来已久，但由于分散的养鸡户自个上市销售，在竞争中处于劣势，也缺乏技术服务，难以形成规模。1995年成立了天河生态养殖公司，一方面为农户提供良种鸡和饲料以及防疫等服务，一方面分析市场行情，制定营销策略，组织推销，不仅占领了本地区的市场，而且打入了新疆市场。在龙头企业的带动下，两年时间，这个乡鸡的饲养量由16万只扩大到38万只，形成了具有一定规模的专业化、区域化生产基地，基地又连结着几百户农户。②

在形成产业链时，一定要采取实事求是、一切从实际出发的科学态度，要从本地区的资源优势出发，瞄准市场需求，经过科学论证，确定主导产业和拳头产品，防止搞形式主义和一哄而上。

产业链的黏合剂——利益共同体

农业产业链有三个载体，即龙头企业、生产基地和农户。三个载体各有其优势功能。龙头企业拥有较雄厚的资金、设备、技术、人才、信息等优势，它处于市场前沿阵地，可以作出准确的生产经营决策，

---

①《人民日报》1996年5月9日。

②《甘肃日报》1998年2月13日。

防止盲目生产,克服可能出现的结构性卖难等问题;可以为基地和农户提供技术服务,提高农产品的质量;可以对农产品进行深加工,提高产品的附加值;可以开拓销售渠道,建立销售网络,采取多种促销策略。龙头企业的这些优势功能是基地和农户所不具有的。生产基地具有规模化、专业化、集约化的生产优势功能,它可以提高生产效率,有利于组织采用推广先进技术,增强产品的市场竞争力。生产基地的这些优势功能是分散小量生产的农户所不具有的。而广大的农户生产者,又是农产品加工原料和初级产品的源头活水,它是龙头企业和基地开展一切生产经营活动的基础。产业链中的三个载体需要紧密地形成一条产业链,方可做到三位一体、优势互补。而要把三个载体结成紧密型的、有机结合的产业链,三者组成利益共同体,就是行之有效的黏合剂。

如上所述,在三个载体之间存在着一种内在的优势互补、唇齿相依的经济利益关系;面对着变化多端、竞争激烈的市场,三者都有一种强烈的紧密结合的客观要求。正是顺应经济利益的内在要求,必须形成各种形式的利益共同体。利益共同体的形成,必须处理好龙头企业、基地、农户三者的利益关系,把保护农户的利益放在首要位置,同时又使基地和企业得到应有的利润。一般采取的形式主要是:农户、基地向龙头企业入股,企业向基地参股,组成股份制或股份合作制的经济实体,使企业、基地、农户三者结成利益共享、风险共担的利益共同体,使龙头企业加基地加农户的农业产业化链"加"得紧密,"加"出效益,形成适应市场经济体制要求的现代化农业的经营形式和经营机制。

(三)科教兴农的途径

在实现农业现代化过程中,农业产业化解决的是形成适应市场经济体制要求的现代农业经营形式和经营机制问题,而科教兴农解决的则是培养现代农业科技人才,用现代科学技术改造传统农业,使落后、低效的传统农业转化为高产、优质、高效、可持续发展的现代农业的问题。只有这两个方面的目标共同实现,才能最终全面实现农业现代化,也才能实现我国农业发展和农民脱贫致富的第二次飞跃。

科教兴农的核心——农业科技革命

不论哪个国家,也不论哪个时代,人类第一位的需求,是满足最基本的物质生活需求。"国以民为本,民以食为天",人们吃饱了肚子,才能进行生产和各项社会活动。当今世界,不论是发达国家,还是发展中国家,不论是实现了工业化的国家,还是正处于工业化过程中的国家,都把满足对农产品特别是粮食的需求,放在战略的位置。由于人口的增长,人均耕地面积和水资源继续减少等诸多自然和社会因素的制约,世界面临缺粮的国家和地区 1998 年达 43 个,世界有 8 亿人长期营养不良。[①] 特别对于发展中国家来说,这是一个严峻的现实,发展农业,实现农业的高产、优质、高效和可持续发展,满足人们生活和经济发展对于农产品特别是粮食的需求,显得尤为突出。

我国在过去漫长的几千年岁月中,一直是一个农业经济大国,长期处于农业经济时代。我们的祖先在几千年的农业生产实践中,在育种、栽培、耕作、施肥、田间管理、防治病虫害、抗旱防涝、水利灌溉等领域,创造了丰富的经验和行之有效的传统技术,这是一笔宝贵的历史财富。新中国成立以来,随着工业化的推进和现代农业科学技术的推广应用,在农业发展上取得了巨大的进步。但是,应该看到,我们的农业依然没有走出落后、低效的传统农业的基本框架,农业产业结构单一,资源利用率低,抵御自然灾害的能力脆弱,可持续性差,农业增产的潜力受到很大制约,农业效益低下。以农业为基础,把发展农业

①《世界仍有 8 亿多人在挨饿》载《读卖新闻》1998 年 10 月 5 日。

摆在战略重点地位,是我国的基本国策。但是,今天讲发展农业,已经不能再沿袭农业经济时代传统农业的老路。我们现在不但处于工业经济时代,而且正向知识经济时代迈进。时代为我国农业的发展提供了前所不遇的契机，世界日新月异的科学技术正在推动着一场深刻的农业产业革命。

这场农业科技革命的内涵，中国工程院卢良恕院士和中国农业科学院许健民硕士作了科学的表述：在深入揭示生物生命奥秘的基础上,通过农业科学与生命科学等更多学科的交融,从深度与广度上大大推进农业科学的更新与拓展,并以技术创新为先导,促进新兴产业的形成与发展。①

农业科技革命的主要目标是:增加产量,优化品质,开发新物种,开拓新的农业产业,提高资源利用率和经济效益,保护生态环境,使传统农业向高产、优质、高效、可持续发展的现代化农业转化,并进而由传统的资源依附型农业向现代智能依附型的农业产业转化。

农业科技革命的领域,包括品种、资源、环境、土壤、水利、农产品加工、贮存、人类营养、新物种塑造等广泛的领域;要从动物、植物"二维结构"领域向动物、植物、微生物三者并重的"三维结构"领域扩展;要从"绿色革命"领域向"白色革命"和"蓝色革命"领域扩展,也就是说不但要向绿色植物的科技革命领域进军,还要向开发微生物资源、将其产业化的"白色农业"领域进军,并向蓝色的海洋农业领域扩展。

当然,上述农业科技革命的内容,是从当代世界农业科技前沿动态以及 21 世纪世界农业科技发展趋势提出的要求与展望。我国的农业科技革命,既要把握世界农业科技发展的最新动态与趋势,又要从

①卢良恕、许健民:《世界农业科技发展趋势》载《人民日报》1998 年 3 月 24 日。

我国的国情出发,突出研究、开发的重点,既要重视基础研究,又要致力于当前急需的适用性技术的研究、开发、推广与应用,要由政府统筹,农业、科技、教育各部门有机结合,抓好"丰收计划""星火计划""燎原计划""富山计划""兴水计划"等各项农业科技计划的实施。

科教兴农的基础——造就农业科技人才

农业科技革命归根到底要由农业科技人才来开拓、承担、实施,农业科技人才是农业科技革命的主体,是科教兴农的基础。

农业科技人才大军由三大集团部队组成。一是农业科研机构和院校的科研教学人员,二是从省、地、县到乡镇的各级专业农业技术推广人员,三是农民中的科技带头人。这三支部队构成了一座金字塔形的农业科技人才群体。农民科技积极分子人数最多,队伍庞大,是这座金字塔的塔座;中间是各级专业农技推广人员,他们是农业科技推广的主体;最高层是科研和教学部门的农业科技人才,是农业科技研究、开发的前沿攻坚部队。

农民科技带头人和积极分子,是应用农业科技成果、将成果转化为现实生产力的最直接的实践者。造就农业科技人才是科教兴农的基础,培养农民科技人才就成为科教兴农基础中之基础。我国农民文化素质相当低,就以文化教育比较发达的东部地区来看,据 1989 年对江苏省东台市千户农民的调查,这千户农民家庭有劳力 2970 人,其中上过初中的占 28%,上过高中的占 14.7%,文盲占 24.7%。而像西部地区以及全国尚存的贫困地区和贫困人口中,农民的文化水平就更为低下。农业要进行技术革命,农村中要推广应用科学技术,农民要脱贫致富,必须把教育放在优先发展的战略地位,坚持把实现到 20 世纪末在我国 85%人口地区普及九年制义务教育、使青壮年文盲下降到 5%以下(即"两基")作为重中之重。特别是一些贫困地区,受历史、文化、自然环境等因素的制约,经济基础薄弱,在发展教育上存在很多困难,在这些地区实施义务教育,更要打“攻坚战”。这样,才能真正把农业的增长方式转移到依靠科技和提高农业劳动者素质的轨道上来。在农村大力普及义务教育的同时,还要大力发展农业职业技术教育,并重点加强对具有一定文化基础的复员军人、初中高中毕业生、村级干部的技术培训,使之成为当前农村急需的各类初、中级的技术和经营管理人才。这里,需要特别提出重视农科教结合和开展农村青年星火带头人活动这两种培训农村科技人才的重要途径。湖北省钟祥市与华中农大联合进行农村人才资源开发, 把培训农民科技人才、普及科技知识与实施高新技术项目、建设农业科技生产示范基地结合了起来,既培训造就了一批农民技术员,又合作建立了小麦、玉米、油菜新品种基地和沙梨基地,引进高新技术项目 60 多个,使农业投入产出率呈直线上升。[①]由共青团中央、科学技术部共同开展的培养青年星火带头人活动,自 1988 年启动实施以来的 10 年间,组织农村青年进行实用技术培训近 1 亿人次, 培养县以上青年星火带头人 100 万人,领办科技推广项目 1 万多个,推广科技成果 5 万多项。目前,数十万星火带头人正带动数百万农村青年脱贫致富。[②]

我国基层农业技术推广机构和人才体系,自 50 年代着手建立以来,曾一度发展到 150 多万人的规模,为我国农业技术的推广应用,为农业的发展,立下了汗马功劳。后来经过十年浩劫,加上前几年市场经济的冲击,不少地方的农技推广体系出现了“线断、网破、人散”的局面,150 万人的队伍只剩下了一半。农业科技成果缺少了这座中间桥梁,就很难入田进户,转化为生产力。1996 年以来,国家对乡镇农技推广机构实行“三定”(定性、定编、定员),遏制了基层农技推广

①《中国人事报》1998 年 5 月 26 日。

②《人民日报》1998 年 5 月 21 日。

人员流失的势头。目前,这支队伍已恢复到100多万人。随着农技推广队伍的恢复,我国农业科技贡献率从30%上升到1997年的42%。不过应该看到,100万农技推广队伍仍然比过去少了1/3,至于与发达国家每万亩农田拥有农技人员30~40人相比,我们每万亩农田只有农技人员6人,差距何其巨大。[①] 当前基层农技推广人员仍有许多问题尚待解决,如农技推广部门经费不足,工作和生活方面的困难很多。他们常年奔波于农村生产第一线,爬山越岭,艰辛工作,默默奉献,任劳任怨。农民形容基层农技推广人员"远看像要饭的,近看像烧炭的,一问才知是农技推广站的",可见其工作、生活艰辛之一斑。各级政府需要从农业科技推广经费投入、基层农技推广人员的工资福利待遇、医疗费、下乡交通费、专业技术职称评定等方面,解决存在的实际问题,多办实事,稳定和进一步壮大基层农技推广队伍。

农业科研机构和农业院校的科研和教学人员,是农业科技界的高级专门人才,是农业科研和科教兴农的攻坚部队,是国家的重要财富。我国高级农业专门人才在数量和质量上都需要进一步提高,进一步发展农业高等教育和研究生教育。需要深化农业科研和教育体制的改革,面向经济建设主战场,面向农业科技革命,面向农业现代化和农民脱贫致富的需要,采取产学研、农科教相结合的途径,将科研、教学与农业生产实践、与建设农业科技示范基地、与兴办新的农业产业结合起来。要重视科研成果的转化率。

"科教兴农"是"科教兴国"战略方针的重要组成部分,是农业现代化的必由之路,是农民脱贫致富的迫切要求。科教兴农是跨世纪的宏伟历史任务,任重而道远。只要我们认准了方向,以高度的历史紧迫感和责任感,采取并落实相应的政策与措施,今天看起来是星星之

---

①《人民日报》1998年4月30日。

火的农业科技革命，必将以燎原之势席卷整个中国农村和整个农业产业领域，中国的农业必将转化为高产、优质、高效、可持续发展的农业，再加上实现农业的产业化，形成适应现代市场经济的农业经营体制、经营形式和机制，农业现代化的目标一定能实现，中国农业和9亿农民的脱贫致富必将实现第二次历史性的飞跃，世界上人口最多的中国农民必将走上共同富裕的康庄大道。

（原刊于《忧患与思考》第一章，甘肃文化出版社，1999年）

公平与效率的两次碰撞

——平均主义与贫富差距过大的思考(上)

公平与效率是人类社会出现以来一直在追求的两大目标。有的社会有公平而缺乏效率,有的社会既缺乏公平又缺乏效率,有的社会有效率而财富两极分化。实现公平与效率的统一这一理想的目标,不少思想家、政治家为之探索、试验、革新。

19 世纪马克思提出了在实行生产资料公有制的基础上,个人消费品的分配实行按每个劳动者在作了各项扣除之后,领得与他提供给社会的同等劳动量的消费资料的思想。后来,斯大林把这一思想概括为"按劳分配"。马克思学说中的按劳分配思想,本来是一种将公平与效率统一起来的社会分配理论。但是,我国在建立起社会主义公有制之后,在实行按劳分配的过程中,以及在改革开放以来,却引发了两次公平与效率的重大碰撞。第一次碰撞已得到解决,但教训深刻,值得总结、记取。第二次碰撞正在引起社会的普遍关注,引起人们的忧虑,值得探讨、分析、研究。

一　公平与效率的第一次碰撞——极左思潮与平均主义

我国在确立了生产资料的公有制之后,在全民所有制企业和集体所有制经济中,都实行了个人消费品的按劳分配。全民所有制经济中实行了等级工资制,农村合作经济中实行了评工记分,按劳动工分进行分配的制度。本来这种分配形式也并不能很好体现按劳分配的原则。后来,连这种分配形式也遭到极左思潮的冲击、批判和否定。在极左思潮泛滥之前，在原来的按劳分配具体实现形式中主要是平均主义弊的病在公平与效率之间引起了摩擦与碰撞。在 50 年代末期到 60 年代初期和十年浩劫两次极左思潮中,一方面从理论上对按劳分配企图加以否定,一方面在实践中大刮“共产风”“平均风”,将平均主义推向了登峰造极的地步,企图从实践中彻底取消按劳分配。分配中的极左思潮和平均主义主要表现在以下几个方面。

(一)以反对资产阶级法权,否定按劳分配

这种极左理论是对马克思在《哥达纲领批判》中的一段话加以歪曲,断章取义而提出的。马克思在讲到共产主义社会的第二阶段即社会主义阶段个人消费资料的分配时，提出分配中的平等在于以同一的尺度——劳动来计量,而“在这里平等的权利按照原则仍然是资产阶级的法权”。为什么这么说呢,马克思接着解释:“一个人在体力或智力上胜过另一个人,因此在同一时间内提供较多的劳动,或者劳动较长的时间”“这种平等的权利，对不同的劳动者来说是不平等的权利,……它默认不同等的个人天赋,因而也就默认不同等的工作能力是天然特权。”①

极左思潮抓住了马克思在这里说的“在这里平等的权利按照原则仍然是资产阶级法权”这句话,断章取义,歪曲、攻击按劳分配就是资产阶级法权,而资产阶级法权是维护资产阶级利益的,以此企图否定按劳分配,为平均主义、穷过渡寻找理论依据。

那么,如何认识马克思的上述这段话的全面的、科学的含义呢?

首先，我们需要弄清什么是资产阶级法权以及资产阶级法权的基本特征。资产阶级法权是指资产阶级国家以法律形式规定的权利

---

①《马克思恩格斯选集》第三卷,第 12—13 页。

关系。资产阶级法权有一个基本特征,就是从原则上看来是平等的权利,而实际上对处于不平等地位的阶级和个人是一种不平等的权利。为资产阶级法律规定“保护个人财产不受侵犯”,这在原则上适用于一切阶级和个人,似乎是平等的权利。但是,它实际上维护了资本主义社会中少数人以资本和地产等形式占有物质的生产条件,而人民大众主要具有人身的生产条件即劳动力的不平等的社会财富占有制度,维护了两极分化的不平等的分配制度。正是从这一角度,按劳分配是用一个同一的尺度——劳动来计量实际上具有不同等体力或智力、不同等家庭人口负担的人的劳动,形成个人收入和生活水平的实际上的不平等。因而,马克思说“在这里平等的权利按照原则仍然是资产阶级法权”。但是,马克思接着在下文深刻揭示了社会主义社会消费资料的分配与资本主义社会消费资料的分配的本质区别,按劳分配对于资本主义分配制度的革命性的变革。马克思指出,“消费资料的任何一种分配,都不过是生产条件本身分配的结果”,在资本主义社会,“物质的生产条件以资本和地产的形式掌握在非劳动者的手中,而人民大众则只有人身的生产条件,即劳动力。既然生产的要素是这样分配的,那么自然而然地就要产生消费资料的现在这样的分配。如果物质的生产条件是劳动者自己的集体财产,那么同样要产生一种和现在不同的消费资料的分配(按:即按劳分配——引者注)”[①]。在这里,马克思明确地、深刻地揭示了按劳分配是基于生产资料资本主义所有制变革为生产资料劳动者公有制的基础之上而产生的、完全不同于资本主义社会中按资分配的一种新的分配制度。虽然这种分配制度还只能用一个统一的尺度——劳动,去对待实际上具有不同等劳动能力的人,因而这种平等的权利还具有资产阶级法权的上述

①《马克思恩格斯选集》第三卷,第12—13页。

基本特征。马克思是一个历史唯物主义者，认为“这些弊病，在共产主义社会第一阶段，在它经过长久的阵痛刚刚从资本主义社会里产生出来的形态中，是不可避免的。权利永远不能超出社会的经济结构以及由经济结构所制约的社会的文化发展。”①

这就是马克思关于按劳分配的全面的思想内容。一方面揭示了按劳分配对于资本主义分配制度是革命性的变革，一方面又指出了这种新的分配方式仍然存在着事实上的不平等，但这又是受历史条件的制约而不可避免的。显而易见，那种把按劳分配完全说成是资产阶级法权，而无视按劳分配在人类分配方式史上的革命性变革，企图以此来否定在社会主义阶段实行按劳分配的历史必然性，是对马克思按劳分配思想的断章取义和歪曲。

今天，我们从理论上清除极左思潮在按劳分配上的影响，对于坚持当前以按劳分配为主的分配制度，仍具有现实意义。

(二)以反对资产阶级个人主义，否定物质利益原则

马克思主义认为，在社会主义阶段，劳动还是人们谋生的手段，人们分得的消费资料的多少，生活水平的高低，取决于劳动的数量和质量。人们对个人物质利益的关心，是历史的必然，而且有利于调动劳动者学习知识、提高技能以及劳动的积极性，有利于推动整个社会提高劳动生产率，有利于发展社会生产力。马克思主义从来没有否定过物质利益原则。当然，马克思主义讲个人物质利益有个前提，就是个人利益应该服从集体利益、国家利益、人民利益。

在极左思潮泛滥的时期，把社会主义题中应有之义的物质利益原则与社会主义对立了起来，把符合物质利益原则的一些分配方式(如对超额劳动的物质奖励)戴上了“物质刺激”和“资产阶级个人主

①《马克思恩格斯选集》第三卷，第12—13页。

义”的帽子。而且把物质与精神割裂开来,对立起来,鼓吹“精神万能”,否定物质利益。这是为平均主义、穷过渡寻找理论依据的又一种表现。

马克思主义以科学的辩证唯物主义解决了在人类哲学史上长期争论的物质与精神的关系这一哲学的基本命题,揭示了物质第一性,精神第二性的唯物主义原理,揭示了物质决定意识、精神又反作用于物质、物质可以转化为精神、精神也可转化为物质的辩证关系。在这一辩证唯物主义思想指导下,在社会主义建设中,把发展社会生产力作为社会主义社会的物质基础,同时,又重视社会主义精神文明建设。在调动劳动者的积极性方面,关心群众的物质利益,坚持按劳分配,多劳多得,同时,又引导人们正确处理个人、集体、国家三者之间的利益关系,提倡奉献精神。那种把物质利益原则与社会主义对立起来,把物质与精神对立起来,鼓吹“精神万能”,批判物质利益原则,都是违背辩证唯物主义关于物质与精神的关系的基本原理的。

不论是以资产阶级法权否定按劳分配,还是以资产阶级个人主义否定物质利益原则,都是打着马克思主义旗号,以极左的面貌出现,推行向共产主义的穷过渡,推行平均主义的分配方式。在这种极左思想下,国有企业的超产奖励被取消了,农村集体经济的评工记分被取消了,生产队之间的收益差别被取消了。这种否定按劳分配的做法,以一种貌似公平的分配形式,严重损伤了企业和农村生产队的生产经营积极性,严重妨碍了社会效率的提高,在公平与效率之间引发了极为严重的碰撞。而这种极左的所谓“公平”,又是与人民群众所追求的社会公平毫无共同之处,是对人类追求的社会公平目标的歪曲,受到群众的抵制和反对的。在社会主义的历史条件下,以劳动作为同一的尺度来分配消费品,既可防止两极分化,贫富悬殊,实现符合当前历史条件的社会公平,又可调动人们学习知识、提高技能、改善劳动态度、进行知识和技术创新的积极性，实现人类追求的社会效率的目标，在当前具体的历史条件下，较好地将公平与效率统一起来。

(三)平均主义、“共产风”对按劳分配的冲击

我国是一个长期处于农业社会的国家，源于小农思想的平均主义根深蒂固。在建立起社会主义制度之后，平均主义的阴影仍然笼罩着人们的心灵，而在社会分配形式上表现得尤为突出。

在全民所有制经济中，平均主义主要表现在两个方面：第一，在企业之间的第一次分配中，平均主义居于支配地位，企业不论经营好与差，经济效益不论高与低，不论盈利还是亏损，统统由国家统收统支，盈利企业得不到应有的较多的利益，亏损企业却享有国家补贴，实际上是亏损企业无偿占有了盈利企业的收益。第二，当时国有企业内部的第二次分配，即个人劳动收入的分配，实行等级工资制，由于多等级之间的工资水平差额幅度很小，不能充分体现复杂劳动与简单劳动在劳动应得收入上的差异。国有企业之间和国有企业内部在分配上的这种平均主义，一方面挫伤了企业的生产经营积极性，“鞭打快牛”的结果，“快牛”也逐渐失去了活力；另一方面，挫伤了劳动者的积极性，人们不重视学习知识和技能，不重视知识和技术的创新。

在农村合作经济中，实行的是评工记分，按劳动工分进行分配的制度。当时评工记分，是按每个劳动日各个劳动者所干的农活来评出工分，然后在年终按每个劳动者所得总工分进行分配。由于每天劳动之后，在生产小组内进行评工记分，按每个人从事的工种类别和劳动状况评定工分，也就是说以当天劳动的流动形态而不是以劳动成果的物化形态来评定工分，很难准确地反映出各个劳动者实际的劳动状况特别是劳动质量。因而这种评工记分，不能很好体现按劳分配的原则，实际上往往形成“干多干少一个样，干好干坏一个样”，存在着平均主义的弊病，不利于调动农民的积极性。在公社化运动中，连这

种分配制度也被否定了,实行的是"劳动不计报酬,吃饭不要钱",大家都进了公共食堂,真正成了"吃大锅饭"。而且各生产队不再是一级核算单位,在公社内部实行平调,给这些都戴上了"共产主义"的桂冠。这种极端平均主义和穷过度,严重挫伤了生产队和广大农民的生产积极性。

平均主义是农民小生产者的一种空想,企图用平分财富(包括生产资料和生活资料)的途径,消除社会的贫富悬殊和两极分化。我国历史上的农民起义,就多次提出过平均主义的纲领和口号,曾经动员农民群众起来反对封建统治。但是,小农的平均主义只是一种不符合历史发展规律的空想,这表现在两个方面:一是它并不能消除社会的贫富悬殊和两极分化,恰恰相反,小生产者的私有制,仍然是产生两极分化的土壤,最终仍会出现两极分化。二是平均主义的分配,在劳动还是人们谋生的手段,人们还需从物质利益方面关注自己的劳动和劳动收入的历史条件下,不承认劳动差别,不管劳动的强弱,不管劳动的简单与复杂,一律拉平分配,只能挫伤人们的劳动积极性,阻碍社会劳动生产率的提高,阻碍社会生产力的发展。

极左思潮给平均主义戴上了"共产主义"的桂冠,更属荒唐之极。平均主义是在社会生产力水平低下的情况下,平均分配生活资料,拉平生活水平。这样一种贫困状态下的拉平生活水平,与共产主义的"按需分配"相距十万八千里。它只能维持人们最低的生存需求,根本谈不到满足人们日益丰富多样的、高层次的物质生活与精神生活的需求。

平均主义从表面上看来似乎实现了社会公平,但人们追求的社会公平绝不是退回到类似原始社会那种维持最低生存需求的公平,而是在社会效率不断提高,社会生产力不断发展的基础上,不断提高生活质量而又不产生两极分化的公平。平均主义更不利于社会效率的提高，它只能挫伤人们的学习、工作、劳动、创新的积极性，导致社会效率的下降。平均主义在我国社会生活中引发了一次被扭曲了“公平”与效率之间的严重碰撞，阻碍了社会生产力的发展。

二　按劳分配实现形式的重大改革

十一届三中全会清除了以“无产阶级专政下继续革命”和“两个凡是”为代表的“左”倾指导思想，确立了解放思想、实事求是的思想路线，揭开了我国进入改革开放和现代化建设的新篇章。改革的帷幕首先从农村拉起，而且直接指向以平均主义、穷过渡为特征的公社化中形成的那套体制，充分肯定了农民创造的家庭联产承包责任制。而家庭联产承包责任制包含着分配形式的重大改革，使农村集体经济的分配形式从平均主义回归到了按劳分配的轨道之上，而且不是简单地重归到公社化之前的那种存在着平均主义弊病的评工记分形式，创造了一种新的能更好体现按劳分配的实现形式。随着改革向以国有企业改革为中心的城市经济体制改革的扩展与深化，带动了国有企业、党政机关和事业单位的分配形式的改革。这些改革在当前的历史条件下，较好地将社会公平与社会效率结合了起来。二十年来，按劳分配实现形式的改革主要表现在以下几个方面：

（一）在能以劳动物化形态计量劳动的领域，改革以劳动流动形态计量劳动的分配形式

这方面的改革主要是农村集体经济的分配形式的改革。农村集体经济原先实行的评工记分形式，是先按多个社员劳力强弱、技术高低评定“底分”，这仅仅是每个劳动者劳动的潜在形态。然后以一天之中社员从事劳动的工种和时间来确定工分，也就是以劳动的流动形态来计量社员的劳动。长期的实践证明，这种以劳动的潜在形态和流动形态计量劳动的分配形式，不适应我国农业生产的特点，不能很好

体现按劳分配的原则。

农业生产的周期相当长,加之我国当前农村管理水平相当低,缺少对劳动进行计量的现代科学技术手段,所以,劳动者实际的劳动数量和质量,在生产周期未结束、劳动成果未形成之前,很难如实检验和计量。实行评工记分,以每个社员的劳动潜在形态和流动形态计量劳动,不易反映劳动者实际的劳动数量和质量。实行这种分配形式,带来了平均主义弊病,正如群众所评论的,是“估着算,推着干,稀里糊涂吃大锅饭”。

家庭联产承包责任制在这方面进行了重点改革,把以劳动的潜在形态和流动形态计量劳动进行分配,改革为以劳动的物化形态计量劳动进行分配。家庭联产承包责任制实行的在一年生产周期结束、劳动成果形成之后,“交够国家的,留足集体的,剩下都是自己的”分配形式,是以每个农户实际形成的劳动成果,也就是以他凝结于产品之中的劳动的物化形态计量其劳动,进行分配。这种以劳动的物化形态计量劳动者的劳动的分配形式,能较好地体现多劳多得、少劳少得的原则,能大大激发农民的生产积极性,这已为现实生活所证实。

(二)改革经济利益与经济效益相脱节的分配形式,建立二者相结合的分配形式

过去在农村社队实行的评工记分形式,虽然在某种程度上反映了个人经济利益与集体经济效益的关系,集体经济发展了,收益增加了,社员个人的劳动工分值也会相应有所提高。但是,毕竟在社员个人的经济利益与经济责任、集体经济效益之间缺乏直接的联系。在那种分配形式下,社员只管出工干活,不问成本效益,个人劳动的好坏,使集体生产受到的损益,个人不负有任何直接的责任,其经济利益不受什么特殊的影响,容易出现只求数量,不顾质量,“只图千分,不管千斤”的现象。

家庭联产承包责任制为解决这方面的问题创造了较好的分配形式。由于在承包合同中规定了给国家交的、给集体提留的部分，再加上留归个人的部分的多少，也要看承包户生产经营的效益如何。如果在承包产量的基础上超产了，就可多得，如果减产了，就要少留。这样，就将承包户个人的经济利益与合同规定的经济责任、生产经营的经济效益统一在一个分配体制之中，使三者直接挂起了钩，增强了农户的责任心，关注其生产经营的经济效益。许多地方都出现了前所未有的新气象，农户的主动精神是过去少有的，农活质量之好是过去少有的，学习科学技术的积极性之高是过去少有的，等等。

在国有企业中，随着从计划经济体制向市场经济体制转轨，企业正在成为自主经营、自负盈亏、自我发展的市场主体，改变了过去那种不论生产经营好坏，由国家统收统支、吃大锅饭的平均主义弊病。企业生产经营的效益，直接决定着企业职工个人的劳动收入水平，企业职工个人的经济利益与企业的经济效益从体制上实现了有机的结合。同时，在企业内部也实行了部门和岗位的效益工资制，根据各个部门、各个岗位实现效益的高低，调节个人的劳动收入。这又进一步将企业职工个人的经济利益与其经济责任、经济效益直接结合了起来，有利于增强职工的责任感和提高经济效益的积极性。

（三）改革对超额劳动不计报酬的分配形式，实行奖励制度

人们的知识和技能有高有低，劳动态度有好有差，劳动贡献有大有小，有的人只完能完成一般的劳动定额，有的则能超过一般定额水平，做出更大的贡献，有的甚至在科学技术方向有重大的创新，对经济发展做出突出的贡献。对超额劳动和突出贡献是承认还是不承认，是给予奖励还是不给予奖励，对于人们的劳动积极性、对于激励人们的创新精神，有着重要的影响，也是能否贯彻按劳分配的一个重要方面。

过去在农村集体经济中曾一度实行过“三包一奖”，对超过定额

的劳动给予奖励,起过积极的作用。后来被作为“修正主义”给批掉了。实行家庭联产承包责任制,交够国家的,留足集体的,超产越多,留归自己的也就越多,实质上就是对超额劳动的报酬和奖励。群众对比过去对超额劳动不计报酬、不予奖励跟现在实行的超产越多、收入越多所产生的不同效应,前者是“干部看,滑头站,勤快人气得不想干”,后者是“鼓了勤人的劲,治了懒汉的病”,一语道破了两种分配形式的利弊。

改革以来,国有企业实行了奖金与企业效益、与岗位目标责任直接挂钩的奖励制度。企业效益好,则职工的奖金高;岗位责任目标完成得好,奖金也高。改变了过去不发奖金以及平均发奖金的平均主义弊病。近年来,随着市场竞争的激化,科学技术的创新、产品的科技含量的高低, 对于企业在市场竞争中的地位具有越来越明显的决定性作用。现代市场竞争归根到底,是科学技术的竞争,是知识和科技创新的竞争,是高素质人才的竞争。因而,企业和社会对重大的科技创新实行了重奖的举措。1998 年珠海市对完成一项重大科技成果的项目组,颁发 657 万元奖金,创下单项科技创新奖励的新纪录,而且项目参加者还各获得奥迪轿车一辆和 100 平方米住宅一套的实物奖励。这些奖励制度的建立,为我国发展知识经济,体现知识和科技这种无形资产的价值开拓了一条途径。

(原刊于《甘肃政法学院学报》,1999 年第 3 期)

公平与效率的两次碰撞

——平均主义与贫富差距过大的思考(下)

三　公平与效率的第二次碰撞——贫富差距过大

我们在充分肯定改革开放以来,克服极左思想、平均主义,对按劳分配实现形式进行一系列改革,进一步贯彻按劳分配原则,力求实现社会公平与社会效率相统一的目标的同时,又不能不为近几年出现的以贫富差距过大表现出的公平与效率之间的第二次碰撞而忧虑。而贫富差距过大的导因中,除了合理与合法的因素之外,包含着腐败等不法行为。

说当前出现贫富差距过大,是否言过其实呢?让我们先看看反映一个国家贫富差距的基尼系数近年来在我国的变化趋势和具体状况。所谓基尼系数,是反映社会成员的总体收入分配与绝对平均分配之间的相对差距,其数值介于0与1之间。通常数值越大,表示社会成员间收入差距越大;反之,则越小。根据国际上通用的衡量居民收入差异的标准,基尼系数在0.3以下为平均状态,在0.3~0.4之间为合理状态,而0.4以上则属于差距过大,如果达到0.6,暴富阶层和赤贫阶层则同时出现,因而,0.6被定为警戒线。据世界银行测算,在改革开放之前的1978年,我国城镇居民个人收入的基尼系数是0.15,这在当时几乎是世界上最低的,与当时我国的严重平均主义分配是相吻合的。到80年代中期之后,居民收入差距逐渐拉大,1994年国家统计局提供的城镇居民个人收入的基尼系数0.370,农村居民个人收入的基尼系数为0.411。而中国人民大学社会调查中心1994年组织的在全国范围的PPS抽样入户调查问卷的数据，我国城乡居民人均收入的基尼系数为0.434，这一数据超过了西方发达国家在0.3~0.4之间的基尼系数。[1] 这一数据显示出我国已出现了社会贫富差距过大。

我国贫富差距过大,不仅反映在基尼系数上,而且在群众的民意调查中,也是社会普遍关注的重大社会问题。中国社会科学院社会学所1997年度的《社会蓝皮书——1998年：中国社会形势分析与预测》,调查了社会群体对我国目前面临问题关注的焦点,城市居民从给出的15个问题中选择的第一、二、三位问题是"惩治腐败""控制物价""解决贫富不均问题"。其中"惩治腐败"其实与"解决贫富不均"问题是相关的。对"解决贫富不均"问题认为"非常重要"的占55.3%,认为"比较重要"的占35.6%,两类合计占90.9%,可见群众对当前出现的贫富差距过大问题具有普遍的感知。其中特别是国有企业职工、集体和民营企业职工、党政机关社团3个群体更为关注这一焦点问题。[2]

既然当前我国出现的贫富差距过大已是客观存在的现实，也是群众普遍关注的社会热点,这就应该引起我们的警觉。从历史到当今世界,贫富差距过大,往往是引起社会动荡的重要成因。况且,作为一个社会主义国家,我们奋斗的目标就是消除和防止贫富两极分化,实现共同富裕。下面将着重分析当前我国贫富差距过大的具体构成状况,造成这些状况的主要因素以及解决的对策。

---

①何清涟著:《现代化的陷阱》,第235页。

②《社会蓝皮书:1998年中国社会形势分析与预测》,第169、173、225、176—174页。

(一)社会贫富差距过大的构成状况

首先应该充分肯定,改革开放20年以来,我国城乡居民的人均收入水平和生活水平有了很大的提高和改善。农村居民家庭人均纯收入,由1978年的133.6元提高到1997年的2090.1元,扣除价格因素,实际增长3.4倍,平均每年增长8.1%,比1953—1978年的平均增长速度3.3%快4.8个百分点。城镇居民家庭人均可支配收入,由1978年的343.4元提高到1997年的5160.3元,扣除价格因素,实际增长2.1倍,平均每年增长6.2%,比1953—1978年的平均增长速度1.1%快5.1个百分点。1997年,农村居民和城镇居民人均消费分别为1930元和6048元,比1978年分别提高2.74倍和2.12倍。[①] 彩电、电冰箱、洗衣机、音响新的"四大件"已普遍进入城镇居民家庭,也进入沿海发达地区农村家庭。这些都是城乡群众普遍感受和认同的引人注目的客观事实。

同样引人注目的是,在城乡居民收入和生活水平普遍提高的同时,又出现了贫富差距过大的状况。那么,这两种现象是否互相矛盾呢?其实这两种现象同时存在并不矛盾。当前贫富差距过大中的"贫"的概念和状况,已不同于改革之前的"贫"。那时的"贫"主要是平均化的贫困,即大家都处于一定程度的贫困状态之中。而现在的"贫",主要是相对贫困(当然也有一部分城乡居民处于绝对贫困,即在贫困线之下的贫困群体),即本身的收入和生活水平虽然有较大提高,但相对于富裕群体来说,则差距相当大。

当前我国贫富差距过大的构成,可从以下几个方面进行考察:

第一,从阶层之间的收入差距来考察。国际上常用五等分的测量方法,将全部城乡家庭分为五个阶层,最贫穷的家庭和最富有的家庭

---

①《人民日报》1998年9月23日、24日、25日。

各占 20%，中间的三个阶层同属于中等收入的上、中、下不同收入水平的三个层次，也各占 20%。按照这种方法测算，1994 年我国最贫穷的 20%家庭仅占全部收入的 4.27%，最富有的 20%家庭占有全部收入的 50.24%。美国 1990 年最贫穷的 20%家庭占有全部收入的 4.6%，最富有的 20%家庭占有全部收入的 44.3%。[①]应该加以区分的是，我国最贫穷的 20%家庭收入的绝对数低于美国最贫穷的 20%家庭收入的绝对数，我国最富有的 20%的家庭收入的绝对数更大大低于美国最富有的家庭收入的绝对数。但是，由此可看出，我国贫、富两端的家庭收入之间的差距确实过大。

高收入的阶层主要包括：一是部分私营企业主，据我国工商联 1993 年抽样调查，私营企业主年平均收入为 5 万元，部分私营企业主高达数百万，个别的上千万。二是三资企业中的中方高级职员，平均收入超过 6600 美元，高的可达数万美元。三是部分个体工商户，少数年收入高达十万、几十万。四是公有制承包经营者，与企业职工的收入差距高达十几倍、几十倍。五是部分证券经营者、房地产开发商。六是某些有特殊专业技术或者从事特殊职业的人员，如名歌星、名演员、名模特、名节目主持人、律师、会计师、股评家、经纪人等。七是从事“地下经济”或叫“黑色经济”活动的非法经营者，为地下工厂、黑市交易、走私、贩毒等。最后一类是党政机关、企事业单位部分领导人和手中有人、财、物权的工作人员搞“权力经济”，利用手中权力，以权谋私，权钱交易，成为暴发户。

低收入阶层包括：一是农村中的贫困户，目前尚有 5000 万农村居民属于贫困群体。二是城市贫困人口，其中国有企业部分职工成了城市贫困人口的主体。由于不少国有企业长期亏损，下岗职工日益增

---

①《中国市场经济报》1995 年 4 月 29 日。

加,在职职工也有部分人领不到足额工资。三是在生产、生活上存在很大困难的社会脆弱群体,为残疾人、地方病多发区人口等。

第二,从地域分布上考察,可分别从城乡居民收入差距和东、中、西部居民收入差距两个领域考察。我国城乡居民收入差别之率,1980年是 2.297:1, 到 1983 年降至最低点 1.698:1, 而 1996 年又上升为 2.27:1。[①]根据最新资料,1997 年城镇居民人均收入是农村居民人均收入的 2.464 倍。从东、中、西部的收入差距来看,一直呈扩大趋势。1986 年为 1.80:1.10:1,1993 年扩大为 2.89:1.20:1。以东部地区收入最高的上海市与收入最低的甘肃省比较, 农民人均纯收入的差距是,1978 年为 2.95:1,1990 年上升为 4.43:1,1995 年又上升为 4.75:1。[②]

第三,从行业之间的收入差距来考察,行业之间的分配差距,是工薪阶层内部收入差距的一个引人注目的方面。根据国家计委调研组的一份报告,不同行业之间职工工资水平差距在逐步扩大,如上海市工业制造业职工平均工资 1995 年低于全市平均工资 389 元,而金融、交通、邮电、房地产及水电生产供应业的工资高于全市平均工资 2000~4100 元。[③]

(二)贫富差距过大的成因

在形成当前贫富差距过大的成因中,有以下几种主要因素:

第一,历史遗留下来的,正在逐步解决的因素。如城乡居民收入之间的差距,在历史上就长期存在。新中国成立后,特别是改革开放以来,通过实行家庭联产承包责任制、发展乡镇企业、几次提高农副产品价格、实施扶贫计划等,逐步提高农民收入,缩小城乡居民收入

①杨宜勇等著:《公平与效率》,第 343、353、360 页。

②杨宜勇等著:《公平与效率》,第 343、353、360 页。

③新华社 1998 年 10 月 20 日电。

之间的差距。如我国农民从1978年到1984年的6年间,由于以家庭联产承包责任制为主要形式的改革,农业生产和农村经济快速发展,这6年农民人均纯收入年均增长速度高达13.4%,是农民收入增长速度最快的时期。又如1994年至1996年这段时间,由于大幅度调高一些重要农产品的价格,农民每年人均新增收入300元左右,是农民人均收入绝对值增长数额最多的时期。同时又要看到,由于多种因素的制约,城乡居民收入之间的差别又不是短期内能够消除的。第二,政策倾斜形成的贫富差距过大的因素。这主要表现在东、中、西部居民收入的差距方面。当然,东、中、西部收入差距过大的因素中,还存在历史的以及自然、社会、人文条件的因素,近代历史上东部沿海地区经济发达,自然条件较优,人口的文化素质较高。改革开放以来,东、中、西部收入差距的拉大,主要是由于国家对东部沿海地区在投资、基础设施建设、政策优惠等方面给予了倾斜。其出发点是为了让这些地区利用其有利的地理和社会条件,先富起来,以带动全国经济的发展和人民的逐步共同富裕。但现实生活中已出现了地区间贫富差距过大的问题,国家已开始重视对西部的扶持。

第三,体制形成的贫富差距过大的因素。主要包括以下两个方面:一是改革开放以来,从过去单一的公有制结构,改变为以公有制为主体,多种经济成分并存和发展的结构,私营经济、个体经济、三资企业这些年来快速发展,因而私营企业、个体户、三资企业高级职员中的高收入群体随之出现。二是部分行业仍然是国有垄断行业,因而形成一部分垄断性收入。

第四,具有特殊专业技术,又为当前社会稀缺的人才因素。如名演员、名歌星、律师、会计师等,都属于这种因素形成的高收入群体。

第五,非法生产经营因素。非法生产经营,包括地下工厂、黑市交易、走私、贩毒等等。有的国家把这类非法生产经营活动称之为“黑色经济”,有的国家称之为“地下经济”。这些“黑色经济”以大量非法手段获取暴利,损害消费者权益,危害人民生命健康,毒害青年一代,破坏市场秩序,扰乱社会治安,使国家遭受巨大经济损失,令社会公众极为不满和愤慨。

第六,利用手中权力,搞“权力经济”,以权谋私、权钱交易的因素。这一因素导致的暴富,与上面谈到的“黑色经济”因素一起,是最为社会公众所不满、反映最强烈的两大因素。

（三）铲除“黑色经济”与“权力经济”两大毒瘤,是解决贫富差距过大的重点

从上述我国当前贫富差距过大的构成与成因的分析中，不难看出,有些贫富差距是合理的或者合法的,如私营企业主、个体户的合法生产经营形成的高收入,三资企业中中方高级职员的高收入,具有特殊专业技术和社会稀缺人才的高收入,这些都是合法的和合理的,社会公众都能理解和接受,只是对其中有偷税、漏税等违法行为感到不满。有些高收入属于历史遗留问题,而且国家已经或者正在采取对策进行调节,如城乡居民收入差距、东中西部之间的收入水平差距。上述这些收入差距虽然也存在过大的问题，但并未引起社会公平与效率之间的矛盾与碰撞，人们也不要求用过去平均主义的办法去搞那种拉平的社会分配，人们只要求应切实执行并完善相关的法规和政策,调节好这些高收入群体的高收入,以缩小过大的收入差距。另一方面,这类收入差距过大的问题,还应从建立、完善社会保障体系,逐步提高低收入群体的收入水平方面逐步加以缓解。

本文提出当前我国出现的贫富差距过大、社会分配不公,主要不是针对上述这些合理的、合法的或者一些不可避免的贫富差距现象。社会主义社会的公平,绝不是收入无差别的公平,那种公平是不利于调动人们的积极性,不利于提高企业效益和整个社会效率的。当前允

许一部分人通过诚实劳动和合法经营,先富起来,有助于积累必要的财力和物力,以扶植欠发达地区和贫困群体,逐步实现共同富裕。合理的、合法的高收入所形成的过大的收入差距,当然也应该适用经济杠杆和政策等调控手段,进行调节。

当前我国存在的贫富差距过大,社会分配不公,这里的“不公”主要指前述最后两种因素导致的不公,即“黑色经济”和搞“权力经济”的腐败造成的不公。这两种因素形成的暴富与贫富差距过大,是当前引起社会公平与社会效率碰撞的根源,是解决贫富差距过大的重点。

“黑色经济”是世界各国普遍存在的一大公害,各国都在采取坚决强硬措施进行防治。这是因为我国市场经济体制尚未完全到位,市场机制还不能充分地发挥作用,市场游戏规则还不健全,市场监管制度还不完善,市场运行还不规范,给有些黑色经济活动以可乘之机。

以搞“权力经济”、以权谋私、权钱交易为特征的腐败现象,在世界各国也都存在。但是,在我国有其特殊性的一面,由于整个经济体制改革还待深化,政府职能还未完全转变,国有企业的改制和建立现代企业制度正在进行。据中国社会科学院社会学所于 1991 年 11 月对全国 24 个省、自治区、直辖市 38 个城市中 1748 名年满 18 周岁以上居民的问卷调查,按单位所有制划分为 5 个主要社会群体(三资和私营企业、国有企业、集体和民营企业、事业单位、党政机关和社团),对我国目前面临的最重要问题的选择,这 5 个群体都把“惩治腐败”排在第 1 位。又以受教育程度的标准划分的 5 个不同群体(小学及小学以下、初中、高中、成人高等教育、全日制大专及大学以上)对我国目前面临的最重要问题也同样都选择“惩治腐败”是第 1 位问题。[①] 以

①《社会蓝皮书:1998 年中国社会形势分析与预测》,第 169、173、225、176—174 页。

搞“权力经济”、以权谋私、权钱交易为特征的腐败，不但引起社会分配不公，贫富差距过大，而且腐蚀着党和国家的肌体，败坏着社会风气，影响到人心的向背，关系到党和国家的命运。

为了有效地惩治和防止搞“权力经济”的腐败行为和搞“黑色经济”的非法经营活动，有一种现象需特别加以重视，即腐败分子与非法经营者互相勾结，狼狈为奸，互为滋长的土壤，造成更为严重的危害，因而要把惩治腐败与打击黑色经济紧密结合起来。这一点在当前正在开展的反走私斗争中反映得极为明显。只要各级政府和执法部门依法行政，依法执法，执法必严，违法必究，再加上群众监督、市场规范等，搞“权力经济”的腐败之风和搞“黑色经济”的犯罪活动是会得到遏止的。

要解决以搞“权力经济”、以权谋私、权钱交易为特征的腐败之风，加强廉政建设，从根本上讲，就是要在我国真正实现从“人治”转为“法治”。这就需要从法规、制度、纪律、观念等方面强化依法治国、依法行政、依法执法、有法必依、有法必依、违法必究。我们讲“法制”讲了20年，立法步子迈得可谓相当大，但“权大于法”“以言废法”的现象依然存在。究其中原因，一是我国封建制度统治时间太长，封建社会“人治”的影响太深；二是新中国成立以来，相当一段时间个人迷信盛行。三是高度集中的计划经济体制强化了权力机制，弱化了法治机制。由“人治”转为“法治”，仍然需要从深化经济体制改革和政治体制改革、健全法制、转变观念等几个方面入手。既要看到解决“人治”的艰巨性，又要对解决这一问题抱有信心，只要下定决心，采取有力措施，终归会逐步走上法治的轨道。

（原刊于《甘肃政法学院学报》，1999年第4期）

知识经济与银发经济研究

迎接知识经济时代机遇与挑战的两个核心问题的思考

知识经济已现端倪,人类将于21世纪进入知识经济时代。在科教兴国战略方针的指导下，我国实现现代化与跨入知识经济时代需同步进行,要在50年的时间内,实现两位一体的双重雄伟历史任务。这是历史的必然,是时代的要求。我们不得不思考知识经济时代带给我们的机遇和更多的挑战。

一 知识经济的主要特征

知识经济的内涵是什么,知识经济具有哪些特征,是我们探讨知识经济的机遇与挑战时,首先遇到并需弄清的问题。

在知识经济这一概念形成之前,一些未来学家先提出了“后工业社会”的概念和理论,其中已包含着知识经济的一些内涵,为知识经济概念和理论的形成作了有益的准备。直至近年,知识经济逐步形成了比较成熟和取得共识的概念。联合国经济合作与发展组织发表的《以知识为基础的经济》的报告中提出,知识经济是指建立在知识和信息的生产、分配和使用之上的经济。

关于知识经济的特征,众说纷纭。有的侧重从经济角度分析,有的侧重从技术因素分析,有的还考虑到社会因素。这里,作者依据知识经济的内涵,参照发达国家知识经济的雏形及发展趋势,着重从经济学的视角,从知识经济的资产构成、发展动力、增长模式、产业结构、运行格局以及经济发展与自然界的关系几个方面,提出知识经济如下一些主要特征：第一,知识经济是知识、信息等无形资产的投入起决定作用的经济。工业经济时代,机器、能源、原材料等有形资产形成了其资产构成,而在知识经济中,知识、信息等无形资产是其资产构成的主要的居于第一位的资产。从目前发达国家的情况来看,高新科技企业的无形资产已超过其总资产的60%。

第二,知识经济改变了经济增长的模式。农业经济时代,经济的增长直接取决于土地和劳动力的数量、规模和增量。工业经济时代,经济的增长直接取决于资源、资本、机器设备的数量、规模和增量。而知识经济增长的模式是知识创新和技术创新，是新知识和新技术成果快速转化为生产力。自90年代以来发达国家知识创新对经济增长的贡献率已超过其他生产要素的总和，目前发达国家经济增长中知识和技术的贡献率已达到60%至80%。知识和信息又是可以重复使用的资源 呈现出效益的递增,并可以提高传统生产要素的质量和生产能力。因而,知识经济创造了极高的生产率、极低的能耗，创造了经济史上高增长、高效益、低通胀的模式。

第三,知识经济的上述增长模式,决定了知识创新和技术创新是知识经济发展的不竭动力。这一不竭动力不仅在经济增长模式中反映了出来，还表现在知识和技术以历史上从未有过的惊人的速度不断更新,真正是日新月异。现在全世界每年批准的专利数量高达120万件。目前,集成电路6个月至1年就完成一次更新换代在知识经济时代经济竞争、综合国力竞争的焦点,是知识创新和技术创新，以及创新的速度。一个国家如果缺乏自主创新的能力,就只能步人后尘,受制于人。正如江泽民同志所指出的,在知识经济和信息时代,“创新是一个民族进步的灵魂,是国家兴旺发达的不竭动力"[①]。

第四,知识经济的支柱产业是新兴的高科技产业。工业经济时代制造业是其支柱产业,随着新知识和新技术的大量涌现和转化为现实生产力,一批以新科技无形资产为主的高新科技产业成为知识经济的支柱产业,包括电子信息、生物工程、新材料、新能源、绿色环保、航天科技、海洋工程等。其中信息产业更是第一大支柱产业,信息在国民经济和社会生活中的传输和应用越来越广泛,作用越来越重要,世界正在走向信息化。美国信息产业的产值已占其国内生产总值的78%。高新科技产业的兴起,正在加速推动产业结构的大调整,形成知识经济时代的新型产业结构。

第五,知识经济是世界经济一体化格局形成、发展和强化的经济。科技革命迅猛发展,国际互联的信息网络正在形成,加之和平与发展成为当代世界的主题,市场经济体制已遍及全球,以知识和信息为主的,包括资金、技术等各种生产要素在世界范围内自由流动和合理配置,国家之间在经济、信息、科技方面的关联性、依存性、互补性日益突出。世界经济一体化是知识经济运行的必然格局。

第六,知识经济与自然界的关系呈现出协调发展的新关系,因而是经济与资源的可持续发展的经济。工业经济是以资源的掠夺式开发、环境的严重污染和生态平衡的破坏为代价取得其发展与增长的。人类在发展经济的同时,却破坏着赖以生存和发展的物质基础和环境,正在走向发展和增长的极限。而知识经济以极大丰富了的对于自然界发展规律以及经济社会与自然界协调发展的认识为基础,以科学技术的不断创新为手段,以经济、环境、资源、生态协调为立足点,

---

①1998 年 2 月 14 日江泽民总书记参观"数字化产业最新成果小型展览"时的讲话。

合理、科学地开发利用现有资源，并开发新的资源、新的物种，实现没有极限的增长，使经济成为可持续发展的经济。

弄清了知识经济的内涵与主要特征，我们不难发现我国面对知识经济时代的来临，既有难得的历史契机，但更多的是严峻的挑战。作为一个发展中国家，历史为我们提供了一个实现现代化与实现经济知识化的同步进行的契机，在世界经济、知识、信息一体化的格局下，我们可以充分利用人类创造和积累的新知识、新技术的丰富资源，发挥“后发优势”，实现经济与科技的跳跃式发展，缩短赶上发达国家的时间历程与差距。但是，挑战远远大于机遇。我们毕竟是一个经济与科技欠发达的国家，从上述知识经济的内涵与主要特征来衡量，我国在知识创新与技术创新方面、知识等无形资产占总资产的比重方面、新知识和新技术的转化率方面、知识和科技在经济增长中的贡献率方面、高新科技产业产值占国内生产总值的比例方面，都与已迈向知识经济的发达国家之间存在着很大的差距，与知识经济的内涵与特征的要求相去就更远。如发达国家经济增长中的科技贡献率达到 60% 至 80%，而我国仅为 27%左右[①]。又如发达国家科技成果转化率已达 50%左右，而我国只有 6%至 8%[②]。在世界工业化历史进程中，我们晚起步了 200 年，在知识经济扑面涌来之际，我们必须紧紧把握住历史契机，迎接挑战，急起直追。

从上述知识经济的特征中可以看出，知识创新和技术创新与知识经济形影相随，须臾不能分离，是知识经济的灵魂。而新知识、新技术转化为现实生产力，形成以新知识、新技术无形资产投入为主的高新科技产业，又是知识经济社会的经济支柱。因此，下面着重围绕知

①《中国人事报》1998 年 4 月 10 日。

②1998 年 7 月 2 日李岚清考察北京高新科技产业化工作时的讲话。

识经济的这两大核心问题,从我国的实际出发,参照发达国家的情况和经验,分析我国在这两大核心方面的现状和存在的问题,探讨需采取的对策。

二　创新——知识经济的不竭动力

从我国的实际出发,要形成和发挥知识创新和技术创新作为知识经济不竭动力的作用,从而推动和加快我国知识经济发展的进程,需要抓住三个环节:一是强化全民的创新意识;二是建立国家创新体系;三是完善创新环境和机制。其中关于强化创新意识,树立与知识经济要求相适应的新观念这一方面的问题,笔者另有专文论述,这里则集中探讨建立国家创新体系与完善创新环境和机制两大问题。

(一)建立国家创新体系

知识创新和技术创新要切实发挥出知识经济不竭动力的重大作用,就需要在一个国家全社会范围内参与知识创新和技术创新全过程的各个行为主体之间,形成一个在新知识、新技术的生产、扩散、分配和使用诸方面高效有序的交流、协同、合作、联动的系统和网络。联合国经济合作与发展组织认为,国家创新体系是由一系列公共机构如国家实验室、大学等和私营机构如企业等组成的系统和网络,这些机构的活动和它们相互之间的关系、作用,决定着一个国家知识创新的能力和效率,最终决定着一个国家的综合国力。

根据我国的国情,我国的国家创新体系的行为主体,包括政府机构、科研机构和高等院校、企业以及社会支撑服务组织。我国国家创新体系应具有“三个提高”“一个摇篮”“一个支柱”的功能。“三个提高”是大幅度提高新知识、新技术的产业率,提高科研成果的转化率,提高高新科技企业在国民经济中的比重;“一个摇篮”是培育和造就高素质创新型科技人才和管理人才的摇篮;“一个支柱”是增强我国在国际市场的竞争力和综合国力的支柱。

下面对我国国家创新体系中各个行为主体在各自的角色位置应发挥的作用,分别作一些探讨。

我们现在要建立的国家创新体系，是在社会主义市场经济体制下运行的创新体系，因而，研究政府机构在创新体系中的职能与作用,必须顺应市场经济的要求。首先是改变过去在计划经济体制下政府机构对科研、教育、企业的微观活动干预过多的状况,转变政府职能，主要发挥政府在宏观层面上其他行为主体不可替代的职能与作用,包括:制定与国家经济社会发展紧密结合的科学技术创新规划;组织、协调多方面的创新力量;创造、优化创新条件和环境,为制定和完善有关的法律、法规,建立风险投资;深化科研和教育体制改革,深化国有企业改革，使这些国家创新体系的组成者真正成为具有自主权和积极性的创新行为主体;建立高新技术开发区、创新服务中心、科技市场等社会中介组织。另外,在投资主体多元化的格局中,国家对科技和教育的投入仍然是重要的投入渠道。

科研机构和高等院校是新知识生产的主要源泉，是高素质创新人才的主要培育基地,具有高级人才、试验设备、知识储存等方面的强大优势。同时,又要看到,高校和科研机构要在国家创新体系中充分发挥其优势与作用，使它们拥有的新知识和新科技成果向应用领域流动,转化为现实生产力,实现创新的良性循环,还存在着体制和机制方面的诸多问题。高校和科研机构普遍缺乏基础研究和开发研究的资金;缺乏新知识、新科技成果转化的中介条件,有七成以上的成果无人问津;科研与经济“两张皮”的现象、产学研相脱节的现象还较普遍存在；对科研人员的激励机制和分配制度不能适应知识经济条件下无形资产的主导地位,等等。

解决上述问题的关键，在于高校和科研机构在体制和机制上深化改革,走产学研相结合的道路,面向经济建设主战场,面向国内和国际市场,加强基础研究与应用开发研究,多渠道在市场中融资,自主创办或与社会联办高新科技企业,提高科研成果转化率,实现基础研究、应用研究、技术开发、产业化的良性循环。近年来,有些高校和科研机构在这方面迈出了可喜的步伐,上述存在的问题有了明显的好转。如北大方正集团就是北京大学产学研相结合的成功范例。它是北京大学建立的高新科技企业,近十年来面向国内和国际市场,将学校的科研成果转化为市场需要的高科技产品,拆除了学校科研与市场之间的围墙,成为学校科研成果产业化的孵化器,开拓发展,现已成为一家国际性公司,在中文电子出版系统、应用软件开发、信息系统集成等领域在国内外居于领先水平,并具有一定的竞争优势,1997年产值超过 55 亿元又如清华大学建立的清华同方上市公司,也正在国家创新体系中发挥着引人注目的作用。在这方面还可借鉴发达国家一些行之有效的经验。如法国打破国家研究所、大学科研机构与企业研究所之间的壁垒,集中人才优势,与企业联合进行课题研究。还鼓励科研机构和大学的科研人员将专利作为投资带到企业,允许科研人员到企业兼职,放宽科研人员在企业任职和开发专利所得报酬的限制,以扭转科研成果难以转化为生产力的状况。

在市场经济体制下,企业在国家创新体系中的地位与作用显得越来越重要。建立了现代企业制度的发达国家,创新成为企业求得自我发展的内在要求和机制。世界闻名的高新科技企业美国的微软公司成功的秘诀,就是该公司负责研究的董事内森麦赫沃尔德所说的:"微软一直在不断地更新自己。"[①] 1997 年微软公司在研究和开发方面投入 20 亿美元其中有很大一部分用于目前尚不为人知的应用性

---

①美国《华盛顿邮报》1997 年 10 月 7 日。

基础研究。微软公司就是不断迈向“不为人知”的领域。对未知世界的探索，正是知识创新、技术创新的灵魂。微软正是在这方面取得了骄人的成就。

在国家创新体系中，大学和科研机构主要承担知识创新的角色，企业则主要承担技术创新以及使科技成果产业化的角色。我国企业在技术创新方面的状况和问题，主要是注重从国外引进技术，注重与外资进行技术合作，而忽视培育、提高自身的创新能力。面对经济全球化，并为了实现经济与科技的跳跃式发展，加强技术引进、开展技术合作是完全必要的。但是要在引进与合作中逐步提高自主创新能力，不能落入单纯依靠引进、步人后尘的陷阱。要从根本上扭转我国企业自主创新能力低下的状况，关键还是深化企业改革，建立和完善现代企业制度，使企业成为产权清晰、权责明确、政企分开、管理科学、自我发展的经济实体和市场竞争主体，使企业的运行机制切实转变到依靠科技进步和提高劳动者素质的轨道上。这样，企业就会具有自主开展技术创新，不断开发新技术、新产品，提高在国内外市场竞争力的主动性和积极性，也才会有条件在技术创新方面加大投入力度。近年来，发达国家在科研开发中出现了企业投入超过国家投入的趋势。

在国家创新体系中，我国建立起了一套为科技成果转化和高新科技企业成长服务的社会中介服务 系统，包括高新技术开发区、高新技术创业服务中心、技术市场等，国家在税收、贷款等方面给予优惠政策。 这些社会中介组织正在形成科研成果商品化、产业化的重要基地，成为高校、科研机构与企业之间的接合部，成为高新科技企业的孵化器，成为高素质复合型人才的摇篮。如北京海淀高新技术开发区是1988年国务院批准成立的第一个国家级高新技术开发区。开发区统一新技术企业认定标准和所得税率，以北大、清华等高校和中国科学院等科研院所的知识、人才为依托，孵化高新科技企业，已形成了电子信息、光机电一体化、新材料新能源及环境科学、医药及生命科学四大支柱产业，1997 年实现国内生产总值 122 亿元，对北京市工业增长贡献率接近 50%[①]，并涌现出一大批懂市场的科学家和懂技术的企业家当前我国创新体系中的这类社会中介组织，需进一步拓宽高校、科研机构与企业之间的合作，提高招商引资功能，提高为企业服务的质量，兴建人才资源市场，在我国国家创新体系中成为全方位、多功能的社会中介组织。

（二）优化创新条件和环境

知识创新和技术创新是在一定的外部环境中进行的，外部环境对创新的作用就像土壤和气候对作物的生长一样的重要。

在优化创新环境方面，为创新提供法律保障，维护创新权益，是当今世界普遍重视的重要问题。在这方面，保护知识产权显得尤为突出。知识成为最重要的无形资产，知识经济时代保护知识创新者的权益，成为法律保障体系中的主要组成部分，各个发达国家极为重视保护本国的知识产权。我国在知识经济日益临近、对外开放日益扩大的历史条件下，也加紧了知识产权的立法进程，加大了这方面的执法力度。《著作权法》《专利法》以及一系列配套的法律、法规已相继颁布实施，国家和各省（市、区）建立了著作权管理机构。我国也积极维护国际知识产权条约，坚决查处各类盗版活动。同时也要看到，我国知识产权的法律、法规还有待进一步完善，盗版等侵犯知识产权的非法活动还相当猖獗，需进一步加大执法力度。

建立风险投资可算是优化创新环境的另一个极为迫切的问题。资金短缺是制约我国高新科技产业化的瓶颈。一方面国家需加大对

---

①《人民日报》1998 年 5 月 14 日。

科技创新投入，银行也应增加对这一领域的贷款。另一方面又要看到,高新科技产业回报高,风险也高。对十分重视投资安全性的商业银行来说，不可能满足科技创新对资金的需求。借鉴发达国家的经验,建立多元化的对高新科技的风险投资体制,是解决这一问题的有效途径。

风险投资是一种新兴的金融产业,或由政府设立风险投资基金,或由民间组建风险投资公司。虽然风险投资家像银行家一样,都是充当投资人与接受投资者的中介,但银行家力图回避风险,而风险投资家则努力驾驭风险。一方面他们与大学、科研机构有着密切的联系,掌握科研成果的大量信息,对高新科技有敏锐的洞察力;另一方面对企业界和市场又很了解，对高新技术市场走向及潜力有较强的判断力。他们以各种方式对科技项目的市场价值进行评估,对项目的经营计划进行考察,参与接受风险投资企业的经营管理,如参与投资项目的论证、市场的分析以及为企业物色高素质的人才等。我国的风险投资几乎是空白,美国等发达国家从年代就兴建起风险投资。像微软、英特尔等著名高科技企业创业起步阶段都得到大量风险投资资金的投入,可以说如果没有创业时的风险投资,就没有它们今天的辉煌。目前,美国共有约 100 家风险投资公司,1996 年美国有 48 亿风险资金投入到科技企业[①] 。我国应抓紧时机建立风险投资体制培育风险投资机构。

三　高新科技产业——知识经济的支柱

知识创新最终转化为生产力,实现产业化。知识创新产业化的标志,就是高新科技产业的形成和崛起。

---

①《中国证券报》1998 年 6 月 15 日。

(一)高新科技产业的重要地位

近几十年来,人类知识创新和技术创新呈现出十分壮阔的景观。新的知识和技术大量转化为商品,新兴的高科技产业如雨后春笋,生机勃勃。于是,在人类产业发展史上涌现出一种新的不同于传统产业的产业群,人们名之曰高新科技产业,因为它们都是建立在新兴的科学技术基础之上的产业,是以新知识、新科技无形资产为主的产业。按照联合国经济合作与发展组织的建议,以及从发达国家和我国的情况来看,高新科技产业主要包括电子信息、生物工程、新材料、新能源、航天技术、绿色环保、海洋工程这样一批产业。

高新科技产业的兴起,是知识经济来临的标志。衡量一个国家是否进入知识经济时代,主要以科技进步对经济增长的贡献率、高科技产业的产值占国内生产总值的比重、高科技产业就业人数在全社会就业结构中的比重以及教育经费占国内生产总值的比重这样一些指标来衡量。由此可见,高新科技及其产业在知识经济中的决定性作用。可以毫不夸张地说,高新科技产业是知识经济社会的经济支柱。

高新科技产业的重要地位与作用,还表现在其对传统产业的渗透,提高传统产业的科技含量,使夕阳产业焕发出青春。以制造业为例,由于采用计算机技术、电子技术、信息网络等技术,实现了自动化和智能化。

(二)信息产业是知识经济的第一大支柱产业

知识经济的内涵包含了信息的生产、分配和使用,知识经济表现为经济运行的信息化、社会生活的信息化,乃至全球的信息化。所以,人们又把知识经济时代称作信息时代或者信息社会。信息产业在国民经济中举足轻重,在一些发达国家已成为第一大支柱产业。

信息产业包括信息设备制造业、软件业和信息网络传输服务业三大行业。信息设备制造业主要从事以微电子技术为基础的电子芯片制造、利用电子芯片的电子计算机、服务器、程控交换机等的制造。软件业包括操作系统等支撑应用软件运行的基础软件环境和各种应用软件。 信息网络传输服务业包含计算机网、电信网、广播电视网等信息传输网络,以及通过信息网络满足人们生产、工作、学习、生活等需求的各种信息服务。微电子技术和集成电路、软件技术和计算机构成了信息社会的“大脑”,而由程控交换机、大容量光纤、通信卫星等交织而成的覆盖全球的信息网络,则构成了信息社会的“神经系统”。这种具有巨大传输能力的“神经系统”(信息网络),与亿万最终用户的“大脑”(计算机、交互式电视、各种软件)连接起来,实现电子交易、工程设计、远程教育、远程医疗、电视会议等各种信息服务。微机上网之后,不只是使用个人拥有的一台能量毕竟有限的计算机,而是在使用一台能量无限、资源丰富、信息共享的计算机。“网络就是计算机”这个概念的深刻内涵,就在于揭示了只有与网络相连,计算机才能成其为真正意义上的计算机。因而,信息传输服务业且和软件业正在成为整个信息产业中发展的重点和竞争的焦点。

以计算机软硬件和网络技术构成的信息产业,在经济发展、社会进步方面已显示出并将更大地发挥其他产业无法与之匹敌的巨大作用。它使人类生产从农业经济时代的分散化、工业经济时代的集中化,演化到信息时代的网络化。在技术创新和新产品设计开发方面,通过网上交流,可进行合作设计和开发,如美国的波音77飞机就是由分属为几个国家的科技人员在网络上共同设计的 通过网络用电子货币支付,使贸易双方的资金周转大大加快,经济运行效率极大提高。文化教育的网络化,可以进行远程教育。今后社会的生产、交换、消费都离不开信息网络和各种终端服务器。因而,发展信息产业,特别是信息传输服务业,推进经济与社会的信息化,成为各国综合国力竞争的焦点。1993年,美国克林顿政府制定了《国家信息基础结构行动计划》(俗称“信息高速公路”计划),由此引发了许多国家兴建信息基础结构的热潮。所谓信息基础结构,是指由基础电信网、增值服务网、信息资源网和各类用户终端组成。

(三)我国信息产业的现状与发展对策

近些年来,我国把握到了知识经济和信息时代的脉搏,对电子信息产业采取了倾斜政策,取得了长足的进展。“三金”工程的启动,带动了国家信息化建设和信息产业的发展。至197年底,我国微机产量6年增加了30倍,因特网用户达60多万;软件产业形成了东大创智托普等八大基地电话网总容量已超过亿门,成为仅次于美国的第二大电话网;“九五”期间要建成“八纵八横”光缆网,将覆盖大中城市。国务院新设立了信息产业部。

我国电子信息通信产业毕竟尚处于起步阶段,加之市场经济体制和机制还不完善,电子信息通信产业还存在着不少制约发展的因素和有待解决的问题。一是低水平重复建设多,企业规模小,形不成规模优势。到1996年底,我国有计算机生产企业700家,软件企业4000家,而PC机年产能力超过50万台的只有联想一家,八大软件园之首的东大软件园年销售额也只有亿多元[①]。二是技术引进多,创新能力差,多数企业靠引进国外技术、进行产品组装和销售。三是国内信息商品市场大部分为进口产品和外资或合资企业的产品所占领。四是信息产业领域的资产优化组合、重组机制不健全,企业之间通过控股、参股、兼并、收购、强强联合等形式,剥离不良资产,注入优质资产,实现资产优化组合的机制运作水平相当低。五是融资渠道少,融资功能差。除了国家和各级政府投入、商业银行贷款之外,其他融资功能为发行企业债券、发行可转换债券、推荐公司上市发行股

①《中国证券报》1998年6月8日。

票、建立风险投资基金等有的虽有启动,但尚需发展,有的则还未启动。六是信息产业结构不合理。1997 年我国信息产业的三大领域即计算机等硬件业信息传输服务业软件业三者的比例为 80%、11%、9%,我国的信息传输服务业和软件业比重过小,而这二者将成为 21 世纪信息产业发展的重点和世界市场竞争的焦点。

针对上述存在的主要问题,我们应采取有力的相关对策。一是加强国家对信息通信产业的宏观调控和指导, 把握住国际信息产业发展的主趋势,是信息基础结构的建设和发展,信息产业竞争的焦点已从硬件转向软件,从设备转向服务,应重点抓好国家信息基础结构建设,将电话网、有线电视网、各类计算机联网服务和交互式视像信息服务体系,通过宽带交换和传输平台综合为一网,要争取在信息服务大市场上形成高起点、跨越式的后发优势。二是加强对民族信息产业的扶植,国家在产业政策、采购政策、投资、税收等方面对民族信息产业给予倾斜和优惠。而我国信息产业也应把握信息应用产品具有本土化的特点,如应用软件对贴近本土、贴近国情有较高的需求,充分运用和发挥这方面的潜力和优势,研究、开发这方面的新产品,提高市场竞争力和市场占有份额。三是倡导、鼓励信息产业领域的资产重组、资产优化组合、强强联合,形成规模优势、资产优势、技术创新优势以及市场竞争优势。这方面今年以来有了一些新的突破,如托普西部软件园控股川长征公司,创智软件园控股五一文公司,北大举牌延中实业,四通集团与华立高科实行强强联合等。四是拓宽融资渠道,强化融资功能,除了国家加大对信息产业的投入之外,应充分利用金融、证券市场的融资功能,包括建立风险投资基金;企业发行可转换债券;选择业绩优良、有高成长性、条件具备的高科技企业上市,发行股票。目前在深、沪 A 股市场上主营业务属于信息产业的上市公司只有 24 家,为数太少,应该使以信息产业为主的高科技企业在我国股市中不但形成一个板块，而且成为举足轻重、影响力巨大的龙头板块,与其在知识经济中的支柱产业的地位相匹配。

（原刊于《甘肃社会科学》,1999 年第 1 期）

迎接知识经济时代思想解放新浪潮

21 世纪是我国实现现代化的新世纪，也是人类跨入知识经济的新世纪。新世纪为我们提供了具有巨大魅力的契机，我们在实现现代化的进程中，同时以科教兴国战略为先导，向知识经济进军。2050 年我国基本实现现代化之际，也是我国社会跨入知识经济时代的历史时刻。实现现代化与跨入知识经济时代，形成了我们在 21 世纪的二位一体的宏伟历史任务。

历史给予我们前所不遇的契机，同时向我们发出了挑战。在知识经济时代即将来临的新世纪，一个民族如果不能顺应时代大潮，不能紧跟时代步伐，这个民族将会被抛在知识经济时代的后面，无法跻身在世界先进民族之林。21 世纪既是闪耀着历史机遇的美丽光环的世纪，又是充满着严峻挑战的世纪。我们只有坚持科教兴国的战略方针，奋勇肩负起实现现代化与跨入知识经济时代二位一体的历史任务，抓住机遇，迎接挑战，才能自立于世界先进民族之林。

像人类历史发展的先例一样，新的经济时代又必然带来社会观念的巨大变革，更需要与其相适应的思想解放浪潮为之开拓前进的道路。知识经济新时代的来临，必然要求一次新的思想解放浪潮。面对新世纪的历史任务，我们必须坚持和发扬十一届三中全会解放思想、实事求是的精神，迎接与知识经济时代相随而来的思想解放的新浪潮。

今天，当我们站在世纪之交的入口处，更倍感十一届三中全会伟大而深远的历史意义。正是由于三中全会确立了解放思想、实事求是的思想路线,我们不但以两次思想解放的浪潮,促进了两次经济与社会的变革,而且以新的思想解放浪潮,又一次促进现代化和知识经济时代的进程。20 年来,第一次思想解放浪潮,使我们冲破了“无产阶级专政下继续革命”“两个凡是”为代表的“左”的思想的禁锢,实现了全党全国工作重心的转移,走上了以经济建设为中心、发展生产力的正确航道。第二次思想解放浪潮,使我们从计划经济的传统僵化观念的樊篱中解脱出来,正在实现向社会主义市场经济体制的转轨。现在我们又面临着一次新的思想解放浪潮,要从农业经济时代、工业经济时代的旧观念向知识经济时代的新观念转变。新时代在召唤我们,必须高举三中全会解放思想、实事求是的旗帜,迎接新的思想解放浪潮,树立与知识经济时代相适应的新观念。

那么,在这次跨世纪的思想解放浪潮中,我们需要着重树立哪些新的观念呢?

一　树立新的发展观

人类社会从它诞生之日起,就处于发展的历史长河之中。发展是永恒的主题。但是,从初现端倪的知识经济的特征与趋势中,已呈现出一种全新的发展的态势与内涵,要求人们树立有别于农业经济时代和工业经济时代的新的发展观。

(一)创新发展观

知识和技术的创新,在各个经济时代都谱写过辉煌的篇章。特别在经济时代转折期,知识和技术的创新总是首先吹响了时代转换的号角。青铜器和铁金属冶炼加工知识和技术的创造发明,拉开了人类进入农业经济时代的帷幕。从牛顿力学理论的提出、珍妮纺织机的发明到瓦特蒸汽机的出现,引发了人类进入工业经济时代的产业革命。

然而,今天当我们审视知识经济时代的创新时,会发现创新具有了新的内涵,会为它从未在历史上展现过的速度、广度、力度所震撼。知识创新是知识经济时代创新的核心。知识创新呈现出全方位的走向,在设计、研究、开发、扩散、应用等各个环节都会有知识的创新。科学知识量的增长速度,从公元初的1750年增加一倍,发展为20世纪80年代每3年就增加一倍,现在全世界每年批准的专利数量高达120万件。由于新的科学知识的激增,人类向前人从未涉足的未知世界广泛进军,新学科不断涌现,现在学科总数已超过6000多门。自90年代以来,知识创新对经济增长的贡献率已超过其他生产要素的总和,目前西方发达国家经济增长中的知识和技术贡献率达到60%至80%。农业经济时代,经济的发展和繁荣直接取决于土地和劳动力的数量、规模和增量;工业经济时代,经济的发展和繁荣直接取决于资源、资本、机器设备的数量、规模和增量;而知识经济时代的发展则直接取决于知识的创新。知识经济时代,经济社会的发展与知识创新形影相随,须臾不能分离。正如江泽民同志所指出的,在知识经济时代"创新是一个民族进步的灵魂,是国家兴旺发达的不竭动力"。知识经济时代的发展观必须是创新发展观。

中华民族在人类文明的创造史上曾作出过划时代的贡献,呈现出光照寰宇的风采,一度走在人类知识和技术创新的前列。我们是一个有创新传统的伟大民族。不幸的是封建制度统治长达数千年之久,对内的专制统治,对外由盛极一时的经济、文化的交流逐步走向闭关锁国,思想文化从百家争鸣充满生机的景象逐步转向保守,封建文化的沉淀逐步积累形成了不利于人们发挥创造性思维的清规戒律。这些都严重束缚了曾极为活跃的民族创造精神,阻碍了社会的创新活动,从而在近代史上,我们从古代文明昌盛的民族沦为经济、科学落后的国度。当西方兴起产业革命,走进工业经济时代之际,我们仍滞留于农业经济时代。当我国有识之士看到西方经济与科学进步的轨迹,提出维新主张,提倡科学发明,保护发明创造的专利权时,却遭到封建保守势力的残酷镇压。创造性的思维与革新实践被囿于封建专制制度和保守思想的禁锢之中,辛亥革命推翻了封建专制,五四运动吹响了向民主与科学进军的时代号角,新中国的成立更彻底完成了民主革命的历史任务,“推陈出新”、“双百”方针的提出,这些都为我们民族从封建保守思想的禁锢中解放出来,弘扬中华民族的创新精神,开拓了道路。十一届三中全会重新确立了解放思想、实事求是的思想路线,使我们的民族终于走出了僵化、封闭的思想困境,人们的思维活跃起来了,敢于去思考新情况、新事物、新问题,敢于去质疑乃至否定过去被奉为“真理”的一些理论结论,知识分子从政治上翻了身。中华民族迎来了知识的春天、科学的春天、创新精神的春天。现在知识经济已经敲响了时代的大门,21 世纪中叶我国要基本实现现代化。创新是知识经济发展的灵魂,也是中华民族振兴的灵魂。历史的发展、国家的富强、时代的步伐都在呼唤一次新的思想解放浪潮,把创新思维、创新能力、创新人才放在前所未有的战略高度,强化全民的创新意识,树立创新发展观。没有创新发展观,就不可能实现经济与科技的跨越式发展,就无法自立于世界先进民族之林。

(二)可持续发展观

工业经济的发展是以资源的掠夺式开发、环境的严重污染和生态平衡的破坏作为高昂的代价而取得的。人类在谋求生存和发展的同时,却在破坏着自己赖以生存和发展的物质基础与环境。土壤退化正在加剧,森林面积急剧减少,空气和水资源遭到严重污染,生物多样性锐减,臭氧层正在耗竭,人口急剧膨胀,等等危机笼罩在全球每一个角落。一些有历史责任感的未来学家,率先敏锐地觉察到人类生存面临的危机。具有国际影响的学术团体——罗马俱乐部,于 70 年代初发表了它的一份研究报告《增长的极限》。这份报告尖锐地提出了威胁人类生存与发展的“全球性问题”,向全世界敲响了警钟。尽管这份报告的结论过分悲观,低估了人类解决这些危机的能力,但它第一次唤醒了人类对于经济、社会的发展与自然协调发展的觉醒。加之近二三十年来科学知识和技术的快速发展，开拓和深化了对于自然界发展规律以及自然界与经济社会发展关系的认识，世界终于找到了解决危机的途径——可持续发展。

可持续发展概念以系统化的形式出现,应归功于联合国第38届大会和联合国秘书长于1983年授命荷兰首相布伦特兰夫人领导成立的世界环境与发展委员会。这个委员会系统地研究了人类面临的重大经济、社会和环境问题,从满足当代和后代人的需要出发,界定了可持续发展的定义为:既满足当代人的需要,又不损害后代人满足需要的能力的发展；制定了可持续发展的基本纲领及一系列政策目标和行动建议。1987年这个委员会发布了题为《我们共同的未来》的研究报告而完成了它的历史使命,宣布解散。这份报告呼吁:一个小而脆弱的地球“是一幅由云彩、海洋、绿色和土壤组成的图案。人类不能使其活动与这幅图案相适应,这正从根本上改变着地球系统。许多这样的变化是伴随着威胁生命的公害出现的，这是我们不可回避的新的现实,我们必须承认这个现实,而且将它管理好”。这份报告与罗马俱乐部悲观主义的结论相反,积极地指出“幸运的是,这一新的现实同20世纪新出现的更加积极的发展是同时出现的。我们可以比以往任何时候都更快地将信息和物资送到全球；我们可以用较少的财力和物力的投资生产出更多的粮食和商品。我们的科学技术至少向我们提供了更深刻和更好地认识自然系统的潜力”,“我们有力量使人类事务同自然规律相协调”,“我们看到了一个经济发展的新时代的可能性，这一新时代必须立足于使环境资源库得以持续和发展的政策”[1]。

这样的新时代,就正是知识经济时代。知识经济时代正是在工业经济时代面临着资源、环境、生态、人口等危机的历史条件下,以极大丰富了的对于自然界发展规律以及经济社会与自然界协调发展的认识为基础,以科学技术的不断创新为手段,实现经济与资源的可持续发展。知识经济时代与工业经济时代在发展观上的另一重大区别,就是新的可持续发展观。

对于中国这样既处于工业化进程之中、又同时向知识经济进军的发展中国家，从现在就树立起可持续发展观，实现可持续发展战略,不再重蹈工业化国家先发展、后治理的覆辙,显得尤为重要。

二　树立新的人才教育观

知识经济是建立在知识和信息的生产、分配和使用之上的经济，而知识和信息的生产和使用又是由具有知识和信息的生产、使用素质与能力的人才实现的。知识经济的发展最终依靠的是智能型人才;知识经济时代的竞争,最终表现为智能型人才的竞争。因此,培养、开发、使用、保护人才,成为知识经济时代带有根本性的战略任务,人才与教育将处于历史上任何时代都无法与之比拟的特殊重要的战略地位,要求我们用新的人才教育观去造就新时代所要求的人才,这是实现我国跨世纪历史任务的百年大计。

(一)复合型高素质人才教育观

知识经济作为一种知识密集性经济,它与农业经济时代、工业经济时代在人才要求方面的一个显著差别，在于体力劳动和简单脑力劳动的需求将逐步减少，乃至于在社会从业人员中的比重将微乎其

①世界环境与发展委员会:《我们共同的未来》,第 1—2 页。

微,而高素质智能型人才将占据主体地位。国家人事部有关专家预测,到 2000 年我国尚需 2000 万高级人才,但实际培养能力只有 500 万。

知识经济的不竭动力是知识与技术的创新，知识经济时代的人才不仅应积累大量的最新知识和信息，而且更重要的是应具有知识和技术创新素质和能力。

知识经济社会是知识、市场、生活快速变化的社会,知识经济社会的人才不仅应具有适应这种快速变化的能力，而且应具有预测这些可变因素的素质。

知识经济时代呈现出各个学科互相交叉、渗透、综合化的趋势,新的交叉学科和边缘学科大量涌现,知识创新的突破、重大科研项目的攻克,往往是从多学科的交叉融合中实现的。因而,知识经济时代的人才不仅应具有某一学科的专业知识，同时应具有广博的知识视野和知识素养。

知识经济时代引发了社会价值观的变化，也引发了一系列新的伦理道德问题,知识和技术的创造发明,更需要精神力量的支撑和推动。因而，知识经济时代的人才不仅是具有高素质的科学知识的人才,同时是具有高素质的伦理道德的人才。

综上所述,不难看出知识经济要求的人才,是复合型的高素质的人才。与这种人才素质的要求相适应,新世纪的培养人才的教育应树立新的教育观念与教育模式。

一是从"传授性教育"向"素质教育"和"创造性教育"转变。我国从小学到中学乃至大学，都是不间断地向学生灌输知识。唐代韩愈《师说》中提出的"师者所以传道授业解惑也"的观念一直延续到现代。学习者成为被动接受的主体,而不是主动地探求知识、思考解决问题的主体。只注重科学知识的传授,而忽视科学精神、科学创造思维的培育；只注重人文知识的传授，而忽视人文精神和伦理道德的培育。新的"素质教育"和"创造性教育"要着重培育学习者主动获取、积累和应用知识信息的能力，要重视培育创造精神、创造性思维和创造能力，要注重培育学习者的人文素质和伦理道德素质，使培育出的人才真正成为顺应时代潮流的高素质创新型人才。

二是向"综合化、通才化"教育转变。我国的高等教育形成了专业分工过细的格局，培养出的人才知识和技术领域很狭窄，理工科学生不懂得现代市场经济知识和管理科学知识，文科学生也不懂得现代信息科学知识。我们已开始意识到这种专业设置过细的弊病，正在着手调整专业设置，在专业划分上走大学科的道路，使得专业设置概括性强，适应面宽，加强具有普遍意义的基础理论的学习，拓宽学习领域，同时注意发展文科、理科、工科等各学科知识的交叉学习。按照"综合化、通才化"教育观培养出的人才，不但是某一学科合格的专业人才，而且是具有较广博的学识素养、属于复合型高素质人才，培养出的科学家懂得市场，培养出的企业家懂得科学技术，使人才具有较强的适应能力。

(二)活到老、学到老的终身教育观

知识经济时代是知识与技术高速更新的时代。今天你所熟知的知识和技术，不久就会为新的知识和技术所取代；今天你所从事的职业岗位，不久会被赋予新的内容，甚至转换为另一种职业角色。据统计，近 20 年发展起来的一些工业技术，到今天有近一半过时。当前欧盟国家 1800 万失业者中间，有一半是因为原有的专业知识陈旧，而不适应市场的需求。在发达国家，人们一生往往要更换几种职业。过去那种"一次性教育"的短期观念和学习行为，已完全不能适应新时代的需求。在飞速革新的世界中，人们需要进行一次全新的学习观念和学习行为的革命，终其一生要学习一生。人们在走出学校大门之后，在职业岗位上、在业余生活中，必须接受各种形式的继续教育。“生活即学习”将成为社会的基本生存准则，学习从被动的短期行为转变为主动的贯穿生命过程的生活的第一需要。“活到老，学到老”不再只是一句动听的谚语，而是每个人生活中必须遵循和付诸实际的准则，谁违背它，就会被社会淘汰。各种继续教育和终身教育的教育机构和形式将成为新时代社会教育结构中最具有生命力和活力的重要组成部分。联合国早就提出21世纪是一个学习的社会。让我们以全新的学习观念和教育观念来迎接这一新的时代的来临。

三　树立新的伦理道德观

新的经济时代，都伴随着出现一些新的伦理道德。知识经济以其新的时代风貌，在继承以前各个时代优秀伦理道德传统的基础上，正在铸造其新的伦理道德观。

（一）新的价值观

知识是新时代最重要的资源，是社会财富最大的不竭的源泉。知识价值的凸显，知识成为价值的尺度，是知识经济时代价值观的一大特征。

新的价值观表现为知识在经济学上的价值观和在伦理学上的价值观两个方面。

从知识在经济学上的价值观的角度来看，市场信号正在对知识这一越来越显得重要的生产要素和资源的价值作出历史上空前的评价。知识的积累、知识的创新及转化应用，决定着一个企业的方向、效益、成长性及命运。美国微软公司总裁比尔·盖茨及其公司的成功史，正是知识在经济学上新的价值观的体现。盖茨的产品是软盘及软盘中包含的知识，形成一种崭新的知识产业。市场对这一新的知识产业的价值作出了极高的评价，现在微软公司的市场价值已大于美国三大汽车公司的总和,靠知识致富的比尔·盖茨也成为世界首富。以我国情况而言,1992 年人们曾为珠海市以百万元重奖有创造发明的科技人员而轰动一时,现在这种现象已习以为常。这几年科技人才不但在工资、奖金、福利待遇方面其知识价值得到体现,而且已将知识、技术作为企业的重要生产要素而享有企业的股份。有人形象地给这种经济学上知识价值的凸现比喻为"给脑袋定价"。

在这里,我想着重强调知识在伦理学上形成的新的价值观。当然,知识在伦理学上的价值观与其在经济学上的价值凸现是有联系的,但是,更具有伦理学的而不是经济学的特殊的意义。在知识经济时代,一个人对社会的奉献,主要体现在他对知识的获取、知识的积累、知识的创新、知识的传播以及转化为现实生产力。在这些方面的奉献越大,他所实现的人生价值也就越高。人生价值的追求,更多地体现于对知识的追求、对创新的追求、对知识转化为生产力的追求。这种追求,是对社会奉献的一种高尚精神境界的追求,虽然社会会对这种追求给予丰厚的物质回报,但这种追求主要是一种伦理价值观的驱动,人们会在这种追求中感受到实现人生价值的精神境界的升华。追求科学知识的真理,追求将自己的知识才能奉献于经济繁荣、社会进步的美好事业之中,是人生中真善美的实现。这是知识经济时代新的价值观的核心。

知识经济时代在经济学上的新的价值观和在伦理学上的新的价值观的共同作用下,在全社会就会牢固地树立起尊重知识、尊重人才的社会风尚。

(二)新时代社会生活的伦理准则

农业经济使人依附于土地,工业经济使人依附于机器,而在知识经济时代,人不再是土地和机器的附属物,人每时每刻都站在经济主导者的指挥台上,以自己的知识及其创新决定着经济发展的方向、速度和效益。知识经济时代提供了人的智慧和创造潜能得以充分发展的历史条件,是个人主体意识空前强化、个人创造思维充分展现、个人得以全面自由发展的时代。知识经济时代又是一个更需要团队群体精神的时代。重大科研项目的攻关,重大创新项目的突破,往往需要多学科人才的协同作战,需要企业、科研、教学等组织的紧密结合,需要形成一种"黄金搭档"。每个人不但要充分发挥自己的智慧和创新能力,更要尊重他人的知识、思维方式和创新,要善于共同生活、集体创新,要具有与人团结、合作、配合的集体伦理精神。知识经济要求社会生活遵循一种个人充分发展与团队群体精神高度融合的伦理准则。

知识经济的产品是知识型产品，其中软件产品占有相当大的比重。近年来随着知识产品的大量上市,盗版之风也肆虐于市场之中。制止盗版，保护知识产权成为知识经济社会生活伦理道德建设中的一大课题。WPS 是中国开发的软件,但是这个刚破土而出的嫩苗,就遭到盗版的狂风暴雨的摧残。WPS 估计有 3000 多万用户,而正版用户只有 25 万,占不到市场份额的十分之一。[①] 在知识经济社会中,不论是生产知识产品的企业,还是知识产品的消费者,都应珍惜自己民族的知识产权,这不仅是保护某个人或某个团体的知识产权,更为重要的是扶植民族知识产业,维护民族创新精神。同时,也应尊重和保护任何国家、民族和个人的知识产权,使全社会乃至全世界的知识经济有一个良好的伦理道德环境。这是知识经济社会生活中的又一条基本的伦理准则。

知识经济是可持续发展的经济,合理开发和利用现有资源,防止环境污染，保持生态平衡应成为每一个社会组织和成员的自觉的伦理意识和行为准则。人类不但要造福于当代,而且要造福于后代。这

①《人民日报》1998 年 3 月 21 日。

是一种远大而崇高的伦理风尚。

(三)新时代爱国主义的新内涵

中华民族的爱国主义思想源远流长。我们曾为抵御外来的侵略,保家卫国,抛头颅、洒热血;我们曾为民族的解放、国家的富强贡献青春,奉献生命。在知识经济时代,继承爱国主义的光荣传统,发扬具有时代特色的爱国主义精神,是推动中华民族屹立于世界先进民族之林的巨大的精神力量。今天的中国还是一个经济、科技落后的发展中国家,要在50年的时间内,基本实现现代化,跨入知识经济时代,建成富强、民主、文明的社会主义强国,是全民族的最高利益。在新的世纪、新的时代,作为一个中国人,爱国之心、报国之情主要体现在为了中华民族的这一最高利益,对知识永无止境的追求,对创新奋勇顽强地开拓,个人智慧和能力的无私奉献。这是时代赋予我们爱国主义的新的内涵。我国自主开发的国产计算机汉字输入系统WPS,曾风靡国内外软件市场,但美国微软WORD中文版的推出,使WPS在市场中受到重挫。WPS的发明人求伯君毅然卖掉别墅,筹资400万元,发誓要与WORD挑战,一决雌雄。他与员工住在一起,历时3年,终于研制开发出了功能一新的WPS97。[①]这一1997年中国软件业界的佳话,正是新时代中华民族爱国主义新精神的生动写照。

知识经济初现端倪,方兴未艾,知识经济的特征、发展规律以及它将引发的社会生活的变革包括社会思想观念的变革,还有一个逐步显现的过程,我们对其尚知之甚少。这里提及的与知识经济要求相适应的新观念,也只是一鳞半爪。但有一点是肯定的,随着知识经济步伐的加快,一场与之相伴并为之开拓道路的新的思想解放浪潮正在扑面而来,新的思想观念会不断冲击旧的思想观念。我们应该以时

---

①《人民日报》1998年3月21日。

代的先觉者的姿态，积极迎接新时代思想解放的新浪潮。新的思想解放浪潮必将推动我国落实科教兴国战略、实现现代化、跨入知识经济时代的历史进程。

（原刊于《忧患与思考》第8章，甘肃文化出版社，1999年）

从积极老龄化战略与学习型社会的一致性和互动关系看其重大意义

人类在21世纪将进入两个有划时代意义的社会，一是进入老龄化社会，二是进入学习型社会。实施积极老龄化战略和构建学习型社会，是近年来国际社会提出的新概念，得到广泛的共识，一些国际组织和不少国家已制定规划，付诸行动。我国也相继提出了建设学习型社会的战略目标和实施积极老龄化战略的要求。笔者研究发现，实施积极老龄化战略与构建学习型社会二者的内涵在不少重要方面具有一致性，二者之间存在着紧密的互依互动关系，揭示二者内涵的一致性及互依互动关系，可以从构建学习型社会这一特定视角，凸显实施积极老龄化战略的深远而重大的意义。为此，我们首先需要从分析积极老龄化内涵及学习型社会内涵入手。

一　积极老龄化战略的内涵

随着不少国家、率先的是发达国家步入老龄化社会，积极老龄化的概念及实施积极老龄化的战略被提了出来，而且受到了联合国及一些发达国家的重视，并制定了相应的行动计划。1998年10月1日，联合国秘书长安南宣布1999年“国际老年人年”启动，并提出“国际老年人年”的主题是——“建立不分年龄，人人共享的社会”。对这一主题，安南是这样阐述的：“一个不分年龄人人共享的社会，不应把老年人只看成病人和领取退休金的人。相反，在这个社会里，老年人既是发展的参与者,也应是发展的受益者;他们的传统地位应得到尊重;同时,助老和终身发展的投资应得到同等的重视。”[①] 此后,联合国于2002年召开了第二次国际老龄问题大会,大会发表了《2002年老龄问题国际行动战略》。这一《行动战略》宣称:“是要响应21世纪个人和人口老龄化的机会和挑战,它的最终目标在促进发展一个‘不分年龄、人人共享’的社会”并“重申以下原则:不得剥夺任何个人得益于发展的机会。因此,老人必须成为发展进程的充分参与者,也必须公平享有发展进程的种种好处。”[②]《2002年老龄问题国际行动战略》实质上是一个全球性的积极老龄化行动战略。综合上述观点,以及《行动战略》提出的35项战略目标和188 项行动要求及笔者的研究体会,可以将积极老龄化战略的内涵概括为如下5点:

(一)积极全面科学地认识老年人及人口的老龄化

积极老龄化战略首先要建立在对老年人的科学观念基础上。一个人步入老年,其生理的、经济的、社会的、家庭的各种因素都会发生变化。在长期的传统社会中,因老年人上述各种变化引发的困难和问题, 形成了对老年人的一种偏颇的观念, 认为老年人只是依靠养老金、家庭照顾、社会资助的一个“消极性”的群体,失去了社会参与的能力与权利,而且成为社会与家庭的负担。要实施积极老龄化战略,首先要从这种消极的偏颇的观念中解脱出来,正如安南所指出的,不应把老年人只看成病人和领取退休金的人,相反,老年人既是发展的参与者, 也应是发展的受益者。这就赋予老年人一种新的积极的观念,成为一种新的积极的社会角色。不容否认,老年人中确有一少部

①《人民日报》1998年10月28日。

②梅陈玉婵、齐铱、徐玲著:《老年学——理论与实践》,社会科学文献出版社,2004年版,第103—104页。

分人部分或完全丧失了生活自理能力，但世界卫生组织的研究结果表明，80%的老人是能够自理的。正如国际老龄问题联合会主席海默琳在马德里会议所指出的："随着社会进步，今天许多70岁甚至80高龄的老人仍然保持旺盛的精力，如果给予合适的机会，他们可以继续为社会作出很大贡献，老年人应该被视为人力资源中可贵的一部分。"[①] 脑科学研究证实，人的大脑功能与先天的遗传有关，也与后天的学习、训练、实践、经验有关。对这种后天因素形成的智力，有的学者称之为"晶态智力"，不会因年龄的增长而减退，而且随着知识和经验的增加，这种智力易保持，而且会增长。[②] 尤其应该给予重视的是，有不少老年人已成为某一领域的高级人才、资深专家、学科带头人。总之，对老年人应该树立一种全新的科学观念，应视为社会的宝贵资源，视为社会生产力的不可或缺的部分。同时，由于人口政策、科技发展、医疗保健的进步，世界人口进入低出生—低死亡—低增长阶段，出现的人口老龄化，应视为社会文明的伟大成果，应以积极的观念和态度来应对人口老龄化的机遇和挑战。这也是对人口老龄化应持有的科学的观念。

（二）积极尊重并实现老年人参与经济与社会发展的愿望与权利

参与社会生产和其他社会活动，是公民的基本权利。由于传统的定势思维，往往将老年人排除在社会生产力之外，成为参与社会发展的边缘群体。"不分年龄、人人共享"的社会，其"共享"不但指社会发展成果的共享，而且首先是参与社会发展的机会均等与权利的共享。

①穆光宗：《老年发展论——21世纪成功老龄化战略的基本框架》，《世纪中国》，http://www.cc.org.cn.

②高志敏等著：《终身教育、终身学习与学习化社会》，华东师范大学出版社，2005年版，第56页。

事实上,大部分老年人还具有参与社会经济的、政治的、文化的各种工作与活动的条件,也有这方面的强烈愿望,并具有一定的优势。实施积极老龄化战略,在科学老年观念的指导下,应积极尊重老年人参与社会发展的愿望与权利,国家和政府应作出组织、制度和政策方面的安排,根据老年人的需要、愿望和能力,为老年人提供多形式、多渠道、多层次地参与社会发展的各项活动的机会与便利,挖掘老年人的智力资源,充分发挥老年人的潜能,为经济社会与人的全面发展继续作出贡献。

(三)积极满足老年人的需求

老年人的需求与其他年龄群既有共同的方面,也有许多特殊性的方面。一般将老年需求归纳为三类需求:一是基本需求,即食、衣、住、行方面的需求;二是特殊需求,主要是指对老年人的照料和服务方面的需求;三是高层次的需求。主要包括献身社会事业、实现自我价值的需求,追求自我发展、接受终身教育的需求,以及受到社会尊重的需求。美国著名老年工作者、老年学家霍华德·麦克拉斯基提出了大多数老年人感受到的四种需求:第一,应对需求。由于老年人在经济来源、婚姻状况、社会地位、权力、健康和职业方面会发生变化,为了保持其身心的健康,必须学会应对这些变化。第二,贡献需求。许多老年感受到一种能够对别人对社会做出某种贡献原需求。第三,影响需求。老年人有一种影响和控制其生活方向和质量的需求。第四,优势需求。老年人感到自己比起过去以某种方式处于更优越的地位或者更高的水平的需求。[①] 积极老龄化就是要主动积极关注老年人的上述各方面的需求,为满足这些需求创设支助框架,提供制度的、政

---

①里查得·克伦塔尔著,毕可生等译:《老年学》,甘肃人民出版社,1986 年版,第 448—450 页。

策的保障,营造社会舆论和社会合力。正如安南所强调的,老年人既是发展的参与者,也应是发展的受益者。老年人的各种需求应从社会发展的成果中得到满足。在这个问题上,要防止另一种偏颇思想,即认为积极老龄化战略主要是将老年人视为社会生产力资源,保障老年人参与社会,而将满足老年人的需求,特别是对老龄人口的弱势群体(患有较重疾病者、生活不能自理者、经济状况恶化者、缺乏家庭照顾者等)的特殊支助需求,不视为积极老龄化战略的内涵。这种认识是片面的。积极老龄化战略正是要将对老年人的特殊困难和需要,从消极应对变为积极主动地关心和解决。联合国提出的《积极老龄化政策框架》的三大支柱为健康、参与和保障,这是积极老龄化的全面性的概念。健康是指使老年人保持生理、心理、智能等方面的良好状态;参与是指老年人作为重要的社会资源,要融入社会,参与社会发展;保障是指全社会都要关心老年人,营造支持性环境,提供各种社会保障和照料服务。健康是积极老龄化的基础,参与是积极老龄化的核心,保障是积极老龄化的屏障,三者是互为依存、互相促进的、缺一不可的。前述作为国际社会积极老龄化战略的《2002 年老龄问题国际行动战略》就提出了诸如关注和解决老年人贫穷、保健服务、住房和生活环境、交通服务、提供照顾、社会保障等战略目标和行动计划。况且,满足老年人的各种需求,解决老年人可能出现的各种困难和问题,也正是保护和培育老年人这一重要社会生产力资源的必不可少的途径。

(四)积极开展终身教育,充分发挥老年人的潜能,开发老年人的智力资源

人类正在醒悟到仅仅靠成年前的一次性终结的教育,在一个迅速变化的,以知识为基础的社会中是远远不够的。教育应当成为一个人终身不断进行的过程。霍华德·麦克拉斯基在 1971 年的白宫老龄

问题会议的教育小组的开幕词中宣称:“对于所有年龄组的一切人来说,教育是一项基本权利,它是持续进行的,而且今后将成为老年人获得丰富的和富有意义的生活途径之一,是帮助他们发挥其潜力,使之成为改善社会的源泉的一富内涵，这些重要意义和作用显示在三个方面:一是关系到保障、实现老年人的基本权利,二是关系到老年人获得丰富的生活，三是关系到发挥老年人的潜力成为促进社会发展的源泉。”真可谓“言简意赅”。

这里,着重谈谈终身教育对于挖掘、发挥老年人的潜能,开发老年人智力资源的问题。不论是在世界范围还是在我国,取得突出学术成就、有重大发明创造的学者、专家,不少是年逾花甲或古稀之年的老人。科学研究发现,人的智力潜能是巨大的,即便是一个获得成功的人,其大脑能量也只运用了一小部分。老年人参加终身教育,发掘其潜能,开发其智力资源,在我国整个人才资源的开发中具有重要地位与作用。我们的劳动力过剩是一种结构性过剩,低文化水平、低技能的劳动力(主要是农村劳动力)过剩,但各类中、高级人才如经营管理人才、专业技术人才、高技能人才和农村实用人才存在严重短缺的状况。我国每100人中受过大专及以上文化程度的人只有4人左右。国以才立,业以才兴。一个组织的核心竞争力,一个国家的核心竞争力,归根到底是知识与科技及其创造主体人才。因此,世界各国都非常重视并制定了人才的开发、引进规划,展开了激烈的人才竞争,特别是高智力人才的竞争。我国由于实行的是刚性的而不是灵活性的退休制度，许多高智力人才正处于创造高峰期时不得不退休。据统计,全国2000年有离退休高级专业技术人员80多万人,占在职高级专业技术人员的40%，他们中有90%是年龄在70岁以下的低龄老人,完全具有继续工作的条件。实施积极老龄化战略,应将老年人参加终身教育,开发其蕴藏的丰富的人才资源,纳入到我国整体的人才资源开发规划之中，尤应以高层次老年人才的开发、利用为重点。

（五）“积极贯彻以人为本的理念，促进老年人终身教育”，短短数语，却涵盖了终身教育对老年人的重大意义和作用

以人为本，重在“本”字。“本”是指人是社会发展的根本动力本源，人是一切社会实践的主体本源，人是一切财富的创造本源，人是一国立国之本源，人是本身自我价值实现之本源。离开了人这一本源，上述一切都不复存在。以人为本是人类有史以来一直在探求的一个永恒的主题，直至近现代，人们才逐步认识到人成为物的附属物，人被异化，远离了以人为本，以人为本方被真正提到社会与人的发展的本源地位。联合国将以人为本，追求人的全面发展作为学习型社会、积极老龄化战略的目标，我国将以人为本作为科学发展观的核心。人进入老年，虽然在自然年龄、生理功能、经济、社会生活诸方面发生了变化，但是老年人作为社会发展的主体、知识创造主体的角色并没有改变，而且，老年一代从总体上讲，是知识积累底蕴最雄厚的一代，是实践经验最丰富的一代，是品德修养最优的一代，也是仍存在潜力的一代，更应当受到尊重，更应突显老年人自身的价值，更应将老年人纳入以人为本的社会科学发展观之中，发挥他们的优势，挖掘他们的潜能，开发、利用他们的人才资源，既满足实现其自身全面发展的需求，也为整个社会和人类的全面发展继续作出贡献。

二　学习型社会的内涵

随着科学技术的日新月异，经济全球化进程的加快，以及人类开始迈入以知识为基础的时代，人们必须面对日益复杂多变的新情况、新问题，必须在充分利用原有知识资源的基础上，提升自身的创新能力，去解决各种自然的和社会的变量因素引发的种种矛盾和问题，以促进经济社会与人的持续全面发展。20 世纪 60 年代起，国际上一些

有远见的学者提出了构建学习型企业、学习型社区、学习型城市乃至学习型社会的理论,并逐步在世界范围内达成了共识。欧盟于1993年发表《终身学习白皮书》。江泽民同志于2001年5月在亚太经合组织人力资源能力建设高峰会上提出“构建终身教育体系,创建学习型社会”。党的十六大报告进一步明确提出,“形成全民学习、终身学习的学习型社会,促进人的全面发展”,作为全面实现小康社会的一个重要战略目标。2003年举行的党的十六届三中全会再一次强调“构建现代国民教育体系和终身教育体系,建设学习型社会”。由此,建设学习型社会已成为党和国家建设现代化社会的战略的重要组成部分,也成为我国社会转型的重要组成部分。

那么,学习型社会究竟有哪些内涵呢?

（一）学习型社会是人人学习、终身学习的社会

在人类的发展历程中，学习作为一种有意识有目的的提高认识事物能力的活动,而且作为一种社会制度安排,在很长的历史时期具有严重的局限性。其局限性一是表现为限于拥有条件能参与这种活动的人群,如有一定的财富,有闲暇的时间等;二是表现为限于一定的年龄段中,主要限于青少年时期。在人类正在迈向知识时代的21世纪,知识的更新以迅雷不及掩耳之势向人们涌来,世界每年批准的知识、技术专利超过百万件,过去那种带有很强时空局限性的学习和教育体系已远远落后于时代前进的步伐。各种社会实践，不论是第一、二、三产业的生产实践,还是社会管理、社会服务的实践,其中的知识含量在不断提升,不断更新。从社会成员个体来说,不论是蓝领阶层还是白领阶层,都需要不断充实、更新自己的知识,迎接生产和工作的新的挑战,抱残守缺,故步自封,只能是被社会无情地淘汰。学习从来没有像现在这样成为一个人最基本的生存能力的源泉。再从经济社会与人的全面持续发展的宏观层面来看,一个民族、一个国家

要能自立于以知识为基础的时代潮流之中，要能在经济全球化的激荡竞争中立于不败之地，必须构筑起本民族、本国的人人学习、终身学习的框架、制度与政策安排。这是不以人的意志为转移的历史发展的客观必然。正如1994年联合国教科文组织在罗马举行的“首届世界终身学习会议”所提出的:“终身学习是21世纪的生存概念。”

（二）学习型社会的本质要求，不仅仅在于学习人类已经积累起来的知识，更重在原有的知识积累的基础上，发展、创造新的知识，以应对周围环境的新变化

当代信息、技术、资源在世界范围内的全面流动，跨国公司的竞争，金融风险的加大，长期以来掠夺式工业化模式带来的生态、环境、资源危机，以及各国政治、经济、社会的变革，使得人类生活于其中的自然环境和社会环境都存在着许多不确定的因素。这种不确定性与易变性必然要求人类提升应对外部环境变化的创造力，环境的动态易变要求知识的动态创新。以美国学者彼得·圣吉为代表的一批创立学习型组织理论的学者，一致强调学习型组织、学习型社会的核心功能是提升人的创造力，也就是应对外部环境的变化，对原先掌握的知识进行梳理、取舍、消化、发展，进一步形成新的知识，获得新的能力，使人类得以继续生存和发展。而且这一创新创造过程是永无止境的，一个人的一生如此，而且人类世代相传永远如此。

（三）学习型社会是知识资源、人才资源居于第一位资源的社会

农业社会最重要的资源是土地和农业劳动力，工业社会最重要的资源是价值形态的资本和实物形态的机器设备和自然资源，在知识时代初见端倪的当代世界，知识以及知识的创造主体——人才，正在上升为最重要的第一位的资源。以目前发达国家的情况为例，知识等无形资产在高新技术企业的总资产中的比重已超过60%。而且，知识时代经济增长的模式不再是工业经济时代资本、机器设备的规模

扩张,而是以科学创新、技术创新、管理创新,总之以知识创新为主导的产要素的总和。在经济增长中,知识和技术的贡献率已达到60%~80%[①]。知识的创新主体——人才,尤其是高层次智力人才成为各国争相夺取的最为稀缺和珍贵的资源。一个国家的核心竞争力不是其他,正是具有自主性的知识产权和高层次人才。

(四)学习型社会是以人为本、追求人的全面发展的社会

思想家们一直强调人是生产力中最活跃的因素,但是,在农业社会人成为土地的附属物,在工业社会人成为机器的附属物,人被束缚在土地与机器上,人的发展被压制,人的主体性被扭曲。而在一个学习型社会中,学习成为每个人生存与发展的必然要求和权利,获取新知识、新能力是每个人永无止境的创造性过程,这就在人类历史上为人的全面发展提供了前所未有的历史机遇。学习不仅仅是为了应对不断变化的外部环境,也是人本身主体性的内在需要。正如联合国教科文组织对学习型社会作出的概括是:"应当促进每个人的全面发展,即身心、智力、敏感性、审美意识、个人责任感、精神价值等方面的全面发展。"[①]在学习型社会,作为知识创新主体的人,真正成为生产力中最重要、最活跃的因素,人的潜能有了充分发展的广阔天地,人的价值得以实现。

三 实施积极老龄化战略与建设学习型社会的一致性及互依互动关系

从上述积极老龄化战略内涵的分析与知识型社会内涵的分析中,可以明显地发现二者的内涵在一些重要方面具有一致性。

---

①联合国教科文组织:《教育–财富蕴藏其中》,教育科学出版社,1996年版,第85页。

（一）目标的一致

建设学习型社会的直接目标是提升人类应对日益复杂多变的动态环境的能力，终极目标是实现人的全面发展和经济社会的全面发展。实施积极老龄化战略的直接目标是满足老年人健康、参与和保障的各种要求，核心是尊重并满足老年人参与增长模式。自 20 世纪 90 年代以来，发达国家知识创新对经济增长的贡献已超过其他生经济与社会发展的权利和需求，终极目标是实现老年人和整个人类的全面发展，为经济社会的发展继续作出贡献。

（二）理念的一致

建设学习型社会依据的理念是以人为本的理念，追求的是人的知识的创造，人的潜能的发挥，人的价值的实现，直至人的全面发展。实施积极老龄化战略依据的理念依然是以人为本、充分肯定并尊重老年人作为社会发展本源、知识创造本源、人自身发展本源的主体角色，追求的是老年人尊严和价值的实现，直至老年人的全面发展。

（三）核心功能的一致

学习型社会的核心功能、核心价值，正如圣吉所强调的，是在原有的知识的积累的基础上，经过整理、发展，创造出应对动态环境变化的新知识。积极老龄化以健康、参与、保障为三大支柱，但积极老龄化与此前提出的健康老龄化的最大不同之处，最重要的发展之处，就在于将实施积极老龄化战略的核心功能、核心价值定位于充分尊重老年人已有的丰富知识和经验的基础上，进一步发掘老年人的潜能，开发其丰富的智力资源，使其参与社会。

（四）手段的一致

建设学习型社会的手段是彻底改革旧的教育体制，建设新型的人人学习终身学习的教育体制，学习不再是受时空限制的成人前的一次终结性活动，而是贯穿于一个人终生和各个方面的创造性过程。

实施积极老龄化战略的手段是多方位的，但最重要的手段之一就是积极发展终身教育，正如麦克拉斯基所强调的，终身教育是老年人获得丰富生活的途径之一，是发挥其潜力，使之成为社会发展的源泉的一种手段。

目标的一致，理念的一致，核心功能的一致，手段的一致，自然形成了实施积极老龄化战略与建设学习型社会之间的一种极为紧密的互依互动的关系。所谓“互依”，是指二者具有极强的关联性。要建设学习型社会，必然积极实施老龄化战略，只有这样，才能将包括老年人在内的全体社会成员纳入新的终身学习的教育体系中，才能发挥一切人的知识创新潜能，才能实现一切人的全面发展。反之亦然，只有建设人人学习终身学习型的社会，才能保障老年人的学习权利，使老年人的潜能得以发挥，老年人的生活得以丰富，老年人得以全面发展。所谓“互动”，是指二者之间具有很强的互相促进推动的关系。只举终身教育这一点，就足以显示这种关系。终身教育在很大程度上要视成年人与老年人参与的规模与效果，没有老年人积极参与的教育，就不成其为终身教育，就建设不起学习型社会。作为积极老龄化重要手段之一的终身教育的多形式、多渠道的广泛发展，自然就推动了学习型社会的建设。

从实施积极老龄化战略与建设学习型社会二者之间的一致性及互依互动关系的分析中，我们就会从建设学习型社会这一特定的视角，认识到实施积极老龄化战略的重大意义。这一重大意义表现于，21 世纪是我国同时建成学习型社会和积极实施老龄化战略的世纪，这两大战略目标在互依互动的关系中同步实现，将产生如下的重要作用：第一，知识和作为知识创造主体的人成为社会的第一资源，而且是可持续的资源，蕴藏着丰富知识和经验的老年人，更是社会的宝贵资源。第二，人人学习、终身学习是每个人生存的权利和需求，成为人的基本生活方式,人才资源得到充分开发和发展,是社会存续和发展的源泉。老年人享有终身教育,老年人的智能宝库得以充分发掘,使老年人生活更加充实、富有创造性和价值,能够融入社会,参与社会的经济、文化等活动。第三,老年人的健康、参与和保障三大方面的需求得到满足,“老有所养、老有所医、老有所学、老有所为、老有所乐”的战略目标得到实现。第四,每个社会成员都具有应对自然和社会环境变化的能力,能够解决出现的各种矛盾和问题,适应并促进经济和社会的持续发展。此外,老年人更具有应对老龄化过程中出现的变化和问题的能力,使老年生活自主自立,富有活力。第五,人完全回归到社会与人自身的发展本源的地位,以人为本、人的全面发展得以实现。这些就是从建设学习型社会的特定视角所凸显的积极老龄化战略的深远和重大的意义。

四　我国实施积极老龄化战略的基础性对策建议

2001 年 1‰人口抽样调查表明,我国 60 岁以上老年人口达到 1.23 亿人,占总人口的 10%以上,65 岁以上人口占总人口的比重达 7.83%。国际上一般将 60 岁以上人口超过总人口的 10%或者将 65 岁以上人口超过总人口 7%的社会,称作老龄化社会。由此,我国已进入了老龄化社会。我国老龄化社会具有很强的特性,一是老年人口数量大,2001 年 60 岁以上老人 1.32 亿人。二是老年人口迅速递增,到 2020 年老年人将增加到 2.4 亿人,20 年中增加 1 亿人,但到 2050 年老年人将增加到 4.36 亿人左右,25 年中增加 2 亿多人。2020 年老年人口占总人口比重约上升到 12%左右,而到 2050 年,这一比重将快速上升到23%左右[①]。三是先老后富,发达国家开始进入老龄化社会时,人均国民总收入在1万美元左右,而我国进入老龄化时人均国民总收入在1000美元,我国人口老龄化超前于经济社会的发展。我国超速进入老龄化社会是我国经济、科技、卫生保健、老龄工作发展的积极成果,同时,也提出了严峻的挑战。自1982年联合国老龄问题世界大会以来的20年中,我国政府积极履行联合国关于老龄问题的一系列决议。2002年第二次世界老龄大会的召开,以及提出的"积极老龄化"的口号和作为国际积极老龄化战略纲领的《2002年老龄问题国际行动战略》,也将中国老龄化事业推进到了"积极老龄化"的新的历史发展阶段,注入了新的活力。为了积极响应第二次世界老龄大会的决议和要求,再创我国精神生活、权益保障、社会保障和服务等等。这里着重就我国实施积极老龄化战略的两项重要的基础性工作提出对策建议。这两项基础性工作,一是我国要建立具有中国特色的包括积极老龄化社会政策在内的社会政策框架;二是转变政府的财政功能,为社会政策的实施和落实提供公共资源的投入体制保障。

(一)建立具有中国特色的社会政策框架

这里所谓的社会政策,是经济学与社会学一种有特定含义的社会政策,不是泛义的社会政策,特指以普遍增进社会成员的社会福祉,尤其是改善困难社会群体生活状况为目标的社会政策,而且这种社会政策被制度化,并有相应的组织体系。在这种社会政策框架中,一整套社会保险和社会帮助等社会福利制度、计划成为主要组成部分。发达国家是率先实行这种社会政策的。但是,社会政策具有时空特性,由于各国各地区的经济、政治、文化和社会问题的不同,各国各

---

①《2004年中国社会形势分析与预测》,社会科学文献出版社2004年版,第134—136页。

地区的社会政策表现出差异。

我国提出全面建设小康社会的战略目标，又提出了以人为本的科学发展观,一系列发展社会保障、改善弱势群体生活的政策陆续出台,形成一套较完善的社会政策框架体系的时机正在成熟。当然,从我国的国情出发,一方面,我国经济增长的速度是世界之最,一方面我们的经济总量、经济实力还较弱,我们的社会政策应是有重点的、渐进的;是以政府为主导的,由政府、市场、非政府组织、社会自愿组织、社区共同参与资助的多元的社会福利模式。同时,借鉴欧洲近年来关于社会政策理念的变革，如社会政策不仅是建立在公平基础上的再分配,即致力于基本福利服务的提供,更注重将福利、社会保障与提高社会成员参与社会的能力、获得工作机会联系在一起,将社会资源的分老龄事业的辉煌,我们需要做的工作是多方位的,包括经济供养、医疗保健、照料服务、配与公共资源的再分配转向以人力投资为导向,使人们实现身心健康、终身学习和创新的需要,使人们获得知识和技能,能参与社会发展并获得报酬,为经济与社会的发展准备必需的人力资源。这就是欧洲就社会政策提出的新理念。里斯本欧洲首脑会议提出的目标是“每个公民必须具备在知识社会生活和工作的技术”。我国在构筑社会政策时,也需要将社会资源、公共资源的分配同时兼顾到两个方面,一是提供基本的社会保障、社会支助;二是注重社会投资、人力资源投资,将社会福利、社会保障与提高人的知识和技能、使人们从获得工作机会中取得生活保障紧密结合起来。这同样适用于实施积极老龄化战略，一方面积极关心并解决老年人口的基本生活保障、照料和服务,一方面注重发展终身教育事业,进行老年人才资源投资,采取多样形式,因地、因人开展各种老年人教育,提高老年人参与社会的能力,步入自立自强、丰富多彩的晚年生活境界,既为经济社会发展做出新贡献,又使老年人得以全面发展,充分实现老年人的价值。

（二）将我国政府的财政职能由经济建设优先型转向公共服务优先型

长期以来，我国政府的财政支出中经济建设支出占有第一位的比重，而社会福利、社会保障、社会公共服务的支出比重很小，积累了很多社会问题。为了贯彻以人为本的科学发展观，也为了给经济与社会发展创造稳定和谐的社会环境，提供源源不断的高质量的人力资源，应该加大对社会福利、社会保障、教育、卫生等社会服务事业的公共资源的投入力度。这就为上述社会政策的实施建立了可靠的投入机制，同时为实施积极老龄化战略建立了主要的投入渠道和机制，老年人口的福利服务、保健医疗、终身教育等有了制度保障。

我们之所以把以上这两项作为实施积极老龄化战略的基础性对策，正是由于这两项举措从国家的社会政策的层面上，从政府的财政职能的层面上，为积极老龄化的三大支柱，即健康、参与和保障，提供了基础性的实现条件。同时，也不难看出，这两项基础性对策也为建设学习型社会提供了基础性条件。

（原刊于《中国老教授协会会讯》，2005 年第 6 期）

“银色浪潮”扑面而来
——人口老龄化的思考

当代世界和中国,除了面临知识经济浪潮、经济全球化浪潮等的巨大冲击之外,“银色浪潮”也正扑面而来。

所谓“银色浪潮”,即指人口老龄化的浪潮。据联合国人口基金会的统计，当今全世界总人口 59 亿，其中 65 岁以上的老年人已超过 5.78 亿。世界性的人口老龄化正呈现迅速、普遍的发展趋势。我国也不例外,自 80 年代以来,60 岁以上的老年人口年均以 3.2%的速度递增,目前已达到 1.2 亿。到 2000 年,我国老年人口将达到 1.3 亿,占总人口的比重超过 10%,进入人口老年型国家的行列。①

老年人口的增加，人口老龄化趋势的发展，首先表明了我国经济、社会发展在人民生活水平提高、社会医疗保健卫生事业发展、人民健康状况改善方面的可喜成果。同时,又不能不看到,人口老龄化、人口老年型社会的来临,对我国国民收入分配和财政支出构成、社会消费结构、社会保障、社会教育等方面提出的挑战和一系列新问题。

一　关注人口老龄化的重要意义与基本要求

随着人口老龄化的发展，老年问题已成为世界普遍关注的热点问题。关注人口老龄化问题,不仅仅关系到解决好老年人的问题,而

①《人民日报》1998 年 10 月 28 日。

且关系到社会对待历史的态度,社会公众对未来的信心,社会文明风尚以及经济与社会的发展。

每个人都要经历少年、青年、壮年和老年时期。老年人为经济发展和社会进步付出过艰辛的劳动,做出过不可磨灭的贡献。社会成员尊重老年人,就是尊重历史,也是尊重自己。社会关注和妥善解决老年人的问题,也会使青年和壮年一代对自己的未来有安全感,增加对社会对国家的信任,激励其为社会奉献的积极性。老年人口的增加,使老年人成为一支重要的社会力量,不应把老年人仅看成是一种负担,特别在知识经济越来越向我们走近的时代,老年人富有经验,不少人知识渊博,具有专业才能,社会将发现并发掘老年人知识和才能的价值。

联合国对世界人口老龄化给予了高度重视。1982 年,联合国在维也纳召开了老龄问题世界大会,以后,历届联合国大会先后作出了有关老龄问题的一系列重大决议,如《维也纳老龄问题国际行动计划》《十一国际老人节》《联合国老年人原则》等。1992 年,第 47 届联大通过了《1992 年至 2001 年解决人口老龄化问题的全球目标》和《世界老龄问题宣言》,并确定 1999 年为"国际老年人年"。1998 年 10 月 1 日,联合国秘书长科菲·安南宣布 1999 年"国际老年人年"启动。"国际老年人年"的主题是:"建立不分年龄人人共享的社会。"对这一主题,安南在"国际老年人年"启动仪式的讲话中是这样阐述的:"一个不分年龄人人共享的社会,不应把老年人只看成病人和领取退休金的人。相反,在这个社会里,老年人既是发展的参与者,也应是发展的受益者;他们的传统地位应得到尊重;同时,助老和终身发展的投资应得到同等的重视。"[①] 安南的这段解释,实质上既阐述了老龄问题

①《人民日报》1998 年 10 月 28 日。

的重要意义,也提出了关注和解决老年人问题的基本要求。“一个不分年龄人人共享的社会”,不但应使老年人共享经济、社会发展的成果,使老年人老有所养、老有所医,而且应满足老年人参与社会发展、实现自身终身发展、受到社会尊重等需求。

我国是一个具有尊老、敬老、养老优秀传统的国家。中国传统的尊老、养老,不仅指孝敬自己的老人,提倡尊敬社会所有的老人,而且认为尊老、养老是关乎治理社会和国家的大事。这就是《孟子》中的一句名言“老吾老,以及人之老;幼吾幼,以及人之幼。天下可运于掌。”所集中表达的思想。新中国成立以来,特别是改革开放以来,随着人口老龄化趋势的发展,形成了符合我国国情和具有时代特色的“老有所养、老有所医、老有所学、老年所为、老有所乐”的老年工作目标要求以及建立“共融、共建、共享”的社会的方向。从中央到地方成立了老龄工作机构,社会养老保障制度正在建立,政府出资兴办和民间兴办的敬老、养老福利设施正在兴起,对于老龄问题的研究日益引起关注,老年学已成为社会学的一个重要分支学科。但是,面对扑面而来的“银色浪潮”,面对即将进入人口老年型国家的行列,要实现联合国所提出的“一个不分年龄人人共享的社会”和具有我国特色的上述老龄工作目标要求,我们还在不少方面存在着需要解决的问题。

二　老年人的需求

解决人口老龄化带来的问题,实质上是解决满足老年人的需求问题。老年人的需求比起其他社会群体,在某些方面具有特殊性。

一般将老年人的需求归纳为三类需求:一是基本需求,即食、衣、住、行方面的需求;二是特殊需求,主要指对老年人的照料和服务方面的需求;三是更高层次的需求,主要包括献身社会事业、实现自我价值的需求,追求自我发展、接受终身教育的需求,以及受到社会尊敬的需求等。

霍华德·麦克拉斯基则提出了大多数老年人感受到的四种需求：第一，应付需求。由于老年人在经济来源、婚姻状况、社会地位、权力、健康和职业方面经常会发生变化，为了保持其身心健康，必须学会应付这些变化。第二，贡献需求。许多老年人感受到一种能够对别人对社会做出某种贡献的需求。第三，影响需求。老年人有一种影响和控制其生活方向和质量的需求。第四，优越需求。老年人感到自己比起过去以某种方式处于更优越的地位或者具有更高的水平的需求。

不论是三类需求论或是四类需求论，不论是联合国在“国际老年人年”提出的“一个不分年龄人人共享的社会”的主题，也不论是我国“老有所养、老有所医、老有所为、老有所学、老有所乐”的目标以及建立“共融、共建、共享”的社会方面，基本上反映和包含了老年人物质生活上的需求和精神生活上的需求两大基本层面。从物质生活需求方面来讲，主要包括满足老年人食、衣、住、行、医疗方面的需求，特殊生活困难所需要的照料和服务，对生活质量的追求，能够共享经济发展与社会进步的成果。从精神生活需求方面来讲，主要包括形成一种其他人群与老年人融洽相处、老年人受到尊敬的社会氛围，老年人成为社会发展的参与者，老年人能够应付种种变化的健康的心态，老年人追求终身发展，充实生活内容，扩大人际交往，增加生活乐趣的需求。在这两大方面的需求中，从我国多数老年人的实际出发，首先需要着重解决好物质生活方面的需求，做到“老有所养”“老有所医”，这方面也易为人们所理解。同时又要看到，老年人在精神生活方面的需求正在变得日益迫切，而这方面又往往为人们所忽视。据北京市统计局城市社会经济调查队从遍布北京全市的各类单位中抽取500户离退休职工家庭进行问卷调查，离退休职工反映最感为难的问题是“看病”。调查结果还显示，离退休职工对精神生活同样有着较高的需求，主要反映在 3 个方面:一是希望再就业,继续参与社会活动。在被调查的人中,有 31.2%实现了再就业,其中为了保持与社会接触、消除寂寞的占有一定的比例。二是有 54%的被调查人员希望推迟退休年龄,以便继续参与社会发展事业。三是对娱乐、教育等文化生活有较强烈的需求。[①] 满足老年人的精神生活需求,才能真正实现“老有所为”“老有所学”和“老有所乐”。

要满足老年人的物质生活需求和精神生活需求，涉及老年人的经济问题与老年人的教育问题这两个重要方面。老年人的经济问题，包括老年人的经济收入、社会保障、非收入性社会福利、社会服务等。老年人的教育问题,包括形成社会的继续教育与终身教育体系,以便为老年人继续为社会做贡献创造条件,并充实老年人的生活内容,增加其生活情趣,扩大人际交往,保持身心健康。前述麦克拉斯基提出的老年人感受到的四种需求,要加以满足,就都与为老年人提供继续教育和终身教育有密切关系。如为了解决老年人的应付需求,就需要为老年人设置心理和生理方面的课程，帮助他们更好地理解和适应正在发生的内在和外在的变化。又如为了解决老年人的贡献需求,需要实施多种不同的教育计划,可为满足这种需求提供手段。再如为了解决老年人的优越需求，即使他们感到自己比过去以某种方式处于更为优越的地位或者具有更高的水平,就需要通过终身教育,使老年人得以“改善”自己,超越以前的发展水平。

(原刊于《忧患与思考》第 10 章,甘肃文化出版社,1999 年)

---

①《光明日报》1996 年 3 月 13 日。

马克思主义哲学、
社会科学管理、
教育学等领域研究

马克思主义的内在生命力

如果说1848年《共产党宣言》问世时,共产主义被视为在欧洲徘徊的"幽灵",那么,经过一百四十多年世界历史的发展,共产主义在当代世界已成为巨大的物质力量。马克思曾经说过,批判的武器不能代替武器的批判。现在看来,在共产主义已成为巨大的物质力量之后,特别在有了资产阶级自由化思潮泛滥的教训之后,武器的批判同样不能代替批判的武器,况且,当代关于共产主义的新神话也指向了批判的武器本身。借口当代社会主义实践和资本主义现实生活中出现了新情况、新问题,又借口马克思主义创立于19世纪,歪曲马克思主义是"僵化的""封闭的"理论,便宣称马克思主义"不灵"了,已经"过时"了,就是当前关于共产主义的诸种新神话之中的一种。

马克思主义创立一百多年以来,世界的确发生了很大变化。资本主义在经历了两次植根于它自身矛盾的世界大战之后,仍然在他固有的重重矛盾的曲折道路上取得了科学技术的发展和经济的增长。社会主义已经从理想变为现实,在社会主义的实践中出现了曲折和新问题。那么,创立于19世纪的马克思主义,是否是"僵化的""封闭的"理论?对于解决当代人类社会实践中出现的新情况、新问题,是否已经"过时"了呢?

观察马克思主义是否已经"过时",不仅仅要看它是否提出了解决当代问题的科学答案,当然当代的马克思主义者应该运用马克思主义的立场、观点和方法,经过周密的调查研究,求出科学的结论,事

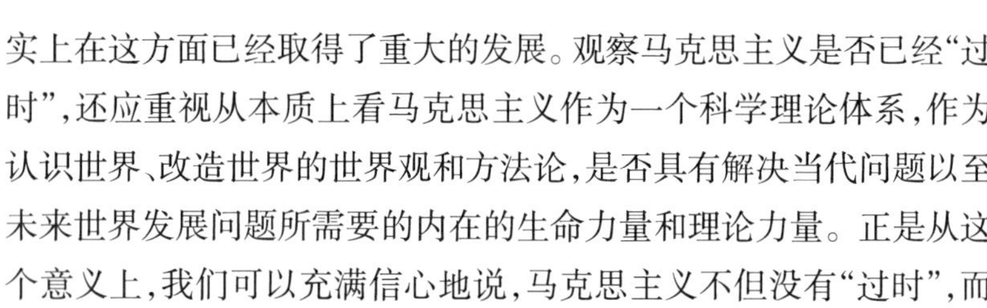

实上在这方面已经取得了重大的发展。观察马克思主义是否已经“过时”，还应重视从本质上看马克思主义作为一个科学理论体系，作为认识世界、改造世界的世界观和方法论，是否具有解决当代问题以至未来世界发展问题所需要的内在的生命力量和理论力量。正是从这个意义上，我们可以充满信心地说，马克思主义不但没有“过时”，而且正是马克思主义的本质特征，决定了它具有内在生命力。

马克思主义具有内在生命力，是由它自身的如下一些本质特征决定的：

一 马克思主义是在实践中创立又在实践中发展的科学

生活于19世纪的马克思和恩格斯，面对着当时产业革命完成较早的一些资本主义国家已经较为充分暴露出的资本主义社会的种种矛盾，面对无产阶级和资产阶级两大对抗阶级的斗争，面对无产阶级寻求解放的强烈要求，站在当时时代潮流的前列，投身于无产阶级斗争的激流，从研究当时社会发展实践提出的大量重大的现实问题和理论问题入手，从而建立了认识世界、改造世界的科学理论体系。

在马克思主义创立之后，资本主义进入了垄断发展阶段。列宁面对着帝国主义的种种矛盾，面对着俄国无产阶级寻求解放的强烈要求，也站在当时时代潮流的前列，投身于俄国无产阶级革命的激流，运用马克思和恩格斯已经创立的科学理论，结合俄国和帝国主义时代的实际，寻求到了俄国社会发展问题的科学答案，马克思主义在俄国革命的实践中得到了重大的发展。

马克思主义在中国大地上的传播和发展，同样生动地展示了马克思主义是在实践中发展的科学。从鸦片战争开始，帝国主义的大炮敲开了中国的大门，中国逐步沦为半封建、半殖民地社会，国家遭侵略，民族受欺凌，人民生活于水深火热之中。为了中华民族的复兴，从康有为、谭嗣同至孙中山,多少思想家、革命家,相继进行了许多探索,展开了许多可歌可泣的斗争,不论是资产阶级的改良运动,还是资产阶级的民主革命运动,都想在中国步西方的道路,但是始终没有实现国家的独立和民族的富强,中国始终未摆脱半封建半殖民地的悲惨命运。帝国主义势力仍然控制着中国的政治、经济,封建土地制度仍然在农村占着统治地位。十月革命之后,马克思主义开始传入中国,一批先进的思想家,如李大钊、毛泽东等人,开始用马克思主义这一先进的世界观观察中国社会充满的种种矛盾,分析中国社会的政治、经济结构,考察中国社会各阶级的地位、特点和作用,逐步把马克思主义与中国的实际相结合,科学地分析中国的国情,解决中国社会发展中面临的十分复杂的问题,对中国究竟是一个什么性质的社会?进行民主革命究竟应建立一个什么样的社会?中国民主革命的对象是谁?革命的领导力量是哪个阶级?革命的同盟军是谁?应该团结哪些阶级?等等。这些过去资产阶级思想家、革命家都没有找出科学答案的问题,在马克思主义的指导下,在马克思主义与中国实际相结合的过程中一一解决了。而且在这个结合过程中,在运用马克思主义的立场、观点、方法研究解决中国革命实践提出的大量政治的、经济的、军事的、文化的诸方面问题而形成科学结论的过程中,马克思主义又向前发展了。中华人民共和国成立之后的四十年,虽然有过失误和挫折,我们坚持运用马克思主义,继续研究解决社会主义革命和建设实践中提出的大量新问题,在探寻一条具有中国特色的社会主义道路,而且取得了重大进展,为科学社会主义理论的发展作出了贡献。

无论俄国革命还是中国的革命和建设,无不说明马克思主义是在实践中发展的科学。

在实践中创立,又在实践中发展,马克思主义的这一本质特征,决定了它从不畏惧人类历史发展进程中出现的新情况,从不回避社会实践中提出的新问题。恰恰相反,它把实践看作是认识世界、改造世界的正确思想的源泉,是它自身赖以创立和发展的基石。研究解决当代资本主义现实生活中出现的新情况，当代社会主义实践中提出的新问题,正是世界各国马克思主义者所正视、所肩负的历史任务,也从而为在当代实践中发展马克思主义提供了机会。马克思主义者不但不为这些问题所吓倒，而是以豪迈的历史责任感和百倍的信心去迎接当代实践提出的新课题。

马克思主义的这一本质特征,也决定了它根本不是什么“僵化的”理论,恰恰正是马克思主义的创始人,明确地反对把他们的话当作僵化的教条。随着人类社会实践的不尽之源,马克思主义已经而且必将以新的科学结论不断丰富自己的科学体系，从而保持它不会衰竭的生机和活力。

二　马克思主义是既具有继承性又具有批判性，创造性的开放的科学体系

马克思主义的创立,首先是资本主义社会成熟了的经济关系和内在矛盾所决定的。正如恩格斯所说的:“它的根源深藏在物质的经济的事实中。”但是,也正如恩格斯同时指出的:“和任何新的学说一样,它必须首先从已有的思想材料出发。”马克思和恩格斯在研究自然界、人类社会和思维运动的规律的理论活动中,充分重视当时人类社会已经积累起来的思想财富。他们不放弃任何一个闪耀着真理火花的思想,从庞大繁杂的各种流派学说中发掘一切对认识世界、改变世界有益的思想材料。他们从黑格尔的唯心主义哲学体系中发现了它的“合理内核”——辩证法这一古典哲学的巨大成就;从圣西门、傅立叶、欧文等人的空想社会主义学说中,高兴地看到了“突破幻想的外壳而显露出来的天才的思想萌芽”;从威廉·配第、亚当·斯密、李嘉

图等人的古典政治经济学中发掘出了劳动价值理论的精华。

但是,马克思和恩格斯在继承人类思想财富的时候,不是简单地采取“拿来主义”,而是站在当时社会经济条件和无产阶级与资产阶级之间的阶级斗争已经成熟到要求对资本主义社会、对以往的全部人类历史作一番新的研究的高度,对各种学派的思想体系进行了历史的科学的解剖,既发掘出它们的思想精华,又看出它们受当时一定的社会历史条件的限制而存在的局限,指出它们的缺陷和错误。马克思在青年时期一度是黑格尔哲学的信徒,但是当他成为一个共产主义者,他科学地解剖了黑格尔的哲学体系,又是他毫不留情地批判了黑格尔的一切都弄得头足倒置的唯心主义哲学思想。马克思和恩格斯都肯定了费尔巴哈的唯物主义思想,但正是他们对费尔巴哈的唯物主义的不彻底性,作了最深刻、科学的批评。

马克思和恩格斯汲取人类思想财富的精华,不是简单地把它们拼凑起来,而是在批判地继承它们的时候,发展了这些思想,形成了自己的科学理论体系。马克思、恩格斯批判地汲取了费尔巴哈和黑格尔的哲学思想中的合理的成分,但并不是简单地用黑格尔或费尔巴哈的哲学作为马克思主义的世界观,而是建立了无产阶级自己的科学的世界观——辩证唯物主义和历史唯物主义。

由此可见,既具有继承性,又具有批判性、创造性,是马克思主义的一个重要的本质特征。这一本质特征决定了我们对待当代人类文化的态度是:第一,马克思主义者一如既往汲取一切人类文化的精华,汲取一切有助于认识世界、改造世界的科学的思想材料,来丰富自己的理论体系。马克思主义从本质上是反对封闭的。第二,对于当代各种流派的学说,都应运用马克思主义的立场、观点和方法进行分析研究,鉴别其中哪些是精华,哪些是糟粕,克服其历史局限和阶级局限,批评其谬误。要贯彻马克思主义的批判性,不能良莠不分,不能让鱼目混珠。第三,我们汲取人类文化中一切有价值的东西,并不是用某些学说去取代马克思主义,如像近几年有人企图以存在主义、弗洛伊德主义、尼采哲学等等取代马克思主义、要坚持马克思主义的创造性,善于运用人类文化中有益的思想材料,或者丰富马克思主义已有的结论,或者形成马克思主义理论体系中的新的科学结论。我们坚信,马克思主义仍将一如既往,在实践中发展,在批判地汲取人类文化财富中发展。马克思主义既具有继承性,又具有批判性、创造性,又是决定了它具有不衰的生机和活力的一个本质特征。

三　马克思主义是科学的世界观和方法论

马克思主义过去能够指导俄国革命和中国革命取得胜利，是因为它给俄国人民和中国提供了观察自己国家命运的科学的世界观和方法论，并不是因为马克思主义原有的著作中有解决俄国问题和中国问题的现成的答案。马克思主义在解决当代问题方面之所以具有强大的内在的生命力量和理论力量，也是因为它给人们提供了解决这些问题的正确的立场、观点和方法,使人们具有观察当代社会历史发展命运的科学的世界观和方法论，并不是因为在原有的马克思主义著作中可以找到解决当代问题的现成的答案。马克思主义之所以具有强大的生命力，并不是因为它是一部解决现在以至未来各种问题的现成答案的百科全书,世界上不存在、也根本不可能有这样的百科全书。它的强大的生命力正在于它为人们提供了认识世界和改造世界的科学的世界观和方法论。

马克思主义世界观是科学的世界观，首先因为它是无产阶级的世界观。在现代社会中,各个阶级都有它们各自观察世界的立场、观点和方法。无产阶级作为资本主义社会中新的生产力的代表,它不仅要争取自身的解放,并为了自身的解放而要求解放全人类;它在改变旧世界的革命中"失去的只是锁链,他们获得的将是整个世界";它不但要推翻资本主义旧世界,而且要建设一个为绝大多数人谋利益的以致最后使一切人都能够自由发展的新世界。无产阶级的先进性、革命性,无产阶级的历史使命,都要求它必须掌握认识世界、改造世界的正确的世界观,要求它必须认识并把握自然界、人类社会和思维发展的客观规律。它对客观世界的认识越是符合客观世界本身固有的规律,它改变旧世界、建设新世界的斗争就越会减少失误,就越具有成功的把握。正是现代社会发展的进程赋予无产阶级这些要求。马克思和恩格斯意识到了无产阶级的这一地位与要求,意识到无产阶级本身解放所必须具有的条件,用毕生的精力投身于为无产阶级的解放和全人类的彻底解放事业建立起一个科学的世界观。

马克思主义作为科学的世界观,也是由它本身的内容所决定的。马克思主义世界观包括辩证唯物主义和历史唯物主义。这一科学的世界观,既克服了旧唯物主义的一切局限和缺点,又接受并发展了黑格尔辩证法这一古典哲学伟大的成果,从而揭示了外部世界和人类思维的运动的一般规律,并把这些规律运用到研究人类社会的全部历史,把唯心主义从历史观这个最后的避难所中驱赶了出去,用社会的存在说明社会的意识,从而揭示了人类社会发展的规律,在整个世界观史上实现了变革。辩证唯物主义和历史唯物主义组成的无产阶级的科学世界观,是我们认识世界、改造世界的科学的武器。我们学习马克思主义,坚持马克思主义,首先要学习马克思主义的世界观,坚持马克思主义认识世界、改造世界的立场、观点和方法,运用它们去分析、研究当代社会主义实践和资本主义实践中出现的新情况、新问题。只要我们把握了马克思主义的科学世界观,一定会从当代社会主义和资本主义许多纷繁的现象中看到事物的本质,发现本质联系,找出解决当代实践所提出的问题的科学答案。"

有人抓住马克思主义著作中的某些结论与当代社会主义和资本主义现实生活不完全一致的情况,似乎发现了马克思主义“过时”的把柄。其实这种说法十分浅薄。马克思主义的创始人确立了科学的世界观,揭示了人类社会的发展规律,揭示了资本主义生产方式的内在矛盾,揭示了未来社会主义的基本特征,但是他们毕竟生活于 19 世纪,不可能预见到社会主义实践过程中各种具体的历史情况,不可能预见到资本主义发展过程中各个阶段的具体情况,要求他们关于社会主义,资本主义的一切结论都符合今天的情况,恰恰不是科学的态度。但是,马克思主义的世界观和方法论,马克思主义关于人类历史发展规律的基本原理,关于资本主义经济关系的本质特征和资本主义生产方式内在矛盾的基本原理,关于社会主义的基本特征的基本原理,马克思主义作为一个科学理论体系,仍然是我们观察和解决当代问题的强大的科学武器,是指导我们思想的理论基础。我们必须坚持马克思主义,也会毫不犹豫地以科学的态度放弃某些不符合当代现实的结论,用新的科学结论去代替原来的结论,从而在这些方面发展马克思主义。

从马克思主义所具有的以上三个方面的本质特征中,可以得出一个确定不移的结论:马克思主义是具有内在生命力的科学。当然,要运用马克思主义的立场、观点和方法,解决当代历史发展进程提出的新问题,需要做艰苦的劳动,花巨大的精力。只要我们以历史的责任感并按照马克思主义的本质特征所要求的去努力,必定会继续寻求出解决当代人类社会发展进程中诸种新问题的科学结论,从而使马克思主义的内在生命力得到外在的充分的表现。

(原刊于《社会科学》,1990 年第 1 期)

发扬理论联系实际的作风，建设具有中国特色的社会主义

——纪念中国共产党成立七十周年

中国共产党的七十年，是马克思主义普遍原理与中国实际日益结合并取得伟大胜利的七十年。理论联系实际是中国共产党的一贯的优良作风。值此建党七十周年之际，面对建设有中国特色的社会主义的宏伟历史任务，更感需要坚持并发扬理论联系实际的作风。

一

理论与实际相结合，是马克思主义的一项基本原则。马克思和恩格斯在创立马克思主义学说的时候，就从哲学认识论的高度深刻地论述了理论与实际相结合这一马克思主义的原则。马克思早在1844年写的《黑格尔法哲学导言》中就精辟地阐述了理论与实践、精神与物质的辩证关系："哲学把无产阶级当做自己的物质武器，同样地，无产阶级也把哲学当做自己的精神武器"；"批判的武器当然不能代替武器的批判，物质力量只能用物质力量来摧毁；但是理论一经掌握群众，也会变成物质力量。"（《马克思恩格斯选集》第1卷第9页、15页）马克思还给一切哲学家、理论家提出了一项根本的任务，这就是在《关于费尔巴哈的提纲》中的那句名言："哲学家们只是用不同的方式解释世界，而问题在于改变世界。"（同上第19页）恩格斯把马克思和他在理论与实践关系方面的观点，概括为理论不是教条，而是行动

的指南。列宁坚持并进一步阐述了理论联系实际的原则,特别阐述了马克思主义与无产阶级革命运动的关系。他说:“马克思的全部理论,就是运用最彻底、最完整、最周密、内容最丰富的发展论去考察现代资本主义。自然,他也就要运用这个理论去考察资本主义即将崩溃的问题,去考察未来共产主义的未来发展问题。”(《列宁选集》第3卷第243页)正是由于把马克思主义理论与无产阶级的革命实践紧紧结合了起来,所以,列宁才形成了一个著名的思想:没有革命的理论,就不会有革命的运动。

马克思、恩格斯和列宁不但树立并阐述了理论必须与实际相结合的原理,而且以他们的光辉实践体现了这一原理。马克思和恩格斯站在他们那个时代潮流的前列,以极大的关注和热情投身于当时欧洲无产阶级革命实践的洪流,用了毕生精力,研究和回答当时实践提出的一系列重大的理论问题和实际问题,剖析资本主义剥削的秘密和资本主义社会本身固有的矛盾,揭示人类社会由资本主义向社会主义、共产主义发展的客观规律,总结无产阶级革命斗争的实践经验、研究无产阶级斗争的战略和策略。他们批判和摒弃那种把革命理论看作是时髦的空谈或动听的辞藻的错误倾向,坚持把革命的理论作为行动的指南,作为无产阶级的精神武器,作为改造物质世界的可以转化为物质的力量。列宁也像马克思和恩格斯那样,面对着资本主义进入帝国主义阶段后的新情况、新问题,面对着俄国无产阶级寻求解放的斗争,也站在当时时代潮流的前列,投身于俄国无产阶级革命实践的激流,运用马克思和恩格斯创立的科学理论,分析研究俄国和帝国主义时代的实际,寻求到了关于帝国主义的科学结论和俄国社会发展的答案。列宁一直坚持把马克思主义作为指导俄国无产阶级革命运动的指南,批判和摈弃那种只是无谓地背诵公式,而不是用马克思主义研究新的生动的现实的倾向。

二

马克思主义一经传入中国，就被中国的先进分子作为观察中国命运、考察中国社会各种矛盾的精神武器，一批先进的思想家李大钊、毛泽东等人,用马克思主义这一先进的科学的世界观观察充满中国社会的种种矛盾,分析中国社会的政治、经济结构,考察中国社会各阶级的地位、特点和作用,逐步把马克思主义的普遍原理与中国的实际相结合,解决中国社会发展中面临的十分复杂的问题,对中国究竟是一个什么性质的社会?进行民主革命究竟应建立一个什么样的社会?中国民主革命的对象是谁?革命的领导力量是哪个阶级?革命的同盟军是谁?应该团结哪些阶级等等问题,在马克思主义与中国实际相结合的过程中一一解决了。

李大钊、毛泽东等先进的思想家并没有在探求出中国的出路之后就此止步,而是满腔热忱地投身于中国无产阶级的革命斗争,用马克思主义的先进思想去武装工人阶级，把马克思主义与中国工人运动相结合,建立中国工人阶级自己的先锋队——中国共产党。在中国共产党成立之后，继续坚持运用马克思主义原理探求中国革命的具体道路,研究各个时期的战略与策略。

在中国革命的进程中，马克思主义与中国实际相结合是在曲折的道路上前进的,是在同主观与客观相分裂、理论与实际相脱离的右的或"左"的错误倾向的斗争中发展的。在这方面最突出的是从第二次国内革命战争时期到抗日战争时期的三次"左"倾错误。三次"左"倾路线的错误者都是不从中国的实际出发，不是运用马克思主义的原理具体分析中国社会的实际,而是从书本上的个别词句出发,或者照搬别的国家的革命模式。他们在反动力量强大的中心城市采取为实际情况所不允许的武装暴动的形式，想夺取一省或数省的首先胜利。他们看不到中国的经济、政治的发展具有极大的不平衡性,有可能在敌人统治比较薄弱的地区首先建立武装的革命根据地,而且由于强大的反动统治占据了城市,根据地就只能在反动统治薄弱的农村首先建立,用农村包围城市。由于他们的思想路线是理论与实际相脱离,他们的政治路线、军事路线必然在实践中碰壁,给革命力量造成巨大的损失。

为了总结历史的经验,特别是三次“左”的错误的经验教训,提高全党把马克思主义与中国革命实际相结合的自觉性,从思想上统一全党,1942年中国共产党开展整风运动。整风的中心内容就是反对主观主义以整顿学风。学风问题实质上是思想路线问题,是对待马克思主义的态度问题,是把马克思主义当作行动的指南,与中国实际相结合,用以解决中国革命的实际问题,还是把马克思主义当作教条,不去与中国的实际相结合。通过整风运动,在全党进行了一次马克思主义的教育,特别是进行了一次理论联系实际的思想路线的教育,在全党进一步树立了理论联系实际的作风。在这期间,毛泽东同志总结中国革命的经验,对马克思主义关于理论联系实际的原则作了精辟的论述,如对什么是理论?什么是理论家?用什么标准衡量理论水平的高低?用什么态度对待马克思主义等一系列重大问题都运用理论与实际相结合的原理,作了科学的说明。毛泽东同志把是否具有马克思主义原理与中国实际相统一的态度,看作是否具有党性,或者党性是否完全的原则问题。因为中国共产党人所以要学习马克思主义,就是为了从马克思主义那里找到观察和解决中国革命问题的立场、观点和方法,也就是像毛泽东同志所通俗而深刻地指出的,用马克思主义之“矢”去射中国革命之“的”,实现共产党人所负责的历史任务。

三

进入社会主义历史阶段之后，中国共产党人和中国人民仍然面临着把马克思主义普遍原理与中国实际相结合，用马克思主义的立场、观点、方法分析研究中国的实际，找出中国社会主义建设所固有的规律这样一个重大的思想路线问题。在这方面我们曾经历了一段曲折的道路，在一段时间曾照搬别国的模式和经验，形成了高度集中统一的僵化的体制。这种体制随着实践的发展，日益不符合我国的国情。党的十一届三中全会以来，恢复了一切从实际出发，实事求是，理论联系实际的思想路线，总结了社会主义建设的历史经验，得出了一个基本结论，这就是邓小平同志在党的十二大开幕词中所说的："把马克思主义的普遍真理同我国的具体实际结合起来，走自己的道路，建设有中国特色的社会主义，这就是我们总结长期历史经验得出的基本结论。"(《邓小平文选》第 373 页)正是由于我们得出了这样一个基本结论，发扬了理论联系实际的作风，十一届三中全会以来，在改革中取得了巨大的成就，在建设有中国特色的社会主义的事业中取得了丰硕的成果。

发扬理论联系实际的作风，建设有中国特色的社会主义，一是要认真学习和精通马克思主义，一是要运用马克思主义研究解决中国社会主义建设中的实际问题，而且要把这两者紧密结合起来。不学习、精通马克思主义，就不可能掌握研究解决中国建设实际问题的科学的世界观和方法论；不运用马克思主义研究解决中国建设中的实际问题，就失去了学习的目的，从根本上违背了理论联系实际的原则，也实现不了建设有中国特色的社会主义的宏伟目标。

要认真学习和精通马克思主义，当前首先要搬掉"过时论""僵化论""封闭论"这些学习和坚持马克思主义的绊脚石，清除它们的影响。

歪曲马克思主义“过时”的论据之一,即所谓马克思主义是什么“僵化的”理论。这种论调的鼓吹者根本无视马克思主义是在实践中产生并在实践中不断丰富和发展的客观事实。抹杀马克思主义是发展的科学这一本质。生活于19世纪的马克思和恩格斯在研究解决当时社会发展实践提出的大量现实问题和理论问题的进程中，创立了马克思主义这一科学的认识世界和改造世界的理论体系。马克思主义创立之后，俄国和中国的无产阶级及其政党运用这一科学的世界观和方法论,在研究解决俄国和中国革命实践提出的大量政治的、经济的、军事的、文化的实际问题而形成科学结论的过程中,推动了马克思主义向前发展。这些无不说明马克思主义是在实践中发展的科学。在实践中创立、又在实践中发展,马克思主义的这一本质特征,决定了它从不畏惧人类历史发展进程中出现的新情况，从不回避社会实践中提出的新问题。恰恰相反,它把实践看作是认识世界、改造世界的正确思想的源泉,是它自身赖以创立和发展的基石。研究解决当代资本主义现实生活中出现的新情况、当代社会主义实践中提出的新问题，正是世界各国马克思主义者所正视、所勇于承担的历史任务,也因此为在当代实践中发展马克思主义提供了机会。马克思主义者不但不为这些问题所吓倒，而是以豪迈的历史责任感和信心去迎接当代实践提出的新的挑战。马克思主义的这一本质特征,也决定了它根本不是什么“僵化的”理论,恰恰相反,它在本质上是发展的、反僵化的。正是马克思主义的创始人明确地反对把他们的话当作僵化的教条。随着人类社会实践的不尽之源,马克思主义已经而且必将以新的科学结论不断丰富自己的科学体系，从而保持它永不衰竭的生机和活力。

歪曲马克思主义“过时”的证据之二,即所谓马克思主义是什么

“封闭的”理论。这种论调的鼓吹者也无视马克思主义是在批判地继承并发展人类思想财富的精华中形成并发展自己的科学理论体系的,抹杀马克思主义是开放的科学体系这一本质。马克思和恩格斯在创立他们的学说的进程中,在研究自然界、人类社会和思维运动的规律的活动中,充分重视当时人类社会已经积累起来的思想财富,不放弃任何一个闪耀着真理火花的思想,从庞大繁杂的各种学说中发掘一切对认识世界、改造世界有益的思想材料。马克思和恩格斯在继承人类思想财富的时候,又不是简单地采取“拿来主义”,而是对各种学说进行历史的科学的解剖,既发掘出它们的思想精华,又看出它们的历史的、社会的、阶级的种种局限,指出它们的缺陷和错误,并且在批判地继承它们的时候,发展了这些思想,创立了自己的科学理论体系。既具有继承性,又具有批判性、创造性,是马克思主义的又一个本质特征。这一本质特征决定了马克思主义根本不是什么“封闭的”理论,恰恰相反,它在本质上是反对封闭的。我们坚信,马克思主义仍将一如既往,在实际中不断发展,在批判地吸取人类思想财富中不断发展,永远保持它不衰的生机和活力。

运用马克思主义研究解决中国社会主义现代化建设和改革开放中的实际问题,是我们学习、精通马克思主义的出发点和归宿,是坚持理论联系实际原则的核心。我们不是为学习而学习,是为了从马克思主义那里寻求解决中国社会主义建设的立场、观点、方法而学习。社会主义建设是人类历史上开拓性的创新事业,特别在中国这样一个经济、文化落后的东方大国建设社会主义,没有现成的经验和模式,一切都得从中国的实际出发,用马克思主义的立场、观点和方法分析研究中国的实际,从中找出其固有的规律。这是唯一的科学的态度,也就是实事求是、理论联系实际的态度。十一届三中全会以来,我们正是坚持了这一科学的态度,发扬理论联系实际的作风,在建设有中国特色的社会主义事业中取得了突破性的进展。党的十三届七中全会总结我国社会主义建设的经验，对建设有中国特色社会主义的基本理论和基本实践精辟地概括了十二条主要原则。这是对科学社会主义理论的重大贡献。十二条主要原则的每一条都饱含着中国共产党人和中国人民的艰辛探索，都凝聚着全党和全国人民的经验与智慧，都是理论联系实际的结晶。我们以十二条基本理论和基本实践为指导，使十二条具体化。落实、贯彻十二条，仍然必须坚持和发扬理论联系实际的作风，运用马克思主义的立场、观点和方法，研究解决现代化建设和改革开放中的实际问题。

理论联系实际是科学的原则、科学的态度。科学需要老老实实的态度、开拓创新的思想、不畏艰险的精神。正因为这样，为了激励我们不畏艰苦，发扬理论联系实际的作风，攀登建设有中国特色的社会主义的高峰，让我们以马克思的下述名言共勉："在科学上面是没有平坦的大路可走的，只有那在崎岖小路的攀登上不畏劳苦的人，有希望到达光辉的顶点。"（《资本论》第1卷第XXIV页）

（原刊于《理论·实践·方法》，1991年第6期）

在实践中发展，反对僵化
在开放中发展，反对封闭

——社会主义制度下社会科学真理发展规律初探

社会科学真理是人们对客观存在的人类社会及其规律性的正确反映。人们对人类社会这个客观对象的认识，是一个由知之不多到知之较多、由知之不深到知之较深、由不完全的认识到比较完全的认识的发展过程。社会科学真理跟一切真理一样，是一个过程，是一个从相对走向绝对的无限深化和发展的过程。社会主义制度的建立，为社会科学真理的发展开拓了广阔的天地。马克思主义作为社会主义社会的指导思想，给人们提供了科学的世界观和方法论，是正确认识客观社会的本质及其规律性的强大的思想武器。居于领导地位的无产阶级及其政党，其根本利益与要求同社会发展规律是完全一致的，为认识和把握反映社会发展规律的社会科学真理，提供了重要条件。在无产阶级政党领导下，广大人民群众以主人翁的姿态自觉进行改造社会的实践，自觉解决生产关系与生产力、上层建筑与经济基础之间的矛盾这一社会主义制度自我完善的改革实践，是社会主义制度下社会科学真理发展的源泉。为了充分发挥这些有利条件的作用，不断深化人们对社会科学真理的认识，用以指导当代社会主义的实践，需要研究和把握社会主义制度下社会科学真理发展的规律。

当代社会主义的实践，特别是中华人民共和国成立四十余年来的实践，特别是近十几年改革开放的实践，有中国特色社会主义理论

的提出，邓小平同志的南方谈话，为我们探求社会科学真理在社会主义制度下发展的规律，提供了宝贵的启示。其中在实践中发展，反对僵化；在开放中发展，反对封闭，是两条重要的历史经验，也是社会主义制度下社会科学真理发展规律的客观要求的两个重要表现。

一 在实践中不断发展，反对僵化

实践是认识的源泉、认识发展的动力、检验认识的标准和认识的目的。人们在社会实践中获得反映客观社会发展规律的认识，人们的社会实践永远没有完结，人们在社会实践中对于社会科学真理的认识，也永远不会有完结，社会科学真理的发展决定于人的社会实践的发展，一点也离不开实践。在社会实践中不断发展，这是一切真理包括社会科学真理发展的一般规律。在社会主义制度下，马克思主义是社会的指导思想，是认识社会科学真理的科学的世界观和方法论，马克思主义本身就是在实践中创立又在实践中不断发展的科学。社会主义社会的这一历史条件，更强化了社会科学真理在实践中不断发展的要求。

生活于19世纪的马克思和恩格斯，面对着当时产业革命完成较早的一些资本主义国家已经较为充分暴露出的资本主义社会的种种矛盾，面对无产阶级和资产阶级两大对抗阶级的斗争，面对无产阶级寻求解放的强烈要求，投身于无产阶级斗争的激流，从研究解决当时社会发展实践提出的问题入手，从而建立了认识世界、改造世界的科学理论体系。在马克思主义创立之后，资本主义进入了垄断发展阶段，列宁面对着帝国主义的种种矛盾，面对着俄国无产阶级寻求解放的强烈要求，投身于俄国无产阶级革命的激流，运用马克思和恩格斯创立的科学理论，结合俄国和帝国主义时代的实际，寻求到了当时俄国社会发展问题的科学答案，马克思主义在俄国革命的实践中得到了重大的发展。十月革命之后，马克思主义开始传入中国，一批先进的思想家开始用马克思主义这一先进的世界观观察中国社会充满的种种矛盾，逐步把马克思主义与中国的实际相结合，在研究解决中国革命实践提出的大量政治的、经济的、军事的、文化的诸方面问题而形成科学结论的过程中，马克思主义又向前发展了。人的社会实践总是具体的、历史的、不断向前发展的，以实践为基石形成的马克思主义理论体系，也必然随着人类社会实践的发展与更新，获得永恒的发展的源泉。在实践中创立，又在实践中不断发展，是马克思主义的一个本质特征。这一本质特征决定了马克思主义从不畏惧人类历史进程中出现的新情况，从不回避社会实践中提出的新问题，恰恰相反，它把实践看作是认识世界、改造世界的正确思想的源泉，是它自身赖以创立和不断发展的基石。作为社会主义社会指导思想的马克思主义的这一本质特征，在社会主义制度下更加强化了社会科学真理在实践中不断发展的客观规律的要求。

但是，在我国建设社会主义的实践中，却出现了背离社会科学真理发展规律上述客观要求的僵化思想。这种僵化思想表现为脱离实践的教条主义，把马克思主义不是视为给人们提供认识世界和改造世界的科学的立场、观点和方法，而是把马克思主义著作中的一些结论当作一成不变的教条，脱离当代社会主义建设实践中的新情况、新问题，以不变应万变；还表现为把别国建设社会主义的模式奉为固定的社会主义模式，照抄照搬，忽视本国的国情。在这些僵化思想的影响下，不去注意研究本国建设社会主义实践中的新情况、新问题，忽视了把马克思主义的普遍原理与本国的具体实践相结合，丢掉了一切从实际出发，实事求是的思想路线。结果，即使建设社会主义的实践遭受到挫折，也妨碍了社会科学真理的发展。这种僵化思想夸大了真理的绝对性，认为马克思主义科学真理只是绝对的，不应当有任何的发展，不承认马克思主义科学真理也是一个从相对走向绝对的无限深化和发展的过程，也是相对和绝对的统一。这种僵化思想实质上脱离了实践的观点这一辩证唯物主义认识论的第一的和基本的观点，脱离当代社会主义实践去看当代的社会主义社会，脱离社会实践向人们不断提出的新的认识任务，使认识僵化凝固，也窒息了社会科学真理的发展。

为了克服僵化思想，冲破“两个凡是”和唯书、唯上的樊篱，1978年开展了实践是检验真理的唯一标准的大讨论。这次讨论由于深入到了辩证唯物主义认识论的基本原理，其意义不仅在于在新的历史条件下又一次解决了真理的标准问题，还在于恢复了实事求是的思想路线，还在于引导人们在思想大解放中去研究当代社会历史发展中的新情况，解决当代社会主义实践中的新问题，在实践中发展社会科学真理。正如邓小平同志当时就指出的：“解放思想，就是要运用马列主义、毛泽东思想的基本原理，研究新情况，解决新问题。”“科学社会主义是在实际斗争中发展着，马列主义、毛泽东思想是在实际斗争中发展着。”（《邓小平文选（1975—1982 年）》，第 165 页）

正是由于这次思想大解放在新的历史条件下重新确立了实践的权威性，引导人们面对当代社会实践中的新情况、新问题，顺应了真理在实践中发展的客观要求，从而为真理的发展、特别直接为社会科学真理的发展创造了条件。十一届三中全会之后，我国思想理论领域呈现出生机勃勃的活跃景象，当代社会历史实践中的经济的、政治的、社会的、文化的各种新问题进入了研究的视野，在追求社会科学真理的道路上人们勇敢开拓，大胆探索。在真理发展道路上的一个巨大的成果是有中国特色社会主义理论的提出。这个理论正是总结我国建设社会主义的长期的实践经验，把马克思主义的普遍原理与我国的具体实践相结合，研究解决了我国社会主义建设实践中的社会主义的发展道路问题、发展阶段问题、根本任务问题、发展动力问题，社会主义建设的外部条件问题、政治保证问题、战略步骤问题等一系列重大的新问题，用新的思想、观点发展了马克思主义，把科学社会主义真理体系推进到了一个新的发展阶段。

十一届三中全会以来，社会科学真理在我国发展的轨迹，生动地说明了社会科学真理是在实践中不断发展的，而这种发展又是在同僵化思想作斗争中实现的。当前僵化思想的影响仍然存在。邓小平同志 1992 年初的南方谈话针对改革开放中的僵化思想，进一步强调和阐述了实践的观点，强调和阐述了实事求是的思想路线，强调和阐述了在改革开放实践中大胆创新，包括在实践中检验真理、发展真理等一系列重大问题。邓小平同志的南方谈话进一步把人们的思想从僵化的禁锢中解放了出来，又一次为真理在实践中发展，特别是社会科学真理在实践中发展开拓了道路。

二　在开放中不断发展，反对封闭

在开放中发展，是真理发展包括社会科学真理发展的一般规律。从人们对真理的认识的发展过程来看，它不是一个封闭过程，而是一个人与外部世界相互作用的开放过程。人与外部世界通过人的社会实践不断进行物质、能量与信息的交流。从人们认识真理的环境来看，必然要求有一个开放的天地。如果人们与外界隔绝，不参加社会实践，怎么能认识真理、发展真理、检验真理呢？从真理的发展历史来看，真理的发展包括社会科学真理的发展是有连续性、继承性的，人类社会已有的文明成果为人们深化和发展对真理的认识提供了必要的知识和思想材料。这一切都说明了真理是在开放中发展的。这是真理发展的一般规律，也是社会科学真理发展的一般规律。

在社会主义制度下，由于社会主义制度本身是一个开放性的制度，由于作为社会主义社会指导思想的马克思主义本身是一个开放性的科学体系，这就更加强化了社会科学真理在开放中发展这一客观规律的要求。

我们说社会主义社会是开放性的社会,这是因为:要建设社会主义,必须学习一切对建设社会主义有用的东西,包括资本主义社会的文明成果。这里不用去说学习资本主义社会创造的科学技术和先进的经济管理方法，就是资本主义社会的文化中也存在着对建设社会主义文化有用的东西。列宁早在1920年俄国刚开始建设社会主义的时候,就提出:“应当明确地认识到,只有确切地了解人类全部发展过程所创造的文化，只有对这种文化加以改造，才能建设无产阶级文化,没有这样的认识,我们就不能完成这项任务。无产阶级文化并不是从天上掉下来的，也不是那些自命为无产阶级文化专家的人杜撰出来的,如果认为是这样,那完全是胡说。无产阶级文化应当是人类在资本主义社会、地主社会和官僚社会压迫下创造出来的全部知识合乎规律的发展。”(《列宁选集》第4卷第348页)

社会主义社会是开放性的社会，还由于当今世界已经随着生产力的普遍发展而发展为各个民族、国家、地区普遍联系、普遍交往的世界,“而其中每一个民族同其他民族的变革都有依存关系;最后,狭隘地域性的个人为世界历史性的、真正普遍的个人所代替。”(《马克思恩格斯选集》第1卷第40页)处于普遍联系、普遍交往的世界之中的社会主义社会，也必然是与其他民族、国家普遍联系的开放性社会,而不应是一种闭关锁国的封闭性的“地域性的”社会。如果社会主义国家自己把自己封闭起来,那也就实现不了建设社会主义、共产主义的事业。正如马克思所指出的:“所以无产阶级只有在世界历史意义上才能存在,就像它的事业——共产主义一般只有作为‘世界历史性的’存在才有可能实现一样。”(同上第41页)

当代社会主义国家建立社会主义市场经济体制，进一步决定了社会主义社会是开放性的社会。伴随着市场经济发展而形成的世界市场和资源配置的全球化，伴随着商品经济专业化发展而发展起来的生产分工的国际化，把当代世界各国的市场必然纳入于世界市场体系之中，把世界各国的经济必然融入于世界经济体系之中。产品、资金、技术、信息、劳动力等已超越国界、洲界进行广泛的交流，跨国公司遍及全球，组织、管理、协调国际经济活动的国际组织和国际法规日益健全。当代的市场经济必然是包括国内市场和国际市场在内的经济，必然是开放性的经济。我国改革开放以来，特别是提出建立社会主义市场经济体制以来，已加快了将我国经济与世界经济接轨的步伐，争取恢复关贸总协定缔约国地位，就是一个重大的步骤。

作为社会主义社会指导思想的马克思主义，其本身就是一个开放性的科学体系。马克思主义的创立，正如恩格斯所说的："它的根源深藏在物质的经济的事实中"，同时"和任何新的学说一样，它必须首先从已有的思想材料出发"。(《马克思恩格斯选集》第3卷第404页)马克思和恩格斯在研究自然界、人类社会和思维运动的规律的活动中，充分重视当时人类社会已经积累起来的思想财富。他们不放弃任何一个闪耀着真理火花的思想，从庞大繁杂的各种流派学说中发掘一切对认识世界、改造世界有益的思想材料。他们从黑格尔的唯心主义哲学体系中发现了它的"合理内核"——辩证法这一古典哲学的巨大成就；从圣西门、傅立叶、欧文等人的空想社会主义学说中，高兴地看到了"突破幻想的外壳而显露出来的天才的思想萌芽"；从威廉·配第、亚当·斯密、李嘉图等人的古典政治经济学中发掘出了劳动价值理论的精华。马克思和恩格斯在继承人类思想财富的时候，又是站在对人类思想财富作一番新的研究的高度，对各种学派的思想体系进行了历史的科学的解剖，既发掘出它们的思想精华，又看出它们受社会历史条件和阶级局限而存在的缺陷或错误。马克思和恩格斯高度评价了黑格尔哲学中的辩证法思想，又正是他们科学地批判了黑格尔的弄得头足倒置的唯心主义哲学思想。马克思和恩格斯都肯定了费尔巴哈的唯物主义思想，又正是他们对费尔巴哈的唯物主义的不彻底性进行了科学的分析批判。马克思和恩格斯在批判地继承人类思想财富的基础上，从当时人类社会的实践中创造性地形成了马克思主义这一新的科学理论。由此可见,既具有继承性,又具有批判性、创造性,是马克思主义的又一个本质特征。这一本质特征决定了马克思主义是开放的科学体系,决定了它在本质上是反对封闭的,它从不拒绝人类文化中有益的思想材料,它从不把自己封闭起来,正是它最善于吸取人类思想财富的精华,或者发展已有的科学真理,或者发现新的真理。

社会主义社会的开放性和马克思主义的开放性这两个历史条件，必然在社会主义制度下更加强化了社会科学真理在开放中发展的客观规律的要求。

在当代社会主义的实践中，由于资本帝国主义对新生的社会主义国家进行武装干涉和经济封锁，由于斯大林关于两个互相对立的世界市场——资本主义世界市场和社会主义世界市场的理论的束缚,由于“左”的思想的影响,在过去一个时期,社会主义国家把自己封闭了起来。我国在十一届三中全会以前的一个时期,曾把引进西方的资金和技术看作是洋奴哲学,把内无内债、外无外债看作是社会主义制度的优越性，把本来是人类社会发展不可逾越的商品经济当作社会主义的异己力量而加以排斥，把本来属于中性的市场经济视为资本主义而加以批判,与西方世界很少进行经济技术文化交流,闭关锁国,把自己隔绝于大量丰富的人类文明财富之外,既妨碍了社会生产力的发展,也妨碍了科学和文化建设。这种封闭状况的思想根源在于如何认识和对待资本主义社会的物质文明和精神文明问题上的封闭思想，在于社会主义能否利用资本主义文明成果问题上的封闭思想。

十一届三中全会以来，随着改革开放，广泛发展了我国与世界各国的经济、政治、文化交流，引进国外资金，开办"三资"企业；学习国外管理经验，提高经济管理水平；互派学者和留学生，开展人才和知识交流，等等，我国社会从封闭状态走向开放，人们的思想观念也在改革开放大潮的冲击下，有了更新。特别是邓小平同志南方谈话深刻阐述了利用和借鉴资本主义文明成果的问题，把人们的思想从封闭思想的禁锢中解放了出来。这一切都为社会科学真理在开放中发展创造了非常重要的条件，也说明了社会科学真理在开放中发展又是在同封闭思想进行斗争中实现的。

结合近年来改革开放的实践，要坚持并实现社会科学真理在开放中发展的规律的要求，需要注意解决好以下几个问题：

第一、坚持并加快改革开放的步伐，进一步为社会科学真理的发展创造一个开放的社会环境。这种开放既包括经济，也包括思想文化。总结历史的经验，一个开放的社会环境对于社会科学真理在开放中发展至关重要，一旦社会陷于封闭状态，人们的思想也会随之陷于封闭。

第二、进一步解放思想，克服在学习、借鉴人类文明成果，特别是资本主义社会文明成果问题上的封闭思想。我们既要抵制和摒弃资本主义反动的腐朽的东西，又要借鉴和吸收资本主义的文明成果，为我社会主义物质文明和精神文明建设所用。有了开放的社会环境，还要有开放的思想。如果社会环境开放了，而思想还摆脱不了种种禁锢，处于封闭状态，仍然不能实现真理在开放中发展的要求。

第三、我们对待人类文明成果包括资本主义文明成果的态度，一是利用人类创造的一切文明成果，吸取一切有益于认识世界和改造世界的科学的思想材料，坚持马克思主义的开放性；二是对于各种思想材料，鉴别其中哪些是精华，哪些是糟粕，哪些是真理，哪些是谬误，吸取其精华，批判其糟粕，坚持马克思主义的批判性；三是我们继承人类创造的文明成果，是为了服务于我们建设社会主义物质文明和精神文化的实践，包括我们的社会科学建设，是为了解决我们在改造世界实践中的新题，我们应该在利用人类社会已有思想材料的基础上，坚持马克思主义的创造性，在实践中发展真理。

我们认识并把握社会科学真理在实践中不断发展的规律和在开放中不断发展的规律，注意克服违反上述规律的僵化思想和封闭思想，并充分利用和发挥社会主义制度为社会科学真理发展提供的种种有利条件，社会科学真理在我国社会主义社会中的发展，必定会呈现出生机勃勃的繁荣景象。

（原刊于《甘肃社会科学》，1994 年第 5 期）

强化学报生命力的三要素

《甘肃政法学院学报》已创刊十周年,现又获准公开发行,学报由此进入了一个新的发展阶段。

回顾过去,学报硕果累累,展望未来学报前景更为辉煌。在新的发展阶段,学报要办出新水平,跨上新台阶,需要在原有的基础上,进一步强化其生命力的三个要素。

一是进一步强化学报的作者群体基础,它是学报生命力的源泉。办好学报的基础是什么?就是一支以教学和科研为主体的作者群体。有广大教学和科研人员的关心、支持和参与,有价值的稿源就会如源头之水,川流不息,高质量的教学与科研成果会大量涌现。学报就要扎根于这样一个雄厚的作者群体之上,善于团结广大作者积极分子,善于调动广大教师和科研人员参与办好学报的积极性, 而且要逐步形成一支较稳定的作者队伍。这是办好学报的生命力源泉的重大问题,是要强化的第一个要素。

二是进一步强化学报的质量与学术水平, 它是学报生命力的体现。大学是高层次的教学与科研园地,是各个学科的前沿阵地,这是大学学报的最大特色。一个高等学府的教学与科研质量如何,学术水平如何,学报是一个很重要的窗口。一份大学学报要在当今社会色彩纷呈、竞争激烈的各种报刊中崭露头角,得到社会读者群的承认与青睐,靠的就是它的质量与学术水平。而学报的质量和学术水平,又与教学和科研的质量、水平息息相关,密不可分。要强化学报的质量与学术水平，最重要的还是从提高教学与科研的质量、水平入手。所以，学报应积极关心并参与学校的各种教学与科研活动，注意教学中的新成果、新经验，支持有价值的科研课题的开展，为教学和科研人员收集并提供相关的教学与科研信息，使学报成为学校推动教学与科研的一支重要力量，也使学报成为展示学校教学与科研水平的重要窗口。这是学报生命力体现的重大问题，是要强化的第二个要素。

三是进一步强化学报的社会参与意识与作用，它是学报生命力的发挥。学报不但是推动学校教学与科研的重要手段，更为重要的是，它应走向社会，参与社会生活，为繁荣社会学术事业，为国家的经济社会发展和法治建设服务。学报的影响不应囿于校园之内，而应辐射到全社会乃至世界各地。所以，办好学报要强化社会参与意识，强化学报的社会角色。这就要经常收集各相关学科的信息，把握其前沿动向，了解社会对本学报的需求，通晓国家经济社会发展与本学报相关的规划与举措，及时提出参与社会生活、解决经济社会发展重大问题的选题与组稿计划，使学报的生命力得到最佳的发挥。

（原刊于《甘肃政法学院学报》，1995 年第 4 期）

冲击·反差·误区

——关于高校德育的一些思考

德育是高校教育之首,也是非常艰巨的一项育人工程。本文从当代高校学生所处的时代和我国社会历史条件的特点出发,对我国大学青年的思想脉搏作一探讨,从而对加强高校德育提出一些思考。

从当前时代和我国的具体历史条件这个大背景来看,当代中国大学生的思想受到三大浪潮的冲击,从而在一部分大学生的思想领域中出现了三个反差,并形成了三方面的思想误区。

当代我国大学生从中学至大学的十余年,正是改革开放的十余年,也是国际风云变幻的十余年。在这十余年中,我国整个社会思想领域受到了三大浪潮的剧烈冲击。一是改革开放和商品经济浪潮的冲击,这股社会浪潮不但席卷整个经济领域,其冲击波也扩展到了思想文化领域,不但旧的经济体制、政治体制、教育体制、科技体制发生了深刻的变革,而且一部分旧观念正在为新的观念所代替。二是随着对外开放,国外的思想文化也汹涌而来,形成了冲击。三是国际风云变幻,特别是苏联东欧发生剧变,也对人们的思想形成了一股冲击波。青年大学生处在思想文化的前沿,三大冲击首当其冲。

面对着上述三大浪潮的冲击,在我国大学青年的思想领域中一般又存在着“三个强烈”和“三个薄弱”,从而在一部分大学青年中形成了思想上的三个反差。第一个“强烈”是指当代大学生具有强烈的参与意识,要求参与国家生活和社会生活;第一个“薄弱”是指一部分大学青年的自我规范意识和自我约束能力比较薄弱，在参与政治生活和社会活动中，对社会成员应该遵守的社会行为规范（包括道德规范和法律规范）知之较少，于是在这一端强烈与另一端薄弱之间形成了思想领域的第一个反差。第二个“强烈”是指当代大学生具有强烈的开放意识，当前世界范围内的经济、科技、文化、教育之间的交流与合作日益广泛，当代大学生的视角自然扩展到了整个世界，他们关心国际形势的发展变化，对接触到的思想文化具有很强的敏感和取收力，在纷至沓来的外来思想文化浪潮之中，广览博阅，急于吸收；第二个“薄弱”是指一部分大学青年的自我鉴别能力薄弱，对外来的思想文化缺乏鉴别其精华与糟粕的能力，缺乏正确观察分析世界形势、把握社会历史发展规律的能力，于是在这一端强烈与另一端薄弱之间形成了思想领域的第二个反差。第三个“强烈”是指当代大学生具有强烈的价值意识，他们强烈追求生活的价值，追求实现自身的价值；第三个“薄弱”是指一部分大学生青年对要追求什么样的生活价值，要实现什么样的自身价值，选择什么样的价值取向，缺乏正确的选择能力，于是在一端强烈与另一端薄弱之间形成了思想领域中的第三个反差。

由于在一部分大学青年的思想领域中存在这样三个方面的反差，就不可避免地在思想上出现了一些误区。这些思想误区主要表现在以下三个方面：第一，价值观方面的误区，对如何认识生活的价值、人生的价值、自身的价值，以及如何实现所追求的价值，由于一部分大学青年缺乏正确的世界观、人生观、道德观的导向，价值观念相当混乱。有的在商品经济的冲击下，产生了拜金主义；有的在西方价值观念的冲击下，产生了以自我为中心的人生观；有的在追求实现自己的价值目标时，背离了社会主义的道德规范。第二，政治观方面的误区。在西方资产阶级政治观念的冲击之下，一部分大学生缺乏鉴别能力，认不清资产阶级民主观，自由观、人权观的阶级实质，划不清资产阶级政治观与马克思主义政治观之间的界限，资产阶级政治观乘虚而入。第三，社会历史观方面的误区。在风云变幻的世界形势面前，在苏联东欧发生剧变的冲击之下，一部分大学青年缺乏以科学的历史观分析认识纷繁的世界风云，有的对社会主义的前途忧心忡忡。

从上述在一部分大学青年思想领域存在三个反差和三个方面的思想误区的实际出发，高校德育的迫切任务之一，就在于逐步缩小以至消除这些思想领域中的反差，从而消除由这些反差引起的思想误区。那么，如何消除思想领域的反差与误区呢？

一、缩小乃至消除思想领域的反差，主要应该从培养、提高大学生科学的自我规范能力、自我鉴别能力、自我选择能力入手，也就是说主要应加强形成三个反差的三个薄弱的一端。对当代大学生强烈的参与意识、开放意识、追求价值的意识应该加以肯定，消除思想领域的反差，不是去抑制这一端强烈的意识，而应增强另一端薄弱的方面。以参与意识而论，人民当家作主是社会主义的本质特征，广大人民群众包括大学生积极参与国家生活和社会生活，是社会主义民主制度的体现。问题在于要以社会主义的道德规范、法律规范培养增强他们的自我规范意识和自我约束能力，使他们在参与社会生活中，以高尚的道德情操和社会主义法律规范自觉地规范自己的行为。再以开放意识而论，社会主义制度本身是开放的制度，马克思主义本身也是开放性的科学思想体系。马克思主义是既具有继承地又具有批判性和创造性的开放的科学体系，充分重视人类社会积累起来的思想财富，从庞大繁杂的各种学说中发掘一切对认识世界、改造世界有益的思想材料。但是，马克思主义在继承人类思想财富的时候，对形形色色的学说进行历史的科学的解剖，既发展吸收其精华，又批判摈弃其糟粕。马克思主义既不断从生动的社会实践中吸取营养，又不断从丰富的人类文化思想财富中汲取精华,从而不断发展。马克思主义的强大的生命力就在于它是具有开放性的科学体系。我们对于外来的思想文化不能一概视之为资本主义腐朽的东西,而应进行具体的科学的分析。比如对当代资产阶级经济学说,既要看到它在本质上是为维护资本主义制度服务的,又要看到它还包含着一些科学的值得我们借鉴的内容,如它包含着反映社会化大生产客观规律的理论、反映商品经济客观规律的理论以及科学的管理理论,这些又都是可以用来为社会主义建设服务的,也有利于马克思主义经济科学的发展。所以,对当代大学生的开放意识应该持肯定的态度,同时培养、增强他们对各种文化思潮进行分析鉴别、加以批判吸收的能力。

二、培养、增强大学生正确的自我规范、自我鉴别、自我选择的能力,又应从加强五个方面观念的教育入手,即加强世界观的教育、人生观的教育、道德观的教育、政治观的教育、社会历史观的教育,做到"五观端正",逐步掌握马克思主义的世界观、人生观、道德观、政治观和社会历史观,作为观察、分析、鉴别事物的思想武器。在这五种观念的教育中,世界观的教育是最基本的教育,是大学生正确认识世界和改造世界的基本观点和基本方法、而政治观和社会历史观则是当前大学生关心的热点,因而这里着重讨论一下政治观方面的教育问题。

在政治观教育方面,首先谈谈民主观的教育问题。结合当前大学生的思想实际,在民主观的教育中应该突出两个内容,一个是树立马克思主义的民主观,弄清资本主义民主与社会主义民主本质区别的问题,另一个是把握我国社会主义民主建设的紧迫性与渐进性的关系问题。在前一个问题上,应该引导大学生认识民主是指一种国家形式或国家制度,作为一种国家制度的民主,必然与国家的阶级性有着不可分割的联系。资产阶级民主是资产阶级的国家制度,它比起奴隶主国家制度、封建主义国家制度是一个重大的历史进步,资产阶级民主曾在反对封建制度的斗争中起过重大的积极作用。同时又要引导大学生认识不论哪个发达的资本主义国家，也不论它们的民主采取什么样的具体形式，不论是直接民主制、代议制、还是立宪民主制，它们的实质都是维护资产阶级的私有制神圣不可侵犯，保证资产阶级及其代表人物统治国家。资本主义民主必然是少数人的民主，是少数资产阶级及其代表人物的民主。人类社会发展到社会主义社会历史阶段，民主也发展到了一个崭新的阶段。社会主义社会是建立在生产资料公有制基础之上的，广大人民群众成为生产资料的主人和国家的主人，必然要求建立保证广大人民群众利益的、体现人民当家作主的民主制度，社会主义民主是人类历史上广大人民群众真正享有的最广泛的民主。在引导大学生解决了资本主义民主与社会主义民主的本质区别的基础上，还需进一步引导他们处理好我国社会主义民主建设的迫切性与渐进性的关系问题。新中国成立以来，我们已经建立起了全国人民代表大会和地方各级人民代表大会这一根本的民主政治制度，并实行了共产党领导下的多党合作和政治协商制度，广大人民群众享有广泛的民主权利。同时又要看到，我国的民主政治体制还存在着不完善的方面，民主政治建设迫切需要加强，人民群众包括大学生要求加强民主建设的意愿是符合社会主义政治体制改革要求的。在肯定加强我国民主建设的迫切性的同时，又要引导大学生把握我国社会主义民主建设渐进性，认识社会主义高度民主的完善与发展又是一个渐进的历史过程。从我国的国情来看，我国生产的社会化程度比较低，商品经济不很发达，文化、教育比较落后，几千年封建统治遗留给我们的民主传统很少，封建思想的影响却相当深，许多人的法治意识和民主意识相当淡薄。我国民主制度的建设与发展，必然要受到经济、文化、教育发展水平等条件的制约，社会主义高度民主的实现不可能一蹴而就。我国社会主义民主在建立起根本的民主政治制度之后，要形成一个从内容到形式都很成熟很完善的高度民主的社会主义政治体制，是一个渐进的历史进程，是我们需要为之长期努力的目标。这样，我们既看到了我国民主建设的紧迫性，积极进行当前有条件开展的民主政治体制的改革；又看到民主建设的渐进性，为实现高度的社会主义民主踏踏实实地创造各方面的条件，把我国社会主义民主建设的紧迫性与渐进性科学地结合起来。

在政治观的教育方面，还需要加强马克思主义人权观的教育。当前人权问题已成为我们维护国家主权，反对别国干涉我国内政的一个突出的方面，也是反对和平演变，进行马克思主义政治观教育的一个重要内容。那么，从当前大学生的思想实际来看，在马克思主义人权观的教育中需要着重解决哪些问题呢？第一，一部分青年学生喜谈人权，但并不知道什么是人权，更不懂马克思主义的人权观。第二，有些人离开阶级、离开社会制度抽象地谈人权。在阶级社会中，人权表现为特定社会阶级的特定权利要求。在资本主义社会中人权就是由资本主义生产关系决定的资产阶级的特权。而有些青年抽象地看人权，分不清什么是资本主义的人权，什么是社会主义的人权，看不清资本主义人权的本质，而为资本主义的某些宣言所迷惑。第三，有些人离开集体的人权只片面讲个人的人权，也就是离开国家的独立权和人民的生存权与发展权，只追求个人的权利。国家的独立权和人民的生存权与发展权，是人权的重要组成部分，是实现个人权利的前提和基础。我国百余年来一部近现代史和新中国成立四十余年来的历程，都雄辩地说明了如果没有国家的独立权和人民的生存权与发展权，公民个人的一切权利包括政治、经济、文化、教育和劳动权利都无从谈起。第四，有些人误认为人权是资本主义的专利品，似乎马克思主义和社会主义国家不讲人权问题。从人权发展的历史来看，人权是资产阶级启蒙思想家针对中世纪的神权统治和封建特权提出来的，在反对封建专制的斗争中起了进步的作用。但是,资产阶级人权不能不受到资产阶级的阶级局限和资本主义制度的制约，在资本主义制度下不可能实现广泛的平等的人权。正是马克思主义和社会主义制度突破了资产阶级人权的阶级的和社会的局限,发展了人权,建立了科学的人权观。社会主义制度下的人权,是广大人民群众享受真正的充分的人权,是在社会主义公有制基础上,人民当家作主,实现具有广泛性、公平性和真实性三大特征的人权。新中国成立四十余年来为维护和不断改善人权状况,作了巨大的努力,取得了显著的成绩。人权并不是资本主义的专利品，马克思主义和社会主义国家更有资格讲人权,能理直气壮地讲人权,而且用科学的观点讲人权。

上面从当代大学青年思想领域受到的三大浪潮的冲击，形成的思想领域的三个反差,出现的一些思想误区出发,提出了从加强五个方面观念的教育入手,以培养、增强大学青年的科学的自我规范、自我鉴别、自我选择能力的一些思考,与高校的师生共同探讨。

（原刊于《高教研究》,1992 年第 1 期）

附录

伏耀祖主要论著目录

一、论文

1. 试论我国社会主义所有制的多元化模式.社会科学,1981(3).

2. 农村经济联合体性质和意义初探.社会科学,1981(4).

3. 试论工业生产经济责任制.社会科学,1981(4).

4. 对生产关系一定要适合生产力发展规律的再探索.社会科学,1982(2).

5. 中国式社会主义经济的基本特征.社会科学,1983(1).

6. 寄语《科学·经济·社会》.科学·经济·社会,1983(2).

7. 论责权利相结合的社会主义责任经济.兰州学刊,1983(3).

8. 从农业生产责任制发展的历史看其必然性——农业生产责任制必然性研究之一.甘肃经济论义,1983(3).

9. 农业生产责任制的概念.社会科学,1983(5).

10. 为繁荣我省社会科学研究工作而努力.社会科学,1984(5).

11. 西部开发的战略指导方针.开发研究,1985(1).

12. 我国政治体制改革的基本特征与客观要求. 社会科学,1987(5).

13. 社会主义社会的根本任务是发展生产力. 社会科学,1988(2).

14. 谈谈沿海地区经济发展战略问题.党的建设,1988(5).

15. 马克思主义的内在生命力.社会科学,1990(1).

16. 民主与社会主义.学法,1990(4).

17. 社会主义建设新时期工农联盟的特点. 甘肃社会科学,1991(6).

18. 发扬理论联系实际的作风，建设具有中国特色的社会主义——纪念中国共产党成立七十周年.理论·实践·方法,1991(6).

19. 强化四种意识，发挥四项功能——谈谈银行在实现甘肃省战略目标中的重要作用.甘肃城市金融,1991(8).

20. 冲击、反差、误区——关于高校德育的一些思考.高教研究,1992(1)

21. 贯彻十四大精神,实现两大根本观念的转变.社科纵横,1992(6).

22. 市场经济与行政管理运行机制.甘肃社会科学,1992(6).

23. 市场经济与经济工作部门的观念更新.兰州财会,1993(1).

24. 在实践中发展,反对僵化;在开放中发展,反对封闭——社会主义制度下社会科学真理发展规律初探.甘肃社会科学,1994(5).

25. 强化学报生命力的三要素.甘肃政法学院学报,1995(4).

26. 论现代企业道德.时代学刊,1996(10).

27. 建立和强化新的行政管理体制的运行机制. 社科纵横,1999(4).

28. 邓小平关于新时期农民脱贫致富的思想与战略. 时代学刊,1994(增刊).

29. 迎接知识经济时代机遇与挑战的两个核心问题的思考.甘肃社会科学,1999(1).

30. 公平与效率的两次碰撞——平均主义与贫富差距过大的思考(上).甘肃政法学院学报,1999(3).

31. 公平与效率的两次碰撞——平均主义与贫富差距过大的思考(下),甘肃政法学院学报,1999(4).

32. 从积极老龄化战略与学习型社会的一致性和互动关系看其重大意义.中国老教授协会会讯,2005(6).

二、专著

1. 政治经济学教科书.兰州:甘肃人民出版社,1962.
2. 中国工业经济责任制概论.兰州:甘肃人民出版社,1986.
3. 老年学(译著).兰州:甘肃人民出版社,1986.
4. 中国县级政治体制改革研究.兰州:甘肃人民出版社,1993.
5. 忧患与思考.兰州:甘肃文化出版社,1999.
6. 心之路.兰州:敦煌文艺出版社,2010.

《陇上学人文存》已出版书目

第一辑

《马　通卷》马亚萍编选　《支克坚卷》刘春生编选
《王沂暖卷》张广裕编选　《刘文英卷》孔　敏编选
《吴文翰卷》杨文德编选　《段文杰卷》杜琪　赵声良编选
《赵俪生卷》王玉祥编选　《赵逵夫卷》韩高年编选
《洪毅然卷》李　骅编选　《颜廷亮卷》巨　虹编选

第二辑

《史苇湘卷》马　德编选　《齐陈骏卷》买小英编选
《李秉德卷》李瑾瑜编选　《杨建新卷》杨文炯编选
《金宝祥卷》杨秀清编选　《郑　文卷》尹占华编选
《黄伯荣卷》马小萍编选　《郭晋稀卷》赵逵夫编选
《喻博文卷》颜华东编选　《穆纪光卷》孔　敏编选

第三辑

《刘让言卷》王尚寿编选　《刘家声卷》何　苑编选
《刘瑞明卷》马步升编选　《匡　扶卷》张　堡编选
《李鼎文卷》伏俊琏编选　《林径一卷》颜华东编选
《胡德海卷》张永祥编选　《彭　铎卷》韩高年编选
《樊锦诗卷》赵声良编选　《郗苏民卷》马东平编选

第四辑

《刘天怡卷》赵　伟编选　《韩学本卷》孔　敏编选
《吴小美卷》魏韶华编选　《初世宾卷》李勇锋编选
《张鸿勋卷》伏俊琏编选　《陈　涌卷》郭国昌编选
《柯　杨卷》马步升编选　《赵荫棠卷》周玉秀编选
《多识·洛桑图丹琼排卷》杨士宏编选
《才旦夏茸卷》杨士宏编选

第五辑

《丁汉儒卷》虎有泽编选　《王步贵卷》孔　敏编选
《杨子明卷》史玉成编选　《尤炳圻卷》李晓卫编选
《张文熊卷》李敬国编选　《李　恭卷》莫　超编选
《郑汝中卷》马　德编选　《陶景侃卷》颜华东　闫晓勇编选
《张学军卷》李朝东编选　《刘光华卷》郝树声　侯宗辉编选

第六辑

《胡大浚卷》王志鹏编选　《李国香卷》艾买提编选
《孙克恒卷》孙　强编选　《范汉森卷》李君才　刘银军编选
《唐　祈卷》郭国昌编选　《林家英卷》杨许波　庆振轩编选
《霍旭东卷》丁宏武编选　《张孟伦卷》汪受宽　赵梅春编选
《李定仁卷》李瑾瑜编选　《赛仓·罗桑华丹卷》丹　曲编选

第七辑

《常书鸿卷》杜　琪编选　《李焰平卷》杨光祖编选
《华　侃卷》看本加编选　《刘延寿卷》郝　军编选
《南国农卷》俞树煜编选　《王尚寿卷》杨小兰编选
《叶　萌卷》李敬国编选　《侯丕勋卷》黄正林　周　松编选
《周述实卷》常红军编选　《毕可生卷》沈冯娟　易　林编选

第八辑

《李正宇卷》张先堂编选　《武文军卷》韩晓东编选
《汪受宽卷》屈直敏编选　《吴福熙卷》周玉秀编选
《蹇长春卷》李天保编选　《张崇琛卷》王俊莲编选
《林　立卷》曹陇华编选　《刘　敏卷》焦若水编选
《白玉岱卷》王光辉编选　《李清凌卷》何玉红编选

第九辑

《李　蔚卷》姚兆余编选　《郗慧民卷》戚晓萍编选
《任先行卷》胡　凯编选　《何士骥卷》刘再聪编选
《王希隆卷》杨代成编选　《李并成卷》巨　虹编选
《范　鹏卷》成兆文编选　《包国宪卷》何文盛　王学军编选
《郑炳林卷》赵青山编选　《马　德卷》买小英编选

第十辑

《王福生卷》孔　敏编选　《刘进军卷》孙文鹏编选
《辛安亭卷》卫春回编选　《邵国秀卷》肖学智　岳庆艳编选
《李含琳卷》邓生菊编选　《李仲立卷》董积生　刘治立编选
《李黑虎卷》郝希亮编选　《郭厚安卷》田　澍编选
《高新才卷》何　苑编选　《蔡文浩卷》王思文编选

第十一辑

《伏耀祖卷》王晓芳编选　《宁希元卷》戚晓萍编选
《施萍婷卷》王惠民编选　《马曼丽卷》冯　瑞编选
《祝中熹卷》刘光华编选　《安江林卷》陈润羊编选
《刘建丽卷》强文学编选　《孙晓文卷》张　帆　马大晋编选
《潘　锋卷》马继民编选　《陈泽奎卷》韩惠言编选